Extirper l'Afrique du non-développement

Makhtar Diouf

Extirper l'Afrique du non-développement

L'Harmattan
Sénégal

DU MÊME AUTEUR

Nouvelles éditions africaines, Dakar

– 1977, *Échange inégal, ordre économique international*

– 1979, *Économie politique, tome 1 : économie descriptive*

– 1981, *Économie politique, tome 2 : théorie économique*

– 2018, *Le Coran notre contemporain*

– 2021, *Dans mon micro-univers d'intellectuel insoumis*

Co-édition Nouvelles éditions africaines (Dakar) – Publi Sud (Paris)

– 1985, *Intégration économique. Perspectives africaines*

Co-édition Nouvelles éditions africaines (Dakar) – Uref-Aupelf (Paris)

– *Économie politique pour l'Afrique*

Presses universitaires de Dakar

– 2009, *Islam et développement. Économie politique de la Charia,* (ouvrage repris par Harmattan : *Islam, frein au développement* ?)

– 2010, *Éclairage sur le(s) féminisme(s) : nature, origines, critiques* (repris par Harmattan sous le titre : *Lire le(s) féminisme(s)*)

– 2011, *La science économique. De l'économie politique à l'analyse (économique repris par Harmattan).*

L'Harmattan (Paris-Dakar)

– 1994, *Sénégal : les ethnies et la nation*

– 2002, *L'Afrique dans la mondialisation*

– 2002, *L'endettement puis l'ajustement*

– 2017, *Intellectuel. Langue d'Esope* : *le meilleur et le pire*

– *2021, Économie politique de l'intégration économique. Espace Afrique*

10 VDN, Sicap Amitié 3, Lotissement Cité Police, DAKAR

direction@senharmattan.com
librairie@senharmattan.com

ISBN : 978-2-14-032935-7
EAN : 9782140329357

J'ai cru qu'il était de mon devoir de tracer la ligne qu'un gouvernement doit suivre et de marquer la ligne où il doit s'arrêter.

(Jean-Antoine Chaptal, *De l'Industrie française*, 1819)

Il arrive très souvent que le Nègre intellectuel perde confiance en ses propres possibilités et en celles de sa race

(Cheikh Anta Diop, *Nations nègres et culture*, Présence africaine, Édition 1979)

AVANT-PROPOS

Une abondante littérature théorique a été consacrée aux pays non-développés, provenant de différents spécialistes des sciences sociales : économistes, sociologues, anthropologues… Divers modèles de développement ont été proposés aux pays non développés : développement par substitution d'importation ; développement par les exportations ; développement à la base ; …

S'y ajoute que depuis plus d'un demi-siècle, l'Afrique est inondée de recommandations contenues dans des Plans (Plan Brandt, Plan Berg, Nepad, Plans Émergents…).

La Banque mondiale aussi y est allée avec ses *Rapports sur le Développement* publiés périodiquement sur des thèmes choisis : Capital international ; Finances publiques ; Systèmes financiers ; Genre ; Emplois ; Culture ; Éducation. Sans oublier la politique d'ajustement structurel, en conjonction avec le Fonds monétaire international.

Mais le continent ne bouge toujours pas, en dépit **des** opérations de replâtrage, de pose de béquilles, de prothèses qui lui ont été appliquées, lui faisant perdre beaucoup de temps. Il est urgent de prendre le taureau par les cornes pour s'engager dans une véritable stratégie de développement.

À cette fin, j'ai estimé impérieux de m'appuyer sur l'histoire. J'ai été encouragé à faire des rappels historiques par la fréquentation de penseurs de renom, non experts du développement africain et idéologiquement différentiés, comme l'Allemand Karl Heinrich Marx, l'Austro-américain Josef Aloyse Schumpeter, l'Américain Paul Anthony Samuelson, l'Africain Cheikh Anta Diop.

Cette piste de réflexion me paraît la plus indiquée pour sortir des sentiers battus sur l'approche du problème du développement de l'Afrique. Pour faire de l'histoire un instrument de démonstration. Lisons ces auteurs dans l'ordre chronologique :

K. Marx :

Le pays le plus développé industriellement ne fait que montrer à ceux qui le suivent à l'échelle industrielle l'image de leur propre avenir…

Une nation peut et doit tirer un enseignement de l'histoire d'une autre nation. Lors même qu'une société est arrivée à découvrir la piste de la loi naturelle qui préside à son mouvement... elle ne peut ni dépasser d'un saut ni abolir par des décrets les phases de son développement naturel ; mais elle peut abréger la période de la gestation, et adoucir les maux de leur enfantement.

(Karl H. Marx, "Le Capital, Critique de l'économie politique", livre 1, tome 1, Éditions sociales, Paris, Préface de la première édition allemande, pp. 19-20).

J. Schumpeter :

Ce qui distingue l'économiste scientifique de tous les autres qui pensent, parlent et écrivent sur l'économie, c'est la maîtrise de trois disciplines : l'histoire économique, la technique statistique et la théorie économique... Et de ces trois disciplines, l'histoire économique est de loin la plus importante. C'est le manque de culture en histoire économique qui est à l'origine de la plupart des erreurs qui sont couramment commises par certains économistes.

(Josef A. Schumpeter, "History of Economic Analysis", *édition* 1967, p. 12).

Cheikh Anta Diop :

L'histoire n'est rien d'autre que la découverte d'une vérité oubliée

("Nations nègres et Culture", Présence africaine, Édition 1979).

P. Samuelson :

Aie un profond respect pour l'étude de l'histoire économique, parce que c'est la matière première d'où proviendront nos conjectures et nos tests... Mais l'histoire ne raconte pas sa propre histoire. Tu devras lui apporter autant que possible tous les tests statistiques possibles

(Paul A. Samuelson, *Interview, 2009,* Conseil à un étudiant en Sciences économiques).

Les propos de ces intellectuels sonnent comme des recommandations pertinentes tant pour ceux qui écrivent sur les problèmes de développement que pour les dirigeants africains. Il est important de se pencher sur une partie de l'histoire économique des pays considérés aujourd'hui comme développés, pour voir comment et à quel point l'Afrique peut s'en inspirer. En rappelant que s'inspirer ne signifie pas copier-coller.

PROLOGUE

D'UN PARADIGME À L'AUTRE

Le terme *paradigme* d'origine grecque signifiant modèle ou exemple a été remis à l'honneur par l'Américain Thomas Samuel Kuhn, historien des sciences, dans un ouvrage de 1962 *La structure des révolutions scientifiques*[1].

Kuhn reconnaît avoir été frappé par le nombre et l'étendue des désaccords entre spécialistes des sciences sociales. Ce qui l'a amené au concept de *paradigme*. Il définit le paradigme comme *ce qui est partagé par les membres d'une communauté scientifique*, et la communauté scientifique est constituée par *ceux qui partagent un paradigme*. Le paradigme est ainsi une certaine façon de penser.

Mais, ajoute Kuhn, lorsque par la suite, un paradigme est confronté à des problèmes qu'il ne peut résoudre, il cède la place à un nouveau paradigme[2].

Le passage d'un paradigme à l'autre correspond à ce que le philosophe français Gaston Bachelard avait appelé *rupture épistémologique* dans son ouvrage *La formation de l'esprit scientifique* (1938).

Les années qui suivent la fin de la Seconde Guerre mondiale sont marquées par une profusion d'écrits sur le problème du développement des pays du tiers monde. *L'Économie du développement* devient une discipline professionnalisée comme une corporation, bien garnie, avec une foultitude de membres, faisant figure de sorciers du développement. La plupart des spécialistes de la discipline sont des Occidentaux qui bien installés dans leurs bureaux universitaires ou à domicile écrivent de façon péremptoire sur l'Afrique, l'Amérique latine et une partie de l'Asie.

---

[1] Thomas S. Kuhn, *The Structure of Scientific Revolutions*, The Chicago University Press, 1962, p. 176.

[2] Kuhn, p. 18 -19.

Pourtant le développement des pays d'Europe et d'Amérique du Nord au 19e siècle n'a pas été précédé ou accompagné par une *Économie du développement* qui n'existait pas. Il n'y avait que *l'Économie politique* présentée comme l'étude de la manière dont se forment et se distribuent les richesses. Dans ces écrits sur le développement (des théories ?), les auteurs se font des politesses en se citant mutuellement, "s'opposant" parfois dans des duels en fleurets mouchetés[3], pas une goutte de sang n'étant tombée, mais sans aucune portée pratique significative pour les pays non développés.

L'économiste américain Jeffrey Sachs, autre sorcier du développement, est l'auteur d'un article intitulé *Sous-développement tropical*[4] dans lequel il soutient que ce qu'il appelle "sous-développement" est circonscrit à des pays situés dans les Tropiques, à l'exception de Singapour et Hong Kong. Et dans cette catégorie, les plus sous-développés sont des pays enclavés dont 11 en Afrique qu'il cite nommément. Il a commencé son article en avançant que les écrits sur le développement *ont négligé l'importance de la géographie physique*. Ce en quoi il se trompe lourdement, car l'Économie du développement, y compris son article, a plutôt fait une bonne place à la géographie physique.

Jeffrey Sachs[5] réduit le problème du développement dans les Tropiques à la seule agriculture qui selon lui est handicapée par des facteurs biotiques (climat chaud qui étouffe la respiration des plantes, érosion des sols…) et des facteurs abiotiques (parasites, prédateurs…).

Il est ainsi adepte de la Géographie physique empirique qui repose sur le déterminisme climatique ou écologique. L'*École française de Géographie* avec Paul Vidal de la Blache, de concert avec Lucien Febvre, lui historien[6], a combattu cette approche en s'appuyant sur la thèse du **possibilisme**, pour montrer que l'homme ne se contente pas de subir passivement les phénomènes naturels. Il peut être un centre d'initiative cherchant à modifier les contraintes du milieu naturel.

---

[3] Irma Adelman, "Fallacies in Development Theory and their Implications for Policy", 1999, Working Paper N°887, University of California, Berkeley.

[4] Jeffrey Sachs, "Tropical Underdevelopment", NBER Working Paper 8119, February 2001.

[5] Jeffrey Sachs est actuellement en service à Coulumbia University, New York. Il a aussi ses habitudes au Secrétariat général des Nations unies comme conseiller, d'abord de Koffi Annan, et actuellement de António Guterres.

[6] Lucien Febvre, *La terre et l'évolution humaine. Introduction géographique à l'histoire*,1922.

L'Économie du développement telle que conçue jusqu'à présent peut être considérée comme un *paradigme*. La présente étude s'inscrit dans un nouveau paradigme : sortir des sentiers rebattus, penser autrement le développement.

La démarche qui doit prévaloir dans l'étude du développement c'est le pragmatisme, c'est-à-dire l'attitude fondée sur le réalisme, l'observation des faits pour mener à des actions pratiques. Ce qui permet de rendre les idées plus claires. La meilleure façon de traiter du développement pour un économiste est de disposer d'un observatoire, de vivre autant que possible dans un pays non développé bien représentatif, en veillant à observer tout ce qui s'y passe, à scruter tout ce qui s'y fait dans le domaine économique et social. Cette observation va plus loin, plus profonde que le simple regard d'un séjour temporaire dans le pays. L'économiste qui étudie le développement doit faire œuvre d'investigation dans la durée, en s'imprégnant de l'histoire économique.

C'est la démarche adoptée dans cet ouvrage en trois points :

– s'enquérir des expériences historiques de développement des pays développés ;
– examiner l'impact des pesanteurs coloniales et postcoloniales sur le développement des pays africains ;
– identifier les points saillants des secteurs économiques susceptibles de promouvoir le développement pour faire des propositions.

Avant de traquer les obstacles qui pèsent sur le développement, et de préconiser les mesures appropriées, incontournables, pour les dégager, il convient d'abord de savoir de quoi on parle. Ce qui revient à dépoussiérer les concepts, examiner de façon plus claire les termes *croissance*, *émergence* et *développement,* eu égard à leur pertinence dans les pays africains. Ce qui passe par une conception rigoureuse des indicateurs de développement.

Une telle étude ne pouvait pas passer sous silence le fléau de la mal-gouvernance, un des freins à l'entrée de l'Afrique dans le cercle des pays développés. À l'image de la Chine et de la Corée du Sud présentée ici comme référence.

Une autre particularité de cette étude est de faire parfois référence aux techniques de gestion d'entreprise car la politique de développement doit être conçue comme un exercice de gestion. La démarche de décloisonnement des disciplines est hautement salutaire dans une étude sur le développement.

TITRE I

CROISSANCE, DÉVELOPPEMENT, ÉMERGENCE

Les concepts et leur pertinence

Le terme “développement” serait-il à ranger maintenant dans le tiroir des antiquités ? Avec le nouveau millénaire, c’est le terme “émergence” qui doit s’imposer ? Et dans le cadre de l’émergence, le terme “croissance” est-il adéquat comme critère d’évaluation ? Que signifie la croissance ? Quelle est sa pertinence dans un pays africain ? Quel est le ressenti des populations dans ces seuils de taux de croissance censés déclencher l’émergence ?

Il s’agira d’abord de procéder au traçage historique de ces concepts de “croissance”, “développement”, “émergence” dans la littérature économique et politique afin d’apprécier leur degré de pertinence au regard de la situation des pays africains. Une revisite brève de la pensée économique s’avère ainsi nécessaire pour traquer ces concepts dans leur genèse.

1.

PRÉMICES CHEZ LES ÉCONOMISTES CLASSIQUES

Les premiers économistes que Marx a appelés “économistes classiques” ont vécu en Grande-Bretagne et en France dans des sociétés relativement arriérées, à peine sorties du Moyen-Âge. Ils n’utilisent pas les termes “croissance”, “développement”, “émergence” mais leurs réflexions tournent autour de problèmes liés à ces concepts.

Pour les économistes classiques, fondateurs de la discipline, l’objet de l’économie politique est le *progrès économique* par la *création de richesse*. En toile de fond de leurs préoccupations se trouve le problème du bonheur avec l’utilitarisme et son principe : *maximum de bonheur pour le plus grand nombre* exprimé par différents auteurs (Jérémie Bentham, John Priestley, Beccaria, Francis Hutcheson, John Stuart Mill).

Adam Smith donne le ton avec le titre de son ouvrage *Recherche sur la nature et les causes de la richesse des nations* (1776). Au début du livre 4 “Sur les systèmes d’économie politique” il pose explicitement sa problématique :

L’économie politique, considérée comme une branche de la science de l’homme d’État ou du législateur se propose deux objets distincts : en premier lieu, fournir un revenu substantiel au peuple, ou plus exactement lui permettre de se le procurer ; et en second lieu, fournir à l’État ou à la communauté un revenu suffisant pour les services publics. Elle se propose d’enrichir à la fois le souverain et le peuple (IV.I).

Le livre 3 de l’ouvrage de Smith est intitulé “Des différents degrés d’opulence dans différentes nations”. Ce que Smith dans le premier chapitre de ce livre 3 appelle *progrès naturel de l’opulence* n’est rien d’autre que ce qu’on appelle actuellement “développement économique”.

Dans le premier chapitre de ses *Principes d’économie politique* (1820) Thomas Robert Malthus situe l’objet de l’économie politique dans la recherche de la richesse :

… une science dont le but principal est la recherche des causes qui influent sur les progrès de la richesse.

Dans *Essai sur le principe de la population* (1815), en s’opposant à Smith, Malthus pose un problème d’une brûlante actualité :

Pour Smith, la richesse d’une nation consiste au produit annuel de sa terre et de son travail, c’est-à-dire le produit de son agriculture et de son industrie... le problème est de savoir si la richesse ainsi entendue aura tendance à améliorer la situation du travailleur pauvre (p. 70).

Ce qui est posé ici, c'est le problème du développement, qui ne peut pas et ne doit pas être assimilé au problème de la croissance économique compris comme augmentation du revenu national. Le problème de la répartition se trouve ainsi posé par Malthus.

Dès les remarques préliminaires de ses *Principes d'économie politique* (1848) Stuart Mill annonce qu'il ne déroge pas à la tradition de ses prédécesseurs sur l'objet de l'économie politique :

L'objet de l'économie politique est la richesse. Ceux qui ont écrit sur l'économie politique s'efforcent d'enseigner ou de rechercher la nature de la richesse et les lois de sa production et de sa répartition.

L'Australien Colin Clark se place d'emblée dans la tradition classique avec l'intitulé de son livre *Conditions du progrès économique* (1939). Ce livre est considéré par certains commentateurs comme le point de départ de *l'Économie du développement.*

Le progrès économique, synonyme de création de richesse, envisagé par les économistes classiques est à l'origine des notions actuelles de développement, croissance et émergence.

2.

LE CONCEPT DE CROISSANCE ÉCONOMIQUE

Genèse en Union soviétique : Gregory Feldman

C'est en Union soviétique que les termes "croissance", "taux de croissance" et "revenu national" font leur apparition pour la première fois dans la littérature économique. Ceci dans le cadre des travaux sur la planification. Gregori A. Feldman, ingénieur de l'électricité publie en 1928 un article intitulé *Sur la théorie des taux de croissance du revenu national*[7].

L'information est donnée par un des grands théoriciens de la croissance, Evsey Domar, dans son ouvrage *Essais sur la théorie de la croissance économique*[8]. Domar est comme Feldman citoyen russe né en Union soviétique sous le nom Evsey David Domashevitsky. Il émigre aux États-Unis en 1936 après s'être bien imprégné des travaux sur les problèmes de planification, pour s'illustrer dans les modèles de croissance avec l'Anglais Roy Harrod. Le modèle de croissance Harrod-Domar est connu de tous les économistes.

C'est Domar qui nous apprend que le terme "croissance économique" est né en Union soviétique sous la plume de Gregory Feldman. Depuis lors, le terme "croissance économique" a fait son chemin.

Étude empirique de la croissance : Simon Kuznets

L'étude de la croissance économique dans les pays occidentaux commence avec Simon Kuznets, né en Union soviétique (Biélorussie) qu'il quitte en 1922 pour les États-Unis, à l'âge de 21 ans. Il est dans ce pays le pionnier des travaux sur les comptes nationaux comme le revenu national. Il avait commencé ces travaux en Union soviétique comme chef du Bureau de Statistique en Ukraine.

La préoccupation pour la croissance économique commence aux États-Unis avec les études menées sur les fluctuations économiques lors de la crise des années 1930. Simon Kuznets en est le pionnier avec ses travaux sur le revenu national[9] dans le cadre de l'économie américaine. Au sein du "Social Science Research Council" créé en 1923 pour traiter

---

[7] Gregory Feldman, "On the Theory of the Rates of Growth of the National Income".
[8] Evsey Domar, *Essays in the Theory of Economic Growth.*
[9] Simon Kuznets, *National Income* (1934) ; *National Income and Capital Formation 1919-35* (1941) ; *National Product since 1869* (1946).

surtout de problèmes de science politique, il est institué le Comité sur la croissance économique[10] en 1948, présidé justement par Simon Kuznets.

De l'étude du revenu national, il passe à l'étude de la croissance économique de façon **empirique** et non théorique, avec son ouvrage *La croissance économique moderne : taux, structure, et expansion* (1966) traduit de l'anglais[11]. Cet ouvrage dans le texte original et dans la traduction française a été amplement et gracieusement distribué dans les pays africains par l'agence d'aide américaine US-Aid.

Dans cet ouvrage Kuznets donne cette définition de la croissance :

Pour qu'une nation connaisse la croissance économique, il faut que la production par habitant ou par travailleur présente une augmentation constante, le plus souvent accompagnée d'un accroissement de la population, et d'habitude, de profondes modifications structurelles, c'est-à-dire de transformations dans les institutions ou dans les coutumes économiques et sociales. (p. 1)

Lorsque Kuznets parle de *profondes modifications structurelles*, ne quitte-t-il pas le domaine de la croissance pour celui du développement ? Toujours est-il que ce sont ses travaux sur la croissance économique qui lui valent le Prix Nobel d'Économie en 1971. Dans son discours de réception du Prix il revient sur le problème de la croissance[12] :

La croissance économique d'un pays peut être définie comme étant une hausse sur une longue période de sa capacité d'offrir à sa population une gamme sans cesse élargie de biens économiques.

Là aussi, ce qui est posé par Kuznets, c'est le problème du développement économique dont une caractéristique est l'augmentation de la capacité de production par des investissements imposants. C'est dans les pays non-développés aspirant à se développer que ce qui est offert aux populations vient pour l'essentiel de l'extérieur.

Aux États-Unis, Kuznets travaille avec l'Administration. Il est adepte du *growthmanship* (dont il sera question plus loin) mais sans filiation avec le Massachussets Institute of Technology, ayant travaillé aussi avec d'autres universités comme Columbia et John Hopkins.

---

[10] Committee on Economic Growth.

[11] Simon Kuznets, *Modern Economic Growth: Rate, Structure, and Spread,* Yale University Press, New Haven, Connecticut), 1966.

[12] Simon Kuznets, Discours de réception du Prix Nobel d'Économie en 1971.

À la fin des années 1940, Kuznets cesse de collaborer avec le ministère du Commerce parce qu'il *refuse de prendre le revenu national comme mesure de la croissance économique*. Pour lui, *le bien-être d'une nation peut à peine être saisi par une mesure du revenu national*.

Le problème de Kuznets est qu'il n'a pas encore en tête le concept de développement économique. Contrairement à ce qu'il dit, le revenu national est bien la mesure de la croissance économique. Ce dont le revenu national n'est pas la mesure, c'est le développement économique. C'est aussi au niveau du développement économique et non de la croissance économique que se situe ce qu'il appelait "profondes modifications structurelles" lorsqu'il donnait sa définition de la croissance dans son ouvrage de 1966. Autrement dit, Kuznets n'arrive pas à distinguer "croissance" et "développement".

Toujours est-il que la recherche empirique sur la croissance économique est bien antérieure aux travaux théoriques.

Growthmanship (croissance-mania) au Massachussets Institute of Technology (M.i.t.)

Le terme "growthmanship" qu'on peut traduire en français par "croissance-mania" vient des États-Unis, lancé en 1960 par Richard Nixon en campagne présidentielle contre John Kennedy. C'est l'apogée de ce que l'écrivain Georges Orwell avait appelé en 1945 "cold war" (guerre froide).

La guerre froide oppose les États-Unis et l'Union soviétique qui après sa percée dans la conquête de l'espace déclare des taux de croissance supérieurs à ceux de l'économie américaine. Personne de ceux qui dans le pays ont connu cette période n'a oublié l'invective lancée en 1956 par le dirigeant soviétique Nikita Khroutchev aux Américains : *Nous vous enterrerons tous*.

Le candidat Kennedy très touché par cette provocation jette alors tout son dévolu sur le problème de la croissance. Pour le contrer, son adversaire Nixon lui reproche d'être tombé dans l'obsession du "growthmanship". Ce terme a vu le jour dans l'arène politique.

Du terrain politique, le "growthmanship" fait son entrée dans la sphère économique en milieu universitaire, particulièrement au Massachussets Institute of Technology (M.i.t.) où se retrouve toute une pléiade d'économistes qui vont se faire théoriciens de la croissance économique comme Robert Solow et Evsey Domar. Le terme "Kingdom of Solovia" ("Royaume de Solovie") a même été utilisé pour montrer l'influence déterminante de Robert Solow sur l'orientation de la recherche économique dans ce domaine. Un ouvrage édité en 1964 par P. M. Gutmann, est intitulé *Croissance économique. Un problème américain*[13]. Ce qui révèle à l'époque l'emprise de la "croissance" dans l'économie et dans la politique des États-Unis.

Théories de la croissance

Quelle pertinence pour l'Afrique ?

Les années 1930 à 1950 sont marquées aux États-Unis et en Grande-Bretagne par les travaux sur le cycle expansion-récession à la suite de la crise de 1929. L'ouvrage le plus en vue est la *Théorie générale de l'emploi de l'intérêt et de la monnaie* (1936) de l'Anglais John Meynard Keynes. Celui-ci ne s'intéresse qu'à l'expansion économique qu'il situe dans la courte période. Le terme "economic growth" ("croissance économique") ne figure nulle part dans l'ouvrage de Keynes, ni dans le corps du texte, ni dans la table d'index des matières. Il s'en justifie auprès de son ami et compatriote Roy Harrod lui aussi théoricien du cycle, en lui disant que la croissance économique est un phénomène de longue période (*long run*) dans laquelle nous serons tous morts *(we all are dead*).

Harrod cherche à aller plus loin que Keynes. Il estime que le système keynésien est statique et s'emploie à l'analyse dynamique avec ses publications : *Essai sur la théorie dynamique*[14], 1939 ; *Vers une analyse économique dynamique*[15], *1948.*

Aux États-Unis, à l'université de Harvard, Evsey Domar travaille sur la croissance économique liée au problème de l'emploi dès 1946 avec son article "Expansion du capital, taux de croissance et emploi".

Le terme "croissance" a été aux États-Unis un produit et un enjeu important de la guerre froide, pour ensuite se propager sur l'ensemble des économies de la planète. ''Croissance'' a survécu à la guerre froide pour prendre place dans la mondialisation. Ses meilleurs importateurs récepteurs ont été les pays africains. Le terme "croissance" a été véhiculé en Afrique et dans le reste du tiers monde par la Banque mondiale (Bm) et le Fonds monétaire international (Fmi) qui sont aussi des produits de la guerre froide.

---

[13] P. M. Gutmann, *Economic Growth: An American Problem.*

[14] Roy F. Harrod, *An Essay in Dynamic Theory, 1939.*

[15] Roy Harrod, *Towards a Dynamic Economics*, 1948.

Ces deux organisations ont été créées en 1944 par le puissant groupe mondialiste américain “Council on Foreign Relations” (“Conseil sur les Relations extérieures”), créé en 1921, influent sur la politique américaine intérieure et extérieure[16].

Le terme “croissance” s’est logé dans ces deux institutions, la Bm et le Fmi. N’oublions pas que Roy Harrod, après ses travaux sur la croissance économique a été conseiller du Fmi dans la période 1952-53.

Pour l’essentiel, avec leurs modèles de croissance, les pionniers Harrod et Domar ne sont préoccupés que par l’ajustement de l’investissement à une croissance modérée de la population et au progrès technique. Ce qui faisait dire à l’économiste anglaise Joan Robinson avec son sens connu de l’ironie que *le taux de croissance est donné par Dieu et les ingénieurs*. (Dieu pour la population, les ingénieurs pour le progrès technique). Toujours est-il qu’il s’agit d’une situation propre à des pays développés.

Les théoriciens de la croissance économique dont le cadre d’analyse est constitué par la conjoncture économique dans des pays industrialisés ne parlent jamais de développement. Le grand théoricien de la croissance économique Robert Solow ne s’est pas lassé d’attirer l’attention sur l’erreur d’universaliser les modèles de croissance, de ne pas les relativiser compte tenu du contexte. Comme il le dit dans un article de 1985 “Histoire économique et Analyse économique” :

Le choix approprié d’un modèle dépend du contexte institutionnel[17].

Il y revient deux ans après en recevant le prix Nobel d’Économie en 1987 pour ses travaux sur la croissance économique :

La théorie de la croissance et une bonne partie de la macroéconomie est un produit de la dépression des années 1930 et de la guerre qui y a mis fin. Moi aussi, j’en suis un produit… La théorie de la croissance a été inventée pour fournir et comparer des sentiers d’équilibre de l’économie. Mon impression est que la confiance en cette histoire est plus ou moins confinée à l’Amérique du Nord. Peut-être que les expériences des économies européennes ne correspondent pas du tout à cette interprétation[18].

---

[16] Voir Makhtar Diouf, *L’Afrique dans la mondialisation*, L’Harmattan, 2002.

[17] R. Solow, “Economic History and Economics”, *The American Economic Review*, 75, 1985, p. 329.

[18] R. Solow, “Growth Theory and After”, *Lecture to the Memory of Alfred Nobel, December* 8, 1987).

En interprétant Solow, on peut dire que la théorie de la croissance économique est aussi un produit de la guerre froide. Si, selon Solow, la théorie de la croissance pourrait ne pas être adaptée aux économies européennes, comment pourrait-elle l'être aux économies africaines ? La situation momentanée de dépression des économies occidentales dans les années 1930 n'a rien à voir avec la situation durable de non-développement des pays africains. Il se trouve que les modèles de croissance occupent une place vénérable dans la formation des économistes des universités africaines où les programmes d'enseignement sont pour l'essentiel calqués sur les programmes des universités de l'ancien colonisateur.

3.

DÉVELOPPEMENT ET ÉMERGENCE

De Friedrich List à Josef Schumpeter

L'Autrichien Josef Schumpeter, avant d'émigrer aux États-Unis publie en 1911 son premier ouvrage en allemand sous le titre *Theorie der Wirtschaftlichen Entwicklung* traduit en 1934 en anglais sous le titre *Theory of Economic Development* puis en français *Théorie du développement économique*.

Le mot allemand pour *développement* est *entwicklung* qui est utilisé aussi pour "changement de situation", "changement survenu dans le corps, l'esprit d'une personne". Si bien que pour Schumpeter, *wirtschaftliche entwicklung* ne signifie rien d'autre que *développement économique*. C'est le même sens qui se trouve dans les dictionnaires allemand-français.

Schumpeter ne parle pas de *wirtschaftliches wachstum* qui signifie "croissance économique". Le terme allemand "wachstum" signifiant "augmentation en quantité" est utilisé pour "croissance". Des économistes de langue allemande qui viendront après lui parleront de *wirtschaftliches wachstum* pour "croissance économique" ; c'est le sens donné aussi dans les dictionnaires allemand-français.

C'est bien Schumpeter qui a introduit le terme "développement économique" dans la littérature économique du 20e siècle. Il donne cette définition du développement :

Par "développement" nous comprendrons seulement les changements dans la vie économique qui ne lui sont pas imposés de l'extérieur, mais qui lui sont impulsés ***de l'intérieur***[19].

Combien de fois a-t-on entendu des économistes français, ou d'expression française, prêter à Schumpeter le propos *la croissance est un processus de destruction créatrice* ? Or, Schumpeter n'a jamais assimilé le phénomène de *destruction créatrice* (*kreative zerstörung*) avec la *croissance*. C'est dans un ouvrage ultérieur *Capitalisme, Socialisme et Démocratie* publié en 1942 que Schumpeter parle de *destruction créatrice*, dans un chapitre de 6 pages intitulé "Le processus de destruction créatrice", en ces termes :

---

[19] J. Schumpeter, *Theory of Economic Development*, p. 63.

Le capitalisme est dans sa nature une forme ou méthode de changement économique qui ne peut jamais être stationnaire. L'impulsion fondamentale qui met le moteur capitaliste en mouvement vient de l'ouverture de nouveaux marchés, extérieurs ou domestiques, et le développement organisationnel de l'atelier artisanal aux usines comme US Steel (la grande usine américaine d'acier) illustrent le même processus de mutation industrielle – si je puis utiliser ce terme biologique – qui incessamment révolutionne la structure économique ***de l'intérieur****, détruisant incessamment l'ancienne structure, pour incessamment créer une structure nouvelle. Ce processus de* ***destruction créatrice*** *est le fait essentiel du capitalisme* (p. 83).

Schumpeter a emprunté l'expression *destruction créatrice* au sociologue allemand Werner Sombart et s'est inspiré des schémas de reproduction simple et élargie de Marx (*Le Capital*, livre 2) qu'il a lu dans le texte. La définition qu'il donne du développement économique correspond tout à fait à son idée de *destruction créatrice*.

Un point extrêmement important est posé ici par l'auteur. Le développement tel qu'il le conçoit est tout le contraire de ce qui est observé dans les pays africains où ce qu'on appelle *croissance* est pour l'essentiel déterminé *de l'extérieur* par des facteurs *exogènes* comme les recettes d'exportation de matières premières dont les cours sont formés sur les bourses de commerce dans les pays occidentaux, et les envois des nationaux émigrés.

Il ne fait pas de doute que Schumpeter a subi aussi l'influence de Friedrich List dont la préoccupation était le développement de son pays l'Allemagne en retard de développement sur la Grande-Bretagne. Pour List, la doctrine de développement de son pays ne peut pas provenir des économistes classiques britanniques qui n'ont fait que défendre les intérêts de leur pays. L'Allemagne, pour se développer, a besoin d'un autre type de réflexion.

Friedrich List, considéré après Marx comme le meilleur économiste allemand du 19e siècle, dans un ouvrage de 1827 intitulé *Esquisses d'un nouveau système national d'économie politique* parlait du "développement graduel de l'économie des peuples".

List a servi de conseiller économique au chancelier Bismark qui a lancé le développement économique de l'Allemagne à la fin du 19e siècle. En pleine période de guerre froide, dans chacune des parties de l'Allemagne divisée entre l'Ouest capitaliste et l'Est socialiste un timbre avait été émis à l'effigie de Friedrich List.

Non-développement et développement

C'est au cours des années 1940 que commence la préoccupation pour les problèmes du non-développement et du développement.

À la suite de Schumpeter, l'économiste polonais Paul Rosenstein-Rodan poursuit la réflexion sur le développement en 1943 avec son article "Problèmes d'industrialisation de l'Europe de l'Est et du Sud-Est[20]". On trouve dans ce texte des termes tels que "pays pauvres", "processus de développement national", "revenu national", "investissement de développement" … En 1944 il publie un autre article intitulé "Le développement international dans les régions arriérées"[21].

Le 29 janvier 1949, dans un passage du discours d'investiture de son second mandat, le président des États-Unis Harry Truman déclare :

*Il nous faut lancer un nouveau programme qui soit audacieux et qui mette les avantages de notre avance scientifique et de notre progrès industriel au service de l'amélioration et de la croissance des **régions sous-développées**.*

Le président Truman avait mis en place le Conseil des conseillers économiques (Council of Economic Advisers) dirigé par Leon H. Keyserling qui est l'auteur de ce discours.

De l'avis de grand nombre d'observateurs c'est la première fois qu'est utilisé le terme "sous-développé" caractérisé par pauvreté, famine, maladies, selon les mots du président américain. Par la suite, le terme "pays sous-développé" a pu paraître vexant, pour être remplacé par "pays en développement" plus flatteur en plus. Personnellement, je préfère "non-développé" et "non-développement".

En pleine guerre froide entre les États-Unis et l'Union soviétique, dans un article du journal *L'Observateur* "Trois mondes, une planète" (14 août 1952), le démographe français Alfred Sauvy lance le terme "tiers monde" :

Ce tiers-monde ignoré, exploité, méprisé comme le Tiers-État, veut, lui aussi, être quelque chose.

---

[20] Paul Rosenstein-Rodan, Problems of Industrialization of Eastern and South-Eastern Europe, *Economic Journal*, 53, (1943): 202-211.

[21] "Paul Rosenstein-Rodan The International Development of Economically Backward Areas", *International Affairs*, Vol. 20 (1944, April): 157-65.

Alfred Sauvy fait allusion au Tiers-État, qui dans la société française de l'ancien régime était coincé entre le clergé et la noblesse.

Économie du développement

En 1952, le marxiste américain d'origine russe Paul Alexander Baran[22] publie *Économie politique du sous-développement*[23], suivi en 1957 par *Économie politique de la croissance*[24].

Suivent d'autres publications qui consacrent ce qui sera appelé "Économie du développement".

Ragnar Nurkse, Américain d'origine estonienne publie en 1953 *Problèmes de la formation de capital dans les pays sous-développés*[25].

En 1954, le Britannique noir Caraïbien Arthur Lewis est après Schumpeter le premier à mettre le terme "développement économique" en titre d'une publication avec son article[26] *Développement économique avec offres illimitées de travail.*

Lewis est suivi en cela par l'Allemand Otto Albert Hirschmann avec son ouvrage de 1958 *La stratégie du développement économique*[27].

Dans l'ensemble, on peut dire qu'après Colin Clark, Rosenstein-Rodan a véritablement ouvert la voie de *l'Économie du développement*, une discipline dans laquelle ont eu à s'illustrer un grand nombre d'auteurs.

Le dénominateur commun de ces ouvrages est l'accent mis sur **l'accumulation de capital**.

Émergence

En 1981, la Banque mondiale avec l'économiste hollandais Antoine Van Agtmael, partit des marchés financiers, lance le terme "pays émergent". Il en découle le terme "émergence économique". Il ne s'agit là que d'un néologisme, c'est-à-dire un nouveau terme pour parler de

---

[22] Ne pas confondre avec le mathématicien informaticien, père de "Internet" Paul Baran américain d'origine polonaise.

[23] Paul A. Baran, *The Political Economy of Underdevelopment*, Manchester School.

[24] Paul A. Baran, *The Political Economy of Growth*, Monthly Review Press, New York. Review.

[25] Ragnar Nurkse, *Problems of Capital Formation in Underdeveloped Countries*, Oxford, B. Blackwell, 1953.

Arthur Lewis, "Economic Development with Unlimited Supplies of Labour", *Manchester School*, vol 24).

[27] Otto A. Hirschmann, *Strategy of Economic Development*, New Haven, Conn : Yale University Press.

“décollage économique”, terme lancé par Walter Rostow il y a plus de soixante ans.

Selon les dictionnaires, “émerger” signifie sortir (la tête) de l’eau. Ce qui se recoupe bien avec le terme aéronautique “décollage” utilisé par Rostow. Le pays émergent serait sur le point de prendre son envol pour sortir du tunnel du non-développement.

Le terme “émergence” n’est rien d’autre qu’un phénomène de mode, comme d’autres qui lui sont antérieurs, servis aux pays du tiers monde. L’image classique du vieux vin mis dans de nouvelles bouteilles.

Le terme “émergence” étant remis à sa place, il ne sera plus question dans la suite du texte que de “développement” distingué de “croissance”. L’émergence n’est rien d’autre qu’une étape préliminaire du processus de développement. Il n’y a pas lieu d’en faire un sujet particulier. Il est inclus dans le développement dont il est la première phase.

TITRE II

CROISSANCE ET DÉVELOPPEMENT ASSIMILATIONS ET DISTINCTIONS

1.

"CROISSANCE" ASSIMILÉE À "DÉVELOPPEMENT"

Kuznets confondait croissance et développement, mais implicitement, parce que n'arrivant pas à les distinguer. À sa suite, certains économistes vont explicitement assimiler croissance et développement, en les considérant interchangeables.

Dans un ouvrage classique de l'Économie du développement, on peut lire :

Il y a tendance à utiliser de façon ***interchangeable*** *les termes "développement économique", "croissance économique" et "changement séculaire". Le développement économique est alors conçu comme un processus par lequel le revenu national réel d'une économie augmente en longue période*[28].

Raymond Barre, professeur à l'Université de Paris I s'inspire dans une certaine mesure de Kuznets avec cette position :

La croissance ***ou*** *le développement est un processus de longue période qui se caractérise par des changements dans les grandeurs de l'activité économique et par des transformations des institutions et des structures.*[29]

La distinction entre croissance et développement ne transparaît pas du tout de façon nette dans les travaux du professeur François Perroux qui parle alternativement de "pôle de développement" et de "pôle de croissance". Comme s'ils étaient interchangeables.

Certains auteurs, tout en traitant du thème du développement économique mettent en titre de leurs publications "croissance économique". Arthur Lewis, après un article intitulé *Développement économique avec offres illimitées de travail* en 1954 revient un an après pour publier *La théorie de la croissance économique*[30] dans lequel il ne traite pourtant que du développement.

Walter Rostow, historien de l'économie, est connu par son ouvrage *Les cinq étapes de la croissance économique*, publié en 1960.

---

[28] R. Baldwin, G. Meir,*Economic Development, Theory, History,*1957, p. 2.

[29] Raymond Barre, "Cours de Fluctuations et croissance", Paris, 1965-66.

[30] Arthur Lewis, *The Theory of Economic Growth* (1955).

Auparavant Rostow avait publié d'abord en 1952 *Le processus de la croissance économique*[31], et en 1956 dans un article *Le décollage dans une croissance auto-entretenue*[32] il écrit :

La séquence du ***développement économique*** *consiste en trois périodes : (1) une longue période (d'un siècle ou plus) quand les préconditions du décollage sont établies ; (2) le décollage sur deux ou trois décennies ; (3) une longue période où la* ***croissance*** *devient relativement automatique... la troisième étape est la longue histoire d'un* ***progrès économique*** *auto-entretenu... La notion de* ***développement économique*** *apparaît quand le revenu passe de ceux qui dépensent de façon moins productive à ceux qui dépensent de façon plus productive.*

On trouve dans ce même texte les trois termes : "développement économique", "croissance", "progrès économique".

Son ouvrage de 1960 est intitulé *Les cinq étapes de la croissance économique*, alors que toute l'étude porte sur le développement économique. L'ouvrage aurait dû porter comme titre *Les cinq étapes du développement économique*. Mais Rostow est à l'époque dans la mouvance du "growthmanship" de la guerre froide où États-Unis et Union soviétique s'affrontent pacifiquement sur le terrain de la croissance économique. L'ouvrage porte d'ailleurs comme sous-titre *Un manifeste non-communiste*. Rostow a beaucoup contribué à la confusion entre croissance et développement.

Dans le livre de Paul Baran *Économie politique de la croissance*, une grande partie est consacrée à l'étude du développement.

John Fei et Gustav Ranis, (1961), traitent du problème du développement dans un article pourtant intitulé *Une théorie de la croissance économique*[33]. Par la suite, ils publient un ouvrage intitulé *Croissance et développement dans une perspective évolutionnaire*[34].

C'est dans le cadre des programmes d'ajustement que se trouve implicitement véhiculé le message selon lequel la préoccupation des

[31] Walter Rostow, *The Process of Economic Growth*, 1952, New York.

[32] Walter Rostow, "The Take-Off Into Self-Sustained Growth", *The Economic Journal*, vol. 66, n° 261, March 1956: 25-48.

John Fei, Gustav Ranis, "A Theory of Economic Growth", *The American Economic Review*, n° 4, September: 533-65.

[34] John Fei, Gustav Ranis, *Growth and Development from an Evolutionary Perspective*, 1999, Willey-Blackwell.

pays du tiers monde n'est plus le "développement", mais la "croissance", comme dans les pays industrialisés.

La croissance et non le développement est le terme reconnu et mentionné dans les documents de la Banque mondiale et du Fonds monétaire international. Le terme "développement" ne fait pas partie du vocabulaire du Fmi. Rappelons que le premier théoricien de modèle de croissance Roy Harrod a été conseiller du Fmi dans la période 1952-53. Quant à la Bm, elle utilise le terme "développement", mais uniquement en titre de ses documents. Dans le Rapport Berg *Le développement accéléré en Afrique au sud du Sahara* (1981), le développement n'est mentionné que dans l'intitulé, pour disparaître dans le corps du texte où il n'est question que de croissance.

2.

"CROISSANCE" DISTINGUÉE DE "DÉVELOPPEMENT"

En 1955, l'Association économique internationale organise une Table ronde où sont présentées 19 communications sur le thème "Signification, Mesure et Causes du Progrès économique". Dans les actes (574 pages) publiés par l'économiste belge Léon Dupriez, on peut lire :

Il a été délibérément choisi de libeller le thème "Progrès économique", à partir d'un profond désir de ne pas limiter le sujet simplement à la "croissance économique" en tant que simple expansion du revenu national.

On en revient ainsi au "progrès économique" des économistes classiques.

En 1967, l'économiste anglais Nicholas Kaldor, dans un petit livre (83 pages), *Facteurs stratégiques dans le développement économique*[35], relie la croissance économique au secteur manufacturier. Selon lui, les conditions d'une véritable croissance économique ne sont pas encore réunies dans un continent du sous-développement comme l'Afrique. Kaldor, qui a beaucoup travaillé sur les modèles de croissance à la suite des pionniers Harrod, Domar et Solow, est bien conscient que ces théories et leur objet d'étude avec ses concepts n'ont été conçus que pour des pays déjà développés, mais secoués à un moment donné de leur histoire économique par la crise de 1929 et la guerre qui a suivi.

Le message de Kaldor est que la croissance économique est, et doit être un phénomène endogène, impulsé par des moteurs internes : ce qui n'est pas le cas dans les pays africains. À l'exception du Canada, de l'Australie et de la Nouvelle-Zélande (où l'agriculture a joué un grand rôle) – comme le rappelle Kaldor – la croissance économique procède pour l'essentiel du secteur manufacturier.

Si, comme le souligne Kaldor, la croissance du secteur manufacturier entraîne la croissance de la productivité dans le secteur non manufacturier, cela signifie que les deux secteurs sont intégrés, que l'agriculture est intégrée à l'industrie, ce qui est une étape importante vers le développement.

---

[35] Nicholas Kaldor, 1967, *Strategic Factors in Economic Development*, Ilr Pr (1 janvier 1967).

Dudley Seers, ancien directeur de “Institute of Development Studies” du Royaume-Uni, va aussi proposer de rompre avec l’assimilation du développement à la croissance ; ceci dans un article de 1969 intitulé “La signification du développement”[36]. Pour lui, *le développement est un phénomène social qui va au-delà de l’accroissement du revenu par tête, pour s’occuper de l’élimination de la pauvreté, du chômage, du sous-emploi et des inégalités sociales... Il faut en finir avec* ***le fétichisme de la croissance.***

Pour Seers, ce sont des concepts spécifiques aux pays industrialisés qui ont été transposés mécaniquement dans les pays sous-développés ; c’est comme, dit-il, si *un livre ne traitant que des chevaux portait comme titre “les animaux”*. Par exemple, un livre qui annonce une étude sur l’économie mondiale et qui ne traite en fait que des économies occidentales. Les théories de la croissance n’ont en toile de fond que des pays développés. Ce propos énoncé par Seers en 1969 sera confirmé par Solow en 1987.

Dudley Seers trouve que

Les dirigeants des pays sous-développés ont préféré s’abriter derrière les “taux de croissance” qui leur ont été imposés par les rapports des agences internationales.

L’Indien Amartya Sen a la même démarche. Il distingue le développement de la croissance, et va même plus loin en assimilant le développement à la liberté. L’absence de liberté pour lui, c’est la faim, la famine, l’ignorance, le chômage, la mort prématurée, le barrage des opportunités aux femmes et aux minorités, les menaces sur l’environnement, le non-accès à l’eau potable et aux soins de santé, la violation des libertés politiques[37]. C’est-à-dire ces maux répandus dans les pays non-développés.

L’insatisfaction née de l’adoption du revenu par tête pour apprécier le niveau de progrès économique et social a amené le Programme des Nations unies pour le Développement (Pnud), à lancer en 1990 l’idée de “développement humain”. Ceci, pour proposer un nouveau critère, *l’indice de développement humain*, (Idh), conçu autour de trois variables : l’espérance de vie (ce qui fait intervenir la santé), le niveau d’éducation

---

Dudley Seers, 1969), “The Meaning of Development”, *International Development Review* 11(4): 3-4.

[37] A. Sen, *Development as Freedom*, 1999.

(alphabétisation des adultes, instruction primaire, secondaire et supérieure) et le revenu réel par tête d'habitant.

Pour le Pnud, il faut arriver à une perception plus large du bien-être de l'individu. Quel que soit le niveau de développement, les individus ont trois priorités : mener une longue vie en bonne santé, s'instruire, avoir un niveau de vie matérielle décent. Ils peuvent aussi avoir d'autres exigences comme la garantie de droits (droits humains) et le besoin d'être créatif. Le fond du raisonnement est que le revenu n'est pas la somme totale de la vie ; il est un moyen et non une fin. La finalité reste le développement humain.

Ce n'est pas un hasard si l'indice de développement humain a été mis au point au sein du Pnud par deux économistes du tiers monde, le Pakistanais Mahbub Ul-Haq et l'Indien Amartya Sen. Ce dernier a reçu le prix Nobel d'économie en 1998 pour ses travaux sur la pauvreté, par lesquels, selon la Banque nationale suédoise qui décerne le prix, *il a restauré la dimension éthique dans l'économie*.

L'Idh a le mérite de mettre à l'honneur le capital humain qui est tributaire de la santé et de l'éducation des populations L'indice de développement humain est approprié pour parler de "développement économique et social". Il est plus complet que le seul Pib.

Ceci étant, le terme "croissance" ne figure nulle part dans l'appellation des institutions de financement du développement. Il existe des banques de développement, mais pas de banques de croissance. Le terme "croissance" ne figure pas non plus dans les initiatives gouvernementales appelées "plans de développement". On ne parle jamais de "plan de croissance". Est-ce pour cela que le terme "émergence" a été sorti comme d'un chapeau, avec la garantie qu'un taux de croissance de 7 pour cent (sur combien d'années ?) permet d'y accéder ?

3.

UNE APPROCHE MÉTHODOLOGIQUE POUR DISTINGUER “CROISSANCE” ET “DÉVELOPPEMENT”

On peut par une approche méthodologique procéder à une distinction nette entre croissance et développement. La distinction entre croissance et développement passe par la distinction entre “conjoncture” et “structure”.

La conjoncture, c’est la situation à un moment donné, l’évènementiel, ce qui subit des changements rapides dans le court terme. *L’étude de conjoncture* est la description analytique du fonctionnement de l’économie d’une année à l’autre. Elle porte sur les composantes de l’économie soumises aux variations les plus rapides. La croissance économique telle qu’étudiée dans les modèles de croissance rentre dans le cadre de l’étude de conjoncture.

La structure, c’est ce qui est relativement fixe, permanent, durable ; elle est le cadre, l’organisation de fonctionnement de l’activité économique. À la différence de l’étude de conjoncture, *l’étude de structure* se focalise sur les éléments les plus stables de l’économie, les moins soumis à des changements rapides. Des changements plus lents mais plus durables.

Pour Ernst Wageman, alors Directeur de l’Institut de Conjoncture de Berlin, *la structure concerne les organes de l’économie, la conjoncture concerne les fonctions de l’économie*[38]. Dans une voiture les performances de vitesse à l’heure seront les fonctions qui dépendent du bon état des organes qui sont sous le capot et des roues, constituant la structure.

Pour mieux faire comprendre la différence entre croissance et développement à partir des notions de conjoncture et de structure, je vais calquer l’économie nationale sur l’entreprise qui après tout est le lieu de production des biens et des services. L’organigramme d’entreprise industrielle proposé par Henri Fayol (*Administration générale et industrielle*, 1916) correspond au nombre près aux ministères d’un gouvernement.

[38] Ernst Wageman, *La stratégie économique*, traduction française, Paris 1938 : 69-70, cité par André Marchal, (1955), *Méthode scientifique et science économique*, Paris : Génin, p. 175.

L'étudiant qui entreprend des études économiques est introduit dans l'analyse de la production par "l'équilibre du producteur". Le producteur représente toute personne opérant une entreprise dans une branche de l'un des trois secteurs économiques. La branche n'opère que sur un seul produit. Ce producteur ne vise qu'un seul objectif, maximiser son profit. C'est à ce moment qu'il est en équilibre. Il est à son maximum de satisfaction. Il n'est pas question pour lui d'agrandir la taille de son établissement, de se lancer dans un autre produit.

Cette situation a souvent été présentée comme irréaliste, aucun entrepreneur ne se comportant ainsi. Pourtant elle n'est pas si irréaliste que cela. Elle peut correspondre à la situation du pays africain où le chef d'État ne jure que par la croissance. Son taux de croissance dans le quasi-immédiat est l'équivalent du profit convoité par l'entrepreneur dans la même durée de temps.

Par la suite, la littérature économique, avec la naissance de la grande entreprise, s'est enrichie de la "théorie de la firme" dans laquelle la propriété est dissociée de la gestion. Les propriétaires sont les actionnaires et les dirigeants sont des managers salariés ayant une certaine expertise de la gestion. Ils se situent dans le moyen terme et dans le long terme dans un environnement de concurrence. Leur objectif n'est pas d'ordre conjoncturel comme la maximisation du profit. Ils s'attaquent à des problèmes de structure par une meilleure organisation de l'entreprise pour assurer sa pérennité. Ce qui dans la discipline "Économie industrielle" est appelé *croissance de l'entreprise*.

Les éléments de mesure de cette croissance sont les revenus générés, la valeur ajoutée, la position sur le marché face à la concurrence, la qualité des produits, la capacité de production utilisée par rapport au potentiel de production. Les moyens déployés sont l'extension de la firme par différentes stratégies : fusion horizontale avec une firme concurrente, absorption d'une concurrente de moindre taille, diversification de la production pour fabriquer des produits différents, devenant ainsi un conglomérat. Le management recherche ainsi les économies d'échelle : s'appuyer sur un marché de plus en plus élargi grâce aux techniques de marketing, pour fabriquer une plus grande quantité de produits, ce qui se traduit par une réduction à la limite de l'incompressible des coûts unitaires de fabrication. Tout cela requiert des investissements massifs financés sur fonds propres et par endettement à moyen et long terme.

Cette croissance de l'entreprise est menée ainsi avec des opérations de restructuration. Ce qui faisait dire à l'Américain Peter Drucker surnommé “le pape du management” *que la mauvaise structure est toujours la garantie de résultats nuls.*

Là aussi nous pouvons faire le parallèle entre la grande entreprise dans sa stratégie et l’économie nationale du pays non-développé. La croissance de l’entreprise est l’équivalent du développement économique au niveau national. Le développement d’un pays ne peut s’opérer que par une stratégie de restructuration. Une reconduction des structures économiques héritées de la colonisation (*la mauvaise structure*), pour n’apprécier les performances économiques d’un pays non-développé qu’en termes de taux de croissance ne peut mener au développement.

La destruction créatrice dont parlait Schumpeter porte sur la mauvaise structure, pour donner lieu à une nouvelle structure porteuse de progrès.

Certes, un gouvernement africain doit s’intéresser à ces indicateurs de conjoncture que sont le taux de croissance, le niveau de l’emploi, le niveau général des prix pour éviter l’inflation, l’équilibre de la balance des paiements. Mais cela ne doit pas, comme c’est malheureusement le cas, le dispenser d’accorder la priorité à la restructuration profonde de l’économie nationale dans chacun de ses trois secteurs, surtout l’industrie manufacturière.

Le développement relève de la stratégie qui est un plan à long ou moyen terme par lequel le gouvernement fixe les objectifs structurels pour l’économie nationale. La croissance, comme les autres indicateurs de conjoncture, relève de la politique économique à court terme constituée par les moyens, les décisions à prendre. La politique économique conjoncturelle dans son ensemble (élaborée au niveau ministériel) est subordonnée à la stratégie économique (élaborée au niveau présidentiel).

Les pays développés, c’est-à-dire industrialisés, ont commencé par asseoir des structures économiques solides, pour ensuite s’attacher à la poursuite de la croissance économique perçue comme un impératif pour résoudre le problème de l’emploi, compte tenu de l’augmentation de la population active.

Il était certainement plus convenable de marquer la distinction entre “croissance” et “développement” dans les années 1960 comme l’avait fait Dudley Seers (1969). Mais la situation a changé depuis que la mondialisation s’est solidement implantée. Le monde étant considéré devenu un, ce sont les mêmes normes, celles de l’Occident, avec les mêmes concepts qui doivent prévaloir partout. Dans le domaine de l'économie, il n'aurait plus lieu de s'encombrer de deux termes "croissance" et "développement" pour dire la même chose, ce qui fait un peu redondance.

Le terme "croissance" peut alors être rendu plus universel si on lui adjoint le qualificatif "inclusif". Le terme français "inclusif", tiré de l'anglais "inclusive" signifie "n'exclut personne" (dictionnaire Robert). On peut ainsi parler de "croissance inclusive" avec cette définition qu'en donne l'Ocde, le club des pays industrialisés :

La croissance économique qui crée des opportunités pour tous les segments de la population et distribue les dividendes monétaires et non monétaires d'une prospérité accrue de façon juste dans la société.

Il était reproché à la croissance économique calculée dans les pays non-développés de ne bénéficier qu'à une minorité des populations. Dans les pays développés aussi il existe des poches de pauvreté. La croissance inclusive met tout le monde en accord. Le même concept doit être valable partout.

Des économistes parlent aussi de "croissance endogène", c'est-à-dire, tirée des mécanismes internes de l'économie et non de l'extérieur, pour marquer la différence entre pays développés et pays non-développés. En fait la croissance est en soi endogène. C'est faire pléonasme de parler de croissance endogène. C'est comme si on disait "nuit noire", ou "neige blanche", ou "eau incolore" (si elle n'est pas souillée).

Le plus simple pour s'éviter toutes ces acrobaties sémantiques est de réserver le terme "croissance" (tout court) à un pays déjà développé, et "développement" à un pays non-développé. En rappelant que l'émergence n'est qu'une étape du processus de développement.

4.

CROISSANCE-MANIA EN AFRIQUE

Coupés le plus souvent de toute source de connaissance de leurs propres réalités socioéconomiques, les intellectuels issus du tiers monde subissent principalement la dictature des catégories théoriques issues de l'expérience des sociétés capitalistes développées. Nous avons là pour l'essentiel l'explication de l'échec des stratégies de développement économique fondées sur de telles prémisses théoriques.

(Babacar Sine, *Impérialisme et théories sociologiques du développement*, 1976, p. 70).

D'abord une question : Est-ce que les Africains qui à l'occasion des dernières Coupes d'Afrique des nations de football ont été en Guinée équatoriale ont eu l'impression que les Équato-guinéens vivaient mieux que les autres Africains ? Sûrement pas ! Et pourtant, c'est le pays qui détient, et de loin, les records de taux de croissance sur le continent.

Durant les années 1960, rien qu'avec ses exportations de bois, de café et de cacao, le pays arrivait à enregistrer des taux de croissance de 7 pour cent. Le taux de croissance est passé à 8.5 pour cent au début des années 1990. Avec la découverte du pétrole en 1996, le taux moyen de croissance dans la période 1996-2000 est de 38.3 pour cent, avec un maximum de 95.26 pour cent en 1997. Malgré tout, les 70 pour cent de la population de la Guinée équatoriale vivent dans la pauvreté, avec 40 pour cent dans l'extrême pauvreté (moins de 1 dollar US par jour).

Mais la Guinée équatoriale n'est pas le seul cas de croissance dans la pauvreté, de croissance en chômage de masse, de croissance sans développement. En novembre 2014, à Abidjan, un officiel de la Banque mondiale dans une conférence de presse déclare :

Le niveau de pauvreté reste relativement élevé et inquiétant en Côte d'Ivoire, si on le compare avec le potentiel de croissance de ce pays... Le panier de la ménagère ne ressent pas du tout les effets de la formidable croissance... la Côte d'Ivoire est classée deux années consécutives parmi les dix pays à forte croissance[39].

On remarquera que cet officiel de la Banque mondiale parle de *formidable croissance* et de *pauvreté*, face à un *potentiel de croissance*. Ce qui est insensé, parce que c'est de ‘‘potentiel de développement’’

[39] Quotidien *Le Soleil*, 11 novembre 2014.

qu'il aurait dû parler. Le pays enregistre des taux de croissance sans ressenti pour les populations parce qu'il ne se développe pas.

Dans le "Rapport sur les Perspectives économiques en Afrique" (19 mai 2014) élaboré par la Banque africaine de développement (Baf-d), l'Ocde et le Pnud, on lit :

L'Afrique de l'Ouest est la zone la plus dynamique du continent avec une croissance de plus de 7 pour cent en 2014 et 2015. La locomotive régionale est la Sierra Leone grâce à ses exportations de fer et de minerai.

Ce qui, pour ces experts, signifie que le dynamisme d'un pays africain se réduit à exporter ses matières premières sans chercher à les transformer.

Ce sont des organisations internationales qui ont **décrété** arbitrairement qu'avec un taux de croissance cumulé de 7 pour cent par an durant une certaine période, un pays sort de la pauvreté. Et la Guinée équatoriale ? Elles vont même jusqu'à se donner une coloration "scientifique" avec des précisions : 1 pour cent de croissance génère 0.15 à 0.25 pour cent de réduction du taux de pauvreté. Des chiffres fantaisistes, farfelus, sans rapport avec la réalité, avancés par des technocrates qui n'ont jamais côtoyé une personne pauvre. Le plus grave est que beaucoup d'Africains (dirigeants, jeunes économistes, journalistes...) continuent à y croire. C'est cela qu'on trouve dans les "Plans émergents."

Croissance et croissance

Dans les pays industrialisés, la croissance économique est significative dans la mesure où elle est induite par le dynamisme interne de l'économie, crée des emplois et se traduit par une élévation sensible du niveau de vie. Le secteur manufacturier y est le moteur de la croissance.

Par contre dans les pays africains, la croissance n'est tirée pour l'essentiel que de l'extérieur, par des facteurs exogènes : les recettes d'exportation de produits primaires, et l'argent envoyé par les immigrés à leurs familles.

La croissance de 7.54 pour cent en 1975, et de 8. 92 pour cent en 1976 au Sénégal n'a été due qu'à la flambée du cours des phosphates dans cette période. En 2014, la Sierra Leone n'a été la locomotive de la croissance que par ses exportations de fer et de minerai. Depuis la dévaluation du franc Cfa, les envois d'argent des immigrés (ayant été multipliés par 2) sont devenus supérieurs aux investissements directs étrangers.

La croissance économique est ainsi une simple résultante de facteurs exogènes non maîtrisables par une quelconque politique économique ; elle ne crée pas d'emplois de façon sensible, et s'accompagne d'une pauvreté en progression régulière surtout depuis la mise en place des programmes d'ajustement. Ce n'est qu'une croissance trompe-l'œil. Dans les pays africains, le taux de croissance, qu'il soit de 10 pour cent ou de 1 pour cent n'a aucun impact sur le vécu des populations qui ne se ressentent ni plus riches ni plus pauvres. Du côté des populations du tiers monde **le taux de croissance est une variable neutre**.

En fait, qu'est-ce que la croissance économique ? C'est, nous dit-on, l'évolution du produit intérieur brut (Pib) d'une année à l'autre. Et à partir du Pib, on détermine le revenu par tête d'habitant qui permet d'opérer une classification entre pays. Il faut donc ausculter ce Pib.

Le Pib : une foire à problèmes

Les pays africains ont été contraints de suivre la procédure de certains pays de l'Ocde pour remplacer le "produit national brut" (Pnb) par le "produit intérieur brut" (Pib), comme indicateur de croissance. Dans le calcul du Pnb, les profits des entreprises étrangères étaient imputés à leurs pays d'origine. Le Pib par contre exprime toute activité économique réalisée dans un pays, quelle que soit la nationalité des entreprises. Ainsi, les profits des sociétés étrangères sont imputés aux pays d'implantation, même lorsqu'ils sont rapatriés, comme c'est généralement le cas.

Dans les pays industrialisés qui abritent presque autant d'entreprises étrangères qu'ils ont d'entreprises nationales à l'extérieur, la différence entre le Pib et le Pnb est très faible (de l'ordre de 1 pour cent).

Dans les pays non industrialisés par contre, la différence est très importante, ce qui fait qu'ils peuvent se trouver crédités d'une augmentation tout à fait fictive de Pib, donc de taux de croissance sans grande signification. Pour ne rien dire de sa répartition.

Le Pib est assimilé au revenu national, c'est-à-dire l'ensemble des revenus distribués. Ce qui est inexact. Dans le Pib, le terme "brut" signifie incorporation des dépenses d'amortissement (c'est-à-dire remplacement des machines), des dépenses qui ne correspondent tout de même pas à des distributions de revenus aux ménages. Dans les travaux de Comptabilité nationale, c'est le Pib aux coûts des facteurs, défalqué des amortissements, qui donne le revenu national. Donc le Pib tel quel, incluant les amortissements, ne peut en aucun cas correspondre au revenu national. Le produit intérieur brut présente le double défaut d'être intérieur et d'être brut.

Passons au revenu par tête. C'est le Pib assimilé au revenu national qui est divisé par le nombre d'habitants qui donne le revenu par tête. Mais cela suppose que l'on connaisse de façon précise le nombre d'habitants. Il n'existe aucun pays au monde où l'on connaît de façon précise le nombre d'habitants à un instant donné. Dans les pays développés, on procède de temps en temps à des recensements démographiques, mais les données restent approximatives, compte tenu des flux de naissances et de décès qui sont impossibles à saisir à l'instant. Dieu seul connaît le nombre d'habitants dans un pays à un instant donné. La situation est encore plus délicate en Afrique où peu de pays procèdent à des recensements démographiques. Même lorsque des recensements de population ont lieu, ils sont très espacés dans le temps, si bien qu'entre deux recensements on se contente d'estimations vagues à partir d'extrapolations sur des taux antérieurs d'accroissement de population.

Le Pib : des superflus et des manques

Le Pib a été conçu de façon approximative dans un premier temps dans les pays occidentaux pour déterminer la capacité de financer la guerre. Par la suite on l'a utilisé de façon plus précise pour rendre compte de la croissance, non sans quelques problèmes.

Le Pib ne tient pas compte des incidences sur l'environnement. Il incorpore des produits non utiles et même nuisibles pour les populations comme les armes d'agression, les drogues qui détruisent beaucoup de jeunes. Il n'inclut que les activités facilement mesurables. En Afrique, on n'y trouve pas bon nombre d'activités génératrices de revenus pour ceux qui s'y adonnent : ventes de cacahuètes, de fruits, de légumes, location de chaises pour les cérémonies, marchands ambulants, petits réparateurs, … Si bien qu'à ce niveau, le Pib tel que présenté dans les statistiques ne correspond pas à la réalité, parce que sous-estimé, ignorant les activités de ces informels dont les revenus qui les font vivre sont difficiles à saisir.

Le Pib peut néanmoins être une grandeur malléable à merci, jusqu'à être très élastique, pour devenir une statistique politique. En 2008, l'Onu propose d'y inclure les dépenses de recherche–développement, le divertissement, la création littéraire et artistique. Très bien ! Mais comment les évaluer ?

À partir de là, sur instruction de l'Union européenne, quelques pays comme l'Italie commencent à y inclure les activités de "l'économie criminelle, souterraine" : trafic de drogue, prostitution, contrebande de tabac, d'alcool, …, les données statistiques devant provenir des services de police et des organisations non-gouvernementales qui travaillent avec les drogués et les prostituées. Mais avec quelle fiabilité ?

Sur conseil de la Banque mondiale, le Ghana procède en 2010 à une refonte du calcul du Pib en adoptant comme nouvelle base l'année 2006 au lieu de l'année 1993, pour y inclure d'autres activités comme la reforestation des terres dégradées, l'exploration pétrolière, le téléphone mobile (qui aurait relevé le niveau de vie des habitants). Résultat : le Pib par tête se trouve augmenté de 60 pour cent, ce qui place le Ghana en 3e position derrière le Nigeria et le Cap-Vert en Afrique de l'Ouest. L'annonce est faite le 5 novembre 2010. Le Ghanéen pauvre qui s'est couché la veille le ventre vide, se lève le matin, n'ayant encore rien à se mettre sous la dent est informé qu'il s'est enrichi de 60 pour cent pendant qu'il dormait. Miracle ! C'est l'ange Banque mondiale qui est passé par là.

La même opération est réalisée au Nigéria dont le Pib double aussitôt, pour en faire la première puissance économique d'Afrique, devant la République sud-africaine. Tout esprit lucide qui a été dans ces deux pays peut constater qu'ils ne sont pas au même niveau de développement.

Un rapport de "Mac Kinsey Global Institute" y va alors de son commentaire :

Si le Nigéria maintient sa croissance à 7.1 pour cent par an, il a des chances de figurer parmi les 20 premières puissances économiques mondiales.

Pourtant le même Rapport souligne que 74 pour cent des Nigérians vivent dans la pauvreté, que la productivité de l'agriculture est faible, que le secteur industriel ne contribue au Pib qu'à 7 pour cent. Il y a vraiment lieu de se demander si les rédacteurs de ces Rapports prennent même la peine de se relire. Et dire que ce sont ces organisations qui font autorité en Afrique auprès de nos gouvernements !

Les statistiques sur le Pib et la croissance proviennent de trois sources : la Banque mondiale (*World Tables Indicators*), l'Université de Pennsylvania aux États-Unis (*Penn Tables*) et *Angus Maddison* un économiste anglais basé à l'université de Groningen aux Pays-Bas.

Elles reçoivent leurs données brutes des agences nationales de statistique, les traitent comme de la matière première de manière différente avec les monnaies d'évaluation, l'année de base, les ajustements de parité de pouvoir d'achat, pour en sortir un produit fini, le Pib. Mais pour un même pays, pour la même année, le chiffre de Pib est très différent selon ces trois publications, pouvant passer du simple au double ou au triple. Le pays peut être classé dans une publication dans le camp des pays moins avancés et être classé dans une autre publication dans le camp des pays à revenu moyen.

Il n'y a vraiment pas de quoi pavoiser (côté gouvernement) lorsque le chiffre annoncé est jugé satisfaisant, ni de quoi lancer des diatribes (côté opposition) lorsque le chiffre annoncé est jugé faible. Bien entendu le Fmi utilise les chiffres de la Banque mondiale. Ces chiffres n'ont pas les vertus qu'on leur attribue dans les pays africains. Dans les pays occidentaux, le Pib est plutôt l'objet de railleries. À une certaine époque, le produit national brut (Pnb) était considéré comme le contraire du bonheur national brut (Bnb). On disait : le Pnb n'est pas le Bnb.

Même les informations données par les agences nationales de statistiques à ces trois organismes de publication des chiffres du Pib laissent parfois à désirer. Quand on constate qu'après plus de 50 années d'indépendance, c'est en 2015 que le Sénégal entreprend son premier Recensement général des Entreprises : connaître de façon plus précise leur nombre, leur répartition par secteur d'activité, région, département et commune, dans le formel et l'informel. Ce qui révèle que le Répertoire des Entreprises avec lequel on opérait n'était pas satisfaisant.

Il est temps que les Africains jettent un autre regard sur la croissance qui n'est pas le développement, et qui n'y conduit pas. Ce n'est pas avec le cumul de taux de croissance fictifs qu'on arrive au développement. L'exemple de la Guinée équatoriale est là.

Lorsque les pays occidentaux faisaient leur développement, les concepts de Pib et de taux de croissance n'existaient pas, étant apparus seulement au lendemain de la Seconde Guerre mondiale. Thomas Piketty avec son livre *Le Capital au 21e siècle* (2014), suivant en cela son mentor Angus Maddison, est actuellement le seul à trouver des Pib et des taux de croissance dans l'Antiquité. *Développement sans croissance* : c'est le titre du pertinent ouvrage de 1983 de l'économiste algérien Abdel Kader Sid-Ahmed, à partir de l'expérience des économies pétrolières du tiers-monde.

Je suis conforté dans ce que j'écris ici par la parution de deux ouvrages qui ne disent rien de différent. L'un est celui de Morten Jerven publié en 2013 à la suite de séjours d'étude dans les Agences de

Statistique de pays d'Afrique de l'Est et du Sud, intitulé *Poor Numbers How We Have Been Mislead by African Development Statistics*, ("Chiffres sans valeur. Comment nous avons été trompés par les statistiques du développement africain" (ma traduction). L'autre est celui de l'économiste anglaise Diane Coyle : *GDP. A Brief and Affectionate History* (Pib, une histoire courte et pleine d'affection (ma traduction).

Ces deux ouvrages largement médiatisés aux États-Unis où ils ont été publiés n'ont pas pu échapper aux économistes du Fmi et de la Banque mondiale. Mais ils signent et persistent dans les mêmes pratiques en Afrique.

Le sénateur américain Robert Kennedy candidat à l'élection présidentielle aux États-Unis en 1968 dans un discours du 18 mars, après avoir cité tous les "bads" (mauvais) qui figurent dans le Pib et les "goods" qui en sont absents termine :

En un mot, le Pib mesure tout, sauf ce qui fait que la vie vaut la peine d'être vécue.

TITRE III

INDICATEURS DE DÉVELOPPEMENT ÉCONOMIQUE

S'il est admis que le développement n'est pas la croissance, que le Pib n'est pertinent que comme indicateur de croissance, que prendre comme indicateur(s) pour le développement ?

1.

CRITÈRES CONVENTIONNELS

Il existe des critères conventionnels qui figurent dans les statistiques officielles et dans la presse financière. Le premier et le plus répandu est le revenu par tête d'habitant tiré du produit intérieur brut (Pib). Le second est l'indice de développement humain (Idh).

Pib (ou revenu) par tête d'habitant

Les institutions de Bretton Woods restent toujours attachées au critère du revenu par tête. Le "Rapport sur la croissance et le développement" de la Banque mondiale publié en mai 2008 fait l'éloge du revenu par tête présenté comme *une statistique familière, mais remarquable.*

Certes, il n'existe aucun pays industrialisé qui figure parmi les pays à bas Pib par tête. Sur le classement mondial établi pour l'année 2020 concernant 218 pays, dans l'Union européenne, les partenaires les moins lotis sont la Hongrie au 63e rang et la Grèce au 59e rang.

Mais on ne peut en déduire que le niveau du Pib par tête est un indicateur absolu de niveau de développement. En Afrique, dans le classement mondial, après Maurice (86e) et Seychelles (87e), les deux pays qui viennent en tête sont le Gabon 97e et la Guinée Équatoriale 98e avec un peu plus de 7000 dollars, avant l'Afrique du Sud 113e, avant les pays d'Afrique du Nord, avant le Brésil 104e.

S'il en est ainsi, c'est parce que dans certains cas (Gabon, Guinée Équatoriale), le revenu par tête d'habitant est hautement trompeur car déterminé par l'ampleur des revenus pétroliers face à une faible population.

Le Pib ou le revenu par tête d'habitant **est une condition nécessaire mais pas suffisante** pour être un pays développé.

Indice de développement humain (Idh)

L'indice de développement humain vient rectifier le tir, en donnant une meilleure indication des niveaux de développement en termes de bien-être. La Norvège arrive ici en tête du classement mondial alors qu'elle n'est qu'au 9e rang au classement par Pib. Par contre le Qatar n'arrive qu'au 45e rang de l'Idh alors qu'il caracole en tête au Pib.

En Afrique, les deux tigres du revenu par tête, le Gabon et la Guinée Équatoriale tombent à la 119e et à la 145e place dans l'Idh où les premières places reviennent à Maurice 66e, Seychelles 67e, Tunisie 95e, Botswana 100e, Libye 105e dans le classement mondial.

Le mérite de l'Idh est d'avoir cherché à dépasser le Pib comme indicateur en l'humanisant. Mais l'Idh ne dit rien sur la machine économique qui porte le développement. Cette machine économique est actionnée par l'industrie. Il n'existe aucun pays développé qui n'est pas industrialisé ; pays développé est synonyme de pays industrialisé. Or, l'Idh n'est pas la jauge, le tableau de bord qui permet de suivre de trimestre en trimestre l'évolution de l'économie. Il convient alors de trouver pour le développement un indicateur qui incorpore l'industrie.

2.

QUID DE LA PRODUCTION INDUSTRIELLE ?

On peut tout de suite penser à un indice connu et publié dans les statistiques officielles, la production industrielle. Dans les pays industrialisés, la production industrielle telle que présentée à partir du système de Comptabilité nationale est composée de trois éléments : les industries extractives, les utilités publiques (eau et énergie) et les produits manufacturés. Après les indépendances, le système a été adopté tel quel dans les pays africains. Ce qui pose problème.

Dans les pays développés, les industries extractives comptent pour très peu, et l'essentiel de la production industrielle est constituée par les produits manufacturés. Dans les pays africains, les produits manufacturés comptent pour très peu et l'essentiel de l'indice de production industrielle est constitué par les industries extractives et les utilités publiques (eau et énergie) qui contribuent à l'industrialisation, mais ne peuvent être un repère d'industrialisation. Il en résulte que l'indice officiel de production industrielle tel que présenté est surestimé et trompeur. N'étant pas un indicateur d'industrialisation, il ne saurait être un indicateur de développement.

Dans certains pays africains l'indice de production industrielle est encore artificiellement gonflé de produits comme le lait en poudre importé et simplement mis en sachets dans le pays. Un même produit figurant sous deux noms de marque différents est comptabilisé deux fois, alors qu'il s'agit d'une même branche d'activité (la branche fabrique un seul produit et un produit est fabriqué par une seule branche). Il arrive même que la construction de bâtiments et d'édifices soit comptabilisée dans la production industrielle.

Le développement est inconcevable sans politique d'industrialisation, laquelle peut ne pas figurer dans les priorités parce que l'État est inconscient du faible niveau d'industrialisation qui est masqué par un indice de production industrielle hautement trompeur. Il est opportun de rompre avec cette pratique, pour adopter une conception plus réaliste de la production industrielle constituée pour l'essentiel par les produits manufacturés.

Les produits manufacturés obtenus après transformation de matières premières pour générer de la valeur ajoutée sont le véritable repère du niveau d'industrialisation.

3.

VALEUR AJOUTÉE MANUFACTURIÈRE (VAM)

La valeur ajoutée manufacturière ne fait pas assez l'objet d'attention et d'intérêt pour beaucoup d'économistes. Elle n'est même pas mentionnée dans les publications économiques des organes de presse. Au niveau des secteurs d'industrie manufacturière la Vam résulte de la différence entre la production et les consommations intermédiaires, sans tenir compte des dotations aux amortissements des machines. Ce qui donne la valeur ajoutée. La Vam est donnée en monnaie, en dollar US.

Le calcul de la Vam a été inspiré par la Comptabilité analytique (encore appelée Comptabilité des coûts ou Comptabilité de gestion) des entreprises manufacturières. Elle calcule la marge brute qui est la différence entre la valeur de la production vendue (chiffre d'affaires) et les charges directes opérationnelles (main-d'œuvre directe des ateliers, matières premières). La marge brute permet de se faire une idée de la productivité et de la richesse créée par l'entreprise. La valeur ajoutée manufacturière d'un pays peut être comparée avec la valeur ajoutée d'une entreprise industrielle manufacturière.

Le calcul de la Vam remonte pourtant à 1948 avec la création par l'Onu de "Standard Industriel international de Classification de toutes les Activités économiques" (International Standard Industrial Classification of All Economic Activities, Isic). L'Organisation des Nations unies pour le développement industriel (Onudi) créée en 1966, comme du reste les autres agences spécialisées des Nations unies, utilisent toutes les données fournies par Isic.

La Vam permet de situer le niveau d'industrialisation des pays, ce qui correspond à leur niveau de développement économique. Le Pib affectionné par la Banque mondiale et l'Idh du Pnud ne renseignent pas sur le niveau d'industrialisation. Les pays les plus développés ont la Vam la plus élevée. La part de l'Afrique dans la Vam mondiale totale est de 1, 6 pour cent.

Voici des chiffres de Vam pour l'année 2018 concernant des pays industrialisés, en dollars US 2015 (source Isic) :

Chine : 3823.41 ; États-Unis : 2.334,60 ; Allemagne : 737.94 ; Corée Sud : 416.99 ; Italie: 297.99 ; France : 266.63 ; Royaume-Uni : 243.11 ; Russie : 222.54

Pour l'Afrique les données se présentent ainsi :

Nigeria : 51.63 ; Égypte : 48.23 ; Afrique du Sud : 41.40 ; Algérie : 40.78 ; Maroc : 17.86 ; Congo RD : 10.08 ; Kenya : 7.20 ; Ghana : 6.99 ; Côte d'Ivoire : 6.90 ; Gabon : 6.76 ; Tunisie : 5.72 ; Cameroun : 5.54 ; Ouganda : 5.46 ; Éthiopie : 5.37 ; Angola : 3.83 ; Sénégal : 3.69 ; Guinée Eq. : 2.16 ; Burkina Faso : 1.62 ; Zambie : 1.58.

Pour apprécier le niveau de développement industriel on peut aller encore plus loin en tenant compte de la consommation d'acier par tête d'habitant, c'est-à-dire le niveau d'utilisation de l'acier dans le pays.

4.

"CONSOMMATION" D'ACIER PAR TÊTE D'HABITANT

Aux États-Unis au 19e siècle, le développement du pays était apprécié en termes de consommation d'acier par tête d'habitant. Il s'agit en fait d'utilisation de l'acier dans l'activité économique. Ce paramètre a été par la suite négligé et même abandonné par les économistes. Ce que regrette Sanusi Alhaji Mohammed, Secrétaire général de l'Association africaine du Fer et de l'Acier :

Il est important de noter qu'un autre paramètre pour mesurer le développement d'une nation est la consommation d'acier par tête, et non le Pib, que les économistes le croient ou non.[40]

L'Association créée en 1991 à Alger se fixe comme objectif de promouvoir et de stimuler dans tous les pays africains l'extraction du minerai de fer et ses transformations par la métallurgie. Les pays africains très présents dans l'industrie de l'acier sont : Algérie, Égypte, Libye, Afrique du Sud, Zimbabwe, Ghana.

Au plan mondial, les pays qui arrivent en tête dans la production et l'utilisation de l'acier se présentent ainsi : Chine, Japon, États-Unis, Corée du Sud, Allemagne, Turquie, Brésil, Iran. Aucun pays africain ne figure parmi les 50 premiers. En 2019, l'Afrique ne compte que pour 0,9 pour cent du total mondial de production et d'utilisation d'acier selon World Steel Association.

La consommation d'acier en kilogrammes par tête d'habitant en 2019 se présente ainsi[41] :

Corée du Sud : 1.039 ; Chine : 632.9 ; Allemagne : 417.9 ; Suède : 378.7 ; États-Unis : 296 ; France : 211.9 ; Royaume-Uni : 150.9 ; Afrique : 27.9.

Pays africains : Égypte : 103.1 ; Afrique du Sud : 76.4 ; Autres pays africains : 18.8.

L'acier est bien révélateur du degré de développement d'un pays. La consommation d'acier par tête d'habitant est un indicateur pertinent de développement économique.

---

[40] Déclaration lors de la 4e Réunion sur le Commerce de l'Acier à Amman, Jordanie, 5 juin 2002.

[41] Statistiques de World Steel Association, créée en 1967, siège Bruxelles.

Le développement industriel est un processus qui va du plus simple au complexe. La combinaison des deux indicateurs que sont la valeur ajoutée manufacturée et l'utilisation d'acier permet de cerner ce processus à partir de la Nomenclature des produits manufacturés élaborée par Standard industriel international de classification de toutes les activités économiques (Isic).

Dans un premier temps, le pays commence par ce qu'on appelle les industries légères :

Produits alimentaires ; Boissons ; Tabac et produits de tabac ; Textiles ; Vêtements et habillement ; Cuirs et produits en cuir ; Bois et produits en bois ; Papier et produits en papier ; Impression et reproduction de données ; Produits pharmaceutiques chimiques médicinaux et botaniques ; Fabrication de meubles.

Dans un second temps le pays se lance dans la gamme de produits lourds où l'acier est très présent : Coke et produits pétroliers raffinés ; Produits en caoutchouc et plastique ; Produits minéraux non métalliques ; Métaux de base ; Produits métalliques hors machines et équipements ; Ordinateurs, produits électroniques et optiques ; Équipement électrique ; Machines et équipement : Automobiles, remorqueurs et semi-remorqueurs ; Autres équipements de transport ; Réparation et installation de machine et d'équipement.

L'industrialisation dans les deux cas doit reposer sur la valorisation interne, c'est-à-dire la transformation des ressources naturelles du pays au lieu de les destiner à l'exportation.

Il convient maintenant de voir comment le processus de développement a été mené dans les pays industrialisés pour ensuite se pencher sur la situation des pays africains.

TITRE IV

L'OCCIDENT DANS SES CHEMINS DE DÉVELOPPEMENT

LEÇONS DE L'HISTOIRE ÉCONOMIQUE

Comme le disait Marx, *le pays le plus développé industriellement ne fait que montrer à ceux qui le suivent à l'échelle industrielle l'image de leur propre avenir.*

Comment peut-on écrire sur le développement, faire des recommandations, sans s'intéresser à l'histoire économique de l'Amérique du Nord et de l'Europe des 18e et 19e siècles qui ont été les premières expériences de développement économique tel que nous l'entendons à notre époque ? Quels ont été les acteurs et les instruments de ce développement ? Quel était l'état d'esprit ambiant dans ces pays, à cette époque et par la suite ?

1.

RATIONALITÉ ÉCONOMIQUE IMPÉRATIF DU DÉVELOPPEMENT

Les idées des économistes et des philosophes politiques, qu'elles soient justes ou erronées, sont plus puissantes qu'on ne le considère en général... Les praticiens qui se croient exempts de toute influence intellectuelle sont habituellement esclaves de quelque économiste défunt... tôt ou tard, ce sont les idées, non les intérêts matériels, qui sont dangereuses, pour le bien ou le mal (John M. Keynes, "General Theory of Employment, Interest and Money" 1936 : 384).

Le thème de la rationalité a d'abord été une préoccupation de philosophes avant d'entrer dans la réflexion des économistes. *Rationalité et irrationalité en économie* est le titre d'un ouvrage de Maurice Godelier publié en 1966. L'auteur est un des pionniers de la discipline "Anthropologie économique" qui étudie la vie économique des sociétés primitives, par-delà les liens de parenté et la religion. Il constate qu'elles fonctionnent selon une rationalité qui n'est pas celle des sociétés occidentales parvenues à l'étape du capitalisme. Cela va de soi.

Mais la présente étude ne se situe pas dans cette trajectoire. Elle porte principalement sur des économies non pas primitives mais actuelles. Les pays africains pour sortir du non-développement doivent s'engager dans une rationalité qui ne peut pas être différente de celle par laquelle les pays occidentaux ont réussi leur développement, sans en avoir l'exclusivité.

Les pays européens ont lancé leur développement en s'émancipant du système féodal qui les a maintenus dans l'arriération durant une dizaine de siècles. La libération s'est faite par une triple révolution : révolution politique comme en France en 1789, en Angleterre en 1648 et 1688 ; révolution industrielle par les capitaines d'industrie ; révolution intellectuelle par la "philosophie des lumières" avec son maître-mot "rationnel" opposé à obscurantisme. Le rationnel prend sa source dans l'hédonisme de la philosophie grecque constitué par le couple plaisir – peine.

L'économie politique née au 18e siècle est partie intégrante de la philosophie des lumières et se nourrit de l'hédonisme qui, transposé dans la vie économique devient rationalité économique synonyme de calcul économique coût – avantage. Le terme “rationnel” dérive de la racine “ratio”, terme latin qui signifie “calcul”.

La rationalité économique est le principe qui guide les agents économiques dans leur comportement de satisfaction de leurs besoins matériels à partir de ressources limitées ; elle consiste à se fixer des objectifs et à mettre en œuvre des moyens appropriés pour les atteindre, tout en veillant à ce que l'avantage obtenu soit supérieur au coût. De la même façon qu'on cherche le plaisir et qu'on évite les souffrances.

Nombreux sont dans les sciences sociales des auteurs de convictions idéologiques différentes et de spécialités différentes qui ont fustigé le gaspillage au nom de la rationalité économique.

Le problème de la rationalité économique prend pied dans l'économie politique avec **Adam Smith** en termes de distinction entre *travail productif* et *travail improductif.* Dans l'esprit de Smith, le travail à la source du progrès économique est le travail productif, c'est-à-dire employé à la production de biens matériels dans les secteurs primaire et secondaire. Le travail de l'ouvrier par exemple se fixe et se réalise dans un objet particulier ou une marchandise vendable. Ce qui n'est pas le cas du *travail du domestique qui ne se fixe ni ne se réalise dans aucun objet ou marchandise vendable.* Ainsi, poursuit-il, *un homme s'enrichit en employant une multitude d'ouvriers ; il s'appauvrit en maintenant une multitude de domestiques.* Il en est de même du travail des plus grands dignitaires de la société dont dit Smith, *le service, quoique honorable, utile et nécessaire ne produit rien.*

Henri de Saint-Simon, moins connu est pourtant un des plus grands doctrinaires de la rationalité économique. Le **productivisme**, système d'organisation de la vie économique où prédomine la production a été associé à son nom. C'est dans *L'organisateur* (1819-20) qu'il présente sa “Parabole” dans laquelle il oppose la classe industrielle (physiciens, chimistes, banquiers, agriculteurs, ouvriers, négociants…) à la classe des oisifs dans laquelle se trouvent les plus grands dignitaires qui tournent autour du palais royal. Si la France perdait les membres de sa classe industrielle, elle deviendrait un corps sans âme. Si par contre elle perdait les membres de sa classe oisive, *cela ne causerait de chagrin que sous le rapport sentimental*, mais il n'en résulterait aucun préjudice pour l'économie du pays. Il ira même jusqu'à dire que *la France ne subirait aucun dommage si le roi et la reine disparaissaient subitement.*

Max Weber dans *L'Éthique protestante et l'esprit du capitalisme* (1904-1930) situe la rationalité économique dans l'éthique protestante, qui selon lui, a permis le développement du capitalisme générateur du développement économique[42]. Cette éthique repose sur la sobriété dans un style de vie qui se réduit au strict nécessaire. Le luxe est synonyme de gaspillage, donc détournement de ressources d'utilisations plus productives au plan économique (investissements productifs) comme au plan social (satisfaction des besoins essentiels des populations). Weber se concentre sur deux types d'action sociale mus l'un par la rationalité matérielle, l'autre par la rationalité éthique. C'est la conjonction de ces deux éléments qui donne l'esprit du capitalisme et l'éthique protestante, facteurs de progrès selon lui ; à la différence de l'action affective et de l'action traditionnelle, vecteurs de stagnation, qui ont dominé dans la période féodale.

L'économiste italo-britannique **Piero Sraffa**[43] considère que le bien de luxe est un bien qui n'entre comme input dans la fonction de production d'aucun autre bien ; il n'a qu'un rôle passif dans l'activité économique. Le bien de luxe est un bien dont on n'a pas objectivement besoin. Par conséquent, une économie dans laquelle prédominent les biens de luxe, surtout lorsqu'ils sont importés, ne pourra pas avoir le dynamisme nécessaire pour assurer le développement.

L'économie politique néoclassique née à la fin du 19e siècle est fondée sur la rationalité économique synonyme d'évitement de gaspillage, de quête d'efficacité. Comme le montre la définition que ses adeptes donnent de la discipline. Voici ce qu'en dit Lionel Robbins, alors professeur à la "London School of Economics and Political Science" :

La science économique est la science qui étudie le comportement humain en tant que relation entre des fins et des moyens rares à usages alternatifs.[44]

Le message est clair : si les ressources sont rares et les besoins illimités, parmi les usages alternatifs, il convient de choisir les usages qui permettent la satisfaction optimale des besoins prioritaires, au moindre coût.

---

[42] Max Weber, *The Protestant Ethic and the Spirit of Capitalism*, (Norton Critical Editions, 2009).

[43] Piero Sraffa, *Production of Commodities by means of Commodities: Prelude to a Critique of Economic Theory*, Cambridge University Press, 1960, p. 7.

[44] Lionnel Robins, *Essai sur la nature et la signification de la science économique*, 1933.

La notion de "coût d'opportunité" ou "coût alternatif" en rend bien compte. Le coût d'opportunité n'est pas le coût comptable. Lorsqu'on est en face de deux projets A et B, si l'on choisit le projet A, le coût de l'opération est le coût d'opportunité, c'est-à-dire l'avantage perdu du fait de ne pas avoir choisi le projet B, ou aussi la perte qui aurait été subie si le choix avait porté sur le projet B. C'est encore le problème des priorités qui est posé. Le calcul économique doit toujours présider à tout projet engageant des dépenses. Le coût d'opportunité a été introduit dans l'analyse économique par l'Autrichien Von Wieser en 1889 et l'Américain D.L. Green en 1894[45].

Dans un ouvrage de 1957, *Économie politique de la croissance,* l'économiste américain **Paul Baran** introduit le concept de *surplus économique potentiel*, qui nous paraît particulièrement opérationnel dans une stratégie de développement économique. Baran présente d'abord le *surplus économique effectif*, comme différence entre la production courante effective de la société et sa consommation effective. Il passe ensuite au surplus économique potentiel, qu'il définit comme *différence entre la production qui pourrait être réalisée dans un ensemble de ressources technologiques et naturelles donné et ce qu'on pourrait y considérer comme consommation vitale*[46]. Autrement dit, la différence entre la production portée à son maximum, et la consommation réduite à son minimum.

Pour qu'apparaisse ce surplus économique potentiel, il est nécessaire de réorganiser plus ou moins totalement la production et la répartition du produit social. Cela, par une réduction drastique de la consommation excédentaire, du gaspillage, et de la production perdue du fait de l'insuffisance de la demande effective due à une mauvaise répartition des revenus.

Selon Baran, *le seul critère qui permet de juger la valeur d'une organisation socio-économique donnée – savoir si elle favorise le développement et accroît les potentialités humaines – est la rationalité scientifique*. C'est cette rationalité scientifique qui, poursuit-il, a inspiré Adam Smith et Ricardo lorsqu'ils traitaient de parasites les seigneurs féodaux de l'Europe médiévale, qui par leurs comportements économiques ont interdit toute possibilité de progrès à la société de leur temps.

[45] D. L. Green (1894), 'Opportunity Cost and Pain Cost', *Quarterly Journal of Economics* vol. 218-29.

[46] Paul Baran, *Économie politique de la croissance économique*, p. 72, p. 77.

L'élimination du gaspillage dans la consommation permet de dégager une capacité de financement substantielle pour l'investissement.

Cyril Northcote Parkinson, historien britannique, est parti du constat qu'au fur et à mesure du déclin de l'Empire britannique, le nombre d'employés au ministère des Colonies augmentait. Ce qui l'avait amené à réfléchir sur les problèmes d'organisation. De sa première formule *tout travail tend à se dilater pour remplir tout le temps disponible*, découle une critique acerbe de la bureaucratie et la formulation de règles de gestion administrative, valables pour les entreprises comme pour les États, afin d'éviter la pléthore des effectifs et leur inefficacité. Selon Parkinson,

Il n'y a pas de rapport, ou peu de rapport, entre le travail à effectuer et la taille du personnel qui lui est assigné... Les politiciens et les contribuables s'imaginent, avec des périodes de doute, que l'augmentation du nombre d'officiels doit refléter le volume de travail à faire... Le fait est que le nombre d'officiels et la quantité de travail ne sont pas du tout reliés.

Il est à remarquer que l'ouvrage dans lequel Parkinson reprend l'ensemble de ses articles antérieurs est intitulé *La poursuite du progrès* (1958)[47]. Toutes les entreprises bien gérées, toutes les administrations publiques bien gérées, en Amérique du Nord, en Europe, en Asie, s'appuient sur de tels enseignements pour progresser.

C'est de ces préceptes qu'est née aux États-Unis en 1965 la *rationalisation des choix budgétaires*. Pour éviter les errements et les gaspillages, le budget de l'État est ciblé pour passer par trois étapes : prévision, exécution, contrôle.

Le problème de la rationalité économique a bien entendu été posé au niveau de l'entreprise.

Une contribution à retenir est celle de **Karl Marx** qui lui, se situe non pas au niveau national, mais au niveau de l'entreprise. Au plan économique un pays est toujours une grande entreprise. Après avoir énoncé la "loi de baisse du taux de profit", Marx précise que cette baisse n'est que "tendancielle", parce que contrecarrée par des facteurs qui relèvent des méthodes de gestion mises en œuvre par les capitalistes. Il s'agit pour l'essentiel de comprimer ce qu'il appelle les "faux frais", c'est-à-dire des gaspillages inutiles qui gangrènent la production. Si,

---

[47] Cyril Northcote Parkinson, *Parkinson's Law; or, The Pursuit of Progress*, 1958.

dit Marx, on prend deux entreprises de même branche d'activité, de même taille.

Le taux de profit sera très différent, selon que la matière première est plus ou moins bon marché, qu'elle est achetée avec plus ou moins de compétence ; selon que les machines employées sont plus ou moins productives, adéquates et bon marché ; selon que l'organisation générale du procès de production à ses différents stades est plus ou moins parfaite, les gaspillages de matériel éliminés, la direction et le contrôle simple et efficaces, etc. ... il dépend grandement de la capacité professionnelle individuelle du capitaliste lui-même ou de ses subordonnés et de ses commis, que cette même plus-value se traduise par un taux de profit plus ou moins élevé et donc fournisse une masse de profit plus ou moins grande. (''Le Capital'', livre 3, tome 1, p. 154).

La compréhension qu'on peut en avoir est que c'est la rationalité fondée sur l'évitement du gaspillage qui départage les entreprises entre celles qui sont prospères et celles qui sont condamnées à l'échec. N'oublions pas que Marx a été aussi un produit de la philosophie des lumières.

C'est aussi au niveau de l'entreprise que se place naturellement **F.W. Taylor** pour préconiser l'organisation scientifique du travail et de la production[48] Elle repose sur des principes simples tels que l'élimination des temps morts et des gestes inutiles dans le travail, qui sont des formes d'évitement de gaspillage.

En France, un membre du Patronat, **Octave Gélinier** soutient que *le profit n'est prélevé à personne, il est prélevé sur la masse des inefficacités ambiantes*.[49] Autrement dit, de la chasse aux gaspillages.

Les meilleurs instructeurs en matière de traque de faux frais dans les entreprises ont été deux ingénieurs américains. Le premier est **Lawrence D. Miles** qui en 1947 introduit à la General Electric la technique dite *Analyse de Valeur*. Il s'agit de scruter la fabrication d'un produit pour voir comment on peut réduire son coût de fabrication en éliminant les éléments non nécessaires avec leurs coûts, tout en maintenant ou en améliorant sa qualité. En 1961, Miles produit un

[48] F. Taylor, *The Principles of Scientific Management*. New York, London, Harper & brothers.

[49] Octave Gélinier, *Morale de l'entreprise et destin de la nation*, Paris : Plon, 1965.

ouvrage intitulé *Techniques d'Analyse de Valeur et Ingéniérie*[50], qui en est à sa troisième édition, traduit en 12 langues.

C'est en partant de l'Analyse de Valeur qu'un autre ingénieur, **Michael Porter** écrit en 1985 son ouvrage *Avantage compétitif. Créer et soutenir une performance supérieure*[51]. Il introduit le terme *Chaîne de Valeurs* qui décrit toutes les étapes d'un produit depuis sa conception et fabrication jusqu'à sa mise en mains au consommateur. L'objectif est d'obtenir le maximum de valeur au moindre coût. La démarche est de traquer dans chaque fonction, dans chaque étape les éléments non nécessaires générateurs de coûts inutiles.

Les analyses de Miles et de Porter tournent toutes deux autour de la notion de *faux frais*. L'idée de ''chaîne de valeurs'' était présente chez Marx en ces termes : *selon que l'organisation générale du procès de production à ses différents stades est plus ou moins parfaite.*

L'objet de ces rappels était de montrer que le préalable au développement économique dans un pays est l'existence d'une **culture de rationalité économique**. La quête de rationalité économique est une préoccupation partagée entre des auteurs de profils intellectuels différents, évoluant les uns au niveau de l'économie globale, les autres au niveau de l'entreprise.

---

[50] Lawrence D. Miles, *Techniques of Value Analysis and Engineering, 1961, Mc Graw Hill.*

[51] Machael E. Porter, *Competitive Advantage : Creating and Sustaining Superior Performance.*

2.

ACTEURS DU DÉVELOPPEMENT

Le développement économique ne procède pas de la génération spontanée. Ce n'est pas d'une matière inerte qu'est né et s'est propagé le développement. Ce sont ce que les économistes appellent des agents économiques qui ont été les vecteurs du développement économique. Il s'est agi d'individus très entreprenants appelés capitaines d'industrie, et aussi d'une institution qui est l'État.

2.1. Des capitaines de l'oisiveté aux Capitaines d'industrie

Le terme "captain of industry" (capitaine d'industrie) est né en Angleterre pour se propager aux États-Unis. Il a eu d'abord une connotation péjorative, assimilé à "robber baron" (baron voleur) pour dire que les soi-disant capitaines d'industrie n'ont fait fortune que par des pratiques criminelles d'escroquerie sur les ouvriers et sur les consommateurs.

Les rédacteurs de l'histoire d'un pays ne retiennent en général que les acteurs politiques et militaires. Mais lorsqu'il s'agit de façon précise de l'histoire économique, certains personnages, ni politiciens ni militaires, sont incontournables. Ce sont ceux qui se sont illustrés dans les secteurs industriels et bancaires. Ce sont surtout eux qui sont considérés comme capitaines d'industrie, aux États-Unis, en Europe, puis en Asie. Ils ont su mettre à profit les inventions faites au siècle précédent comme la production de l'acier à partir du fer, la machine à vapeur…

Aux États-Unis, Cornelis Vanderbilt (1794-1877), John D. Rockefeller (1839-1937), Andrew Carnegie (1835-1919), Thomas Edison (1847-1931), J. P. Morgan (1837-1913) sont connus même en dehors de ce pays. Vanderbilt s'est illustré dans le transport maritime et dans le transport ferroviaire. Rockefeller se lance dans l'industrie du pétrole et crée la Standard Oil. Carnegie a gravé son nom dans l'acier avec US Steel.

Le financier J. P. Morgan s'allie avec le scientifique Thomas Edison pour mettre au point la première centrale électrique. Il utilise le courant continu. Son rival Nicola Tesla (1856-1943) lui, s'intéresse au courant alternatif qui permet le transfert de l'électricité sur de longues distances. Son alliance avec George Westinghouse (1846-1914) est à l'origine de la grande firme General Electric.

Henry Ford (1863-1947) est le pionnier le plus connu de l'industrie automobile. Harvey Firestone (1868-1938) et John Dunlop (1840-1921) s'illustrent dans la fabrication de pneus à partir du caoutchouc venu surtout du Libéria.

On dit que les voitures de Ford sont fabriquées avec l'acier de Carnegie, dans des ateliers éclairés par l'électricité de Morgan, alimentées par le carburant de Rockefeller, pour rouler avec les pneus de Firestone et de Dunlop. On peut en dire autant pour le chemin de fer qui unifie le pays en reliant ses deux parties Est et Ouest du pays. L'acier de Carnegie est aussi utilisé pour la construction des pipelines de transport du pétrole de Rockefeller et des immeubles gratte-ciel qui ont vu le jour en Amérique.

On voit ainsi que ces capitaines d'industrie ont des activités complémentaires, même s'ils sont parfois en rivalité, surtout entre Rockefeller et Carnegie. Mais ils n'ont pas bonne presse dans l'opinion à l'époque, du fait de leurs méthodes d'exploitation de leurs ouvriers. C'est en leur direction qu'un candidat démocrate à l'élection présidentielle dira : *Personne ne peut gagner un million de dollars honnêtement*. Ils ont tout de même été de grands philanthropes en utilisant une partie de leur fortune dans des œuvres caritatives comme la création de fondations.

L'écrivain anglais Thomas Carlyle dans son livre *Past and Present* leur avait rendu hommage en les différenciant des aristocrates de l'époque féodale, *capitaines de l'oisiveté*. Pour lui, ces capitaines d'industrie de l'époque des Lumières, qui sont des héros, sont les mieux placés pour diriger un pays.

C'est bien par la suite, au vingtième siècle, que les grands capitaines d'industrie américains recevront leurs lettres de noblesse en ces termes :

Ils n'ont pas inventé l'Amérique, mais ils ont bâti l'Amérique.

L'Amérique a aussi connu de grands inventeurs moins cités, dont les noms figurent pourtant comme marques de produits qui nous sont familiers : Willis Haviland Carrier inventeur du climatiseur en 1922 ; King C. Gillette, premier fabricant de rasoir en 1903 ; Elisha G. Otis inventeur de l'ascenseur…

D'autres dont les noms ne sont pas connus du grand public sont à l'origine de grandes entreprises bien connues : Amedeo P. Giannini fondateur de "Bank of America", la plus grande banque du monde ; Marcellus Berry, inventeur du chèque de voyage avec "American Express" ; Henry Wells et William Fargo qui démarrent une entreprise de transport routier pour se lancer dans l'activité bancaire. Wells Fargo est actuellement une des plus grandes entreprises américaines. Joseph Eaton premier fabricant de serrures de sûreté ; B. F. Goodrich dans l'industrie du caoutchouc jusqu'au caoutchouc artificiel ; W. H. Hoover créateur de l'aspirateur de poussière ; G. H. Alexander Clows pharmacien d'origine anglaise qui dans le cadre de la société "Eli Lilly" met au point l'insuline pour les diabétiques ; Paul Galvin fondateur de la société "Motorola", premier fabricant de postes-radios et pionnier de la téléphonie mobile ; Michael Owens, premier fabricant de bouteilles en verre.

L'Europe a eu ses capitaines d'industrie dans différents pays. On peut en citer quelques-uns.

En France, la dynastie sur huit générations des Wendel dans l'aciérie en Lorraine, depuis Humbert de Wendel (1876-1954). Les frères Michelin, André (1853-1931) et Édouard (1859-1940) dans l'industrie du pneu. Marcel Dassault, né Marcel Bloch (1892-1986) dans l'industrie aéronautique. Dans l'industrie automobile, les pionniers René Panhard (1841-1908), Armand Peugeot (1849-1915), Louis Renault (1877-1944), André Citroën 1878-1935).

En Allemagne, dans l'industrie automobile Gottlieb Daimler (1834-1900), Carl Benz (1844-1929), Rudolf Diesel (1858-1913), Robert Bosch (1861-1942) inventeur de la bougie d'allumage des voitures à essence. Dans le génie électrique, l'aciérie et les chemins de fer Werner von Siemens (1816-1892), Fritz Thyssen (1873-1951), la dynastie Krupp depuis Friedrich Krupp (1787-1826. Dans la chimie, Friedrich Bayer (1825-1880). Max Grundig (1901-1989) dans la radio, l'électronique (magnétophone) et l'électroménager.

En Italie les plus grands capitaines d'industrie ont été des constructeurs d'automobiles : Enzo Ferrari (1898-1988), Giovanni Agnelli (1921-2003) de la marque Fiat (Fabrica Italiana Automobile Torino), Ferruccio Lamborghini ((1916-1993). On peut citer aussi Guglielmo Marconi (1874-1937) dans la radio et le télégraphe.

En Suisse le plus connu est Heinrich Nestlé (1814-1890) d'origine allemande, dans l'agroalimentaire, connu d'abord par le lait concentré qui porte son nom.

Aux Pays-Bas, les frères Philips : Gérard (1858-1942) et Anton (1874-1892) dans l'électronique et l'électroménager.

Au Canada, Joseph-Armand Bombardier (1907-1964) est connu dans les véhicules chasse-neige, le chemin de fer (train de banlieue) et l'aéronautique (avions-Canadair extincteurs d'incendie).

Au Japon, les plus grands capitaines d'industrie sont aussi surtout présents dans l'électronique et l'automobile. Kiichiro Toyoda (1894-

1952) est parti de l'industrie textile de son père, pour en 1937 s'investir dans l'industrie automobile avec la marque Toyota. En 2008, il est le plus grand constructeur mondial d'automobiles. Toyota est aussi un grand exportateur de machines à coudre. Toyota doit maintenant compter avec des concurrents américains et européens, mais aussi avec des concurrents locaux comme Mitsubishi, Mazda, Suzuki, Nissan,...

Soichioro Honda (1906-1991) est lui de famille pauvre. Il a commencé par aider son père dans un atelier de réparation de bicyclettes réformées importées, pour à 15 ans, au terme de son cycle d'études primaires, quitter son village pour aller à Tokyo où il devient apprenti dans un atelier de réparation de voitures, pour devenir un des plus grands fabricants de voitures depuis la création de Honda Corporation en 1948.

Akio Morita (1921-1999) créateur de la firme Sony est d'une famille aisée, ce qui lui a permis de poursuivre des études supérieures techniques.

En Corée comme au Japon ce sont des dynasties de capitaines d'industrie qui ont mis en place ces grandes sociétés réputées partout dans le monde. Les pères fondateurs proviennent de milieux familiaux différents.

L'Inde n'est pas seulement le pays du yoga et de la méditation transcendantale. Ce pays a aussi ses capitaines d'industrie. Les plus connus sont Jamsetji Tata et Lakshmi Mittal. Jamsetji N. Tata (1839-1904) est considéré comme le pionnier de l'activité industrielle en Inde. Ses descendants ont suivi pour établir le conglomérat Tata présent entre autres dans l'aciérie, l'automobile, les services comme l'hôtellerie. En 2008, le groupe automobile Tata acquiert les marques "Jaguar" et "Land Rover" de la firme américaine Ford.

Lakshmi N. Mittal (1950 -) est issu d'une famille de commerçants d'acier. Il poursuit dans cette voie pour, devenu milliardaire, créer la plus grande aciérie du monde *Arcelor Mittal* (siège au Luxembourg) par le rachat d'aciéries en difficulté, comme le groupe européen Arcelor (France, Espagne, Luxembourg).

Le dynamisme de ces capitaines d'industrie indiens est tout simplement remarquable, allant jusqu'à racheter des entreprises américaines et européennes qui étaient leurs concurrents.

2.2. L'État, une présence bien marquée

Moins d'État, mieux d'État. Le mythe trompeur du « laisser-faire »

Dans sa défense et illustration du libéralisme, Vilfredo Pareto avait lancé le terme "État-gendarme", simple dispensateur de services publics (administration générale, sécurité intérieure, défense nationale…), mais tenu à l'écart de l'activité économique. Dans les années 1980 le Fmi et la Banque mondiale (Consensus de Washington) prennent le relais de Pareto pour lancer leur slogan "moins d'État mieux d'État" dans le cadre de leurs programmes d'ajustement structurel pour les pays du tiers monde. Pour eux, l'État au lieu d'être une solution est plutôt un problème pour le progrès économique.

C'est l'abstention de l'État, nous dit-on, qui a assuré la réussite économique des pays développés. Mais l'histoire économique dit autre chose. L'histoire, rappelait Cheikh Anta Diop, n'est rien d'autre que découverte de vérité oubliée. Une revisite d'une tranche de l'histoire économique des pays occidentaux s'impose ici.

L'État protectionniste

Dans les pays occidentaux, l'État a été présent surtout et d'abord comme protecteur de ses entreprises du secteur privé par de rigoureuses mesures douanières.

La Grande-Bretagne

L'utilisation des droits de douane dans un but protectionniste commence en Angleterre avec la transformation progressive de l'atelier artisanal en manufacture, dans les textiles notamment. L'industrie cotonnière a été le moteur essentiel du développement de l'économie britannique. Or, l'industrie du coton a été développée à l'abri de la concurrence.

La principale menace pour l'industrie textile de l'Angleterre lui vient de sa colonie de l'Inde. Les cotonnades et soieries indiennes peuvent se vendre avantageusement sur le marché britannique à des prix deux fois moins élevés que les articles anglais. C'est pourquoi les importations anglaises d'articles en provenance de l'Inde sont soumises à des droits de 70 à 80 pour cent ad valorem, sinon les industries de Manchester sont condamnées à s'arrêter dès le début. Les cotonnades britanniques continuent au 19e siècle à entrer en Inde à des droits de 3,5 pour cent ad valorem, alors que les mêmes articles indiens sont soumis à des droits de 10 pour cent ad valorem ; les taux atteignent 20 pour cent pour les soieries.

La plupart des études historiques concernant l'Inde révèlent que les industries indiennes étaient plus développées que celles de l'Occident au début de la révolution industrielle. C'est la politique fiscale mise en œuvre par l'Angleterre qui a mis fin à l'essor de l'économie indienne dès le 17e siècle, tout en favorisant la formation d'un "pôle de développement" autour de Manchester.

La politique protectionniste britannique n'a pas non plus épargné les autres pays européens. En Angleterre, la transformation de la matière première brute produite dans le pays (laine) est encouragée, alors que son exportation hors de l'Angleterre est interdite. Il est bien difficile de trouver dans le pays une industrie qui s'est développée durant cette période sans l'aide de droits protecteurs. Même aux 18e et 19e siècles, les droits élevés perçus sur l'importation des spiritueux ne visaient pas une restriction de la consommation d'alcool dans un but de protection sociale, comme on les justifiait ; le but inavoué était de gêner le développement de l'activité viticole en France, et d'encourager la production anglaise[52].

L'expérience protectionniste ayant si bien réussie à l'Angleterre, contrairement aux leçons de libéralisme de ses économistes, devait susciter la réplique chez les autres nations.

L'industrie anglaise au 19e siècle a été forgée grâce à des années de pratiques protectionnistes. En 1820, dit F. Engels, *l'Angleterre est devenue un soleil industriel en face de satellites de pays agricoles*. Ce qui justifie pleinement la protestation restée célèbre de l'économiste allemand Frédéric List :

C'est une règle de prudence vulgaire lorsqu'on est arrivé au faîte de la grandeur, de rejeter l'échelle avec laquelle on l'a atteint afin d'ôter aux autres le moyen d'y monter après soi. Là est le secret de la doctrine cosmopolite d'Adam Smith et de ses successeurs. Une nation qui par des droits protecteurs et des restrictions maritimes a perfectionné son industrie manufacturière et sa marine marchande au point de ne craindre la concurrence d'aucune autre, n'a pas de plus sage parti à prendre que de repousser loin d'elle le moyen de son élévation, de prêcher aux autres l'avènement de la liberté du commerce, d'exprimer

[52] Clairmonte, *Le libéralisme et les pays sous-développés*, 1960, p. 81.

tout haut son repentir d'avoir marché jusqu'ici dans les voies de l'erreur, et de n'être arrivée que tardivement à la connaissance de la vérité[53].

C'est l'image de celui qui utilise une échelle pour franchir un mur élevé, pour ensuite l'enlever afin que d'autres ne puissent pas monter.

Le protectionnisme anglais ne tarde pas à faire école dans d'autres pays.

Les États-Unis

L'indépendance américaine est proclamée en 1776. Mais à l'intérieur de l'Amérique devenue libre, naît une nouvelle contradiction d'intérêts entre la bourgeoisie industrielle du Nord et les agriculteurs du Sud, planteurs de coton. Les planteurs sudistes sont libre-échangistes ; ils exportent vers l'Angleterre leurs produits (coton, tabac...) et en importent des produits manufacturés. Les industriels du Nord par contre sont partisans de droits élevés sur les produits étrangers, surtout d'origine britannique, afin de se réserver exclusivement le vaste marché intérieur. Ils réclament des mesures protectionnistes pour développer leurs industries naissantes en la protégeant contre la concurrence extérieure. À cet effet ils ont leurs doctrinaires qui s'appellent Daniel Raymond, Simon Patten, Henry Carey, qui sont les premiers économistes du pays.

Cette opposition d'intérêts trouve son épilogue dans la guerre de Sécession (1861-1865) qui se termine par la victoire de la bourgeoisie industrielle du Nord. Jusque-là l'Amérique a été protectionniste car le Nord industriel était la force dominante. La tradition protectionniste est renforcée encore avec la victoire de 1865 et se perpétue durant tout le 19ème siècle, période durant laquelle les droits de douane constituent la quasi-totalité des recettes fiscales dans le budget fédéral[54].

Le Congrès américain est dominé par les industriels protectionnistes qui tiennent à supprimer tous les impôts intérieurs dans la mesure où ils estiment que le marché national constitue un débouché suffisant ; il ne faut donc pas amputer le pouvoir d'achat interne par des levées d'impôts, soit sur le revenu, soit sur la consommation.

Le système fiscal de l'Amérique au 19e siècle repose essentiellement sur les droits de douane. Les impôts sur le revenu et sur la consommation interne sont pratiquement inexistants ; ce qui permet de libérer le marché intérieur, de stimuler à la fois la demande et l'épargne. Le développement de l'économie en vase clos sur la base du vaste

---

[53] F. List, *Système national d'Économie politique, traduction française,* 1841, p. 490.
[54] Studenski, Kroos , *Financial History of U.S.A.*

marché intérieur a ainsi été rendu possible. Les droits de douane, tout en permettant d'éviter le recours à la fiscalité interne, ont favorisé l'essor industriel à l'abri de la concurrence, surtout pour la sidérurgie, poutre maîtresse du développement industriel de l'Amérique.

L'État-patron

Dans les pays capitalistes développés, l'État est un agent économique de premier plan, quel que soit le type de gouvernement en place.

La France en 2020 compte 70 entreprises publiques. Les plus connues parce que cotées en bourse sont Renault, Air France, Électricité de France, Orange, Aéroports de Paris… Depuis 2004 le pays compte une Agence des participations de l'État. Parmi les non-cotées en bourse figure la Société nationale des chemins de fer.

Lorsqu'en 2015, pour atténuer le chômage, le gouvernement de François Hollande décide d'accorder des primes aux entreprises qui créent un certain nombre d'emplois, on est dans le "moins d'État mieux d'État" ? Auparavant les entreprises bénéficiaient de facilités fiscales. Maintenant elles reçoivent de l'argent public. Au nom du libéralisme.

Il n'existe aucun pays de l'Union européenne qui ne compte pas un grand nombre d'entreprises publiques.

Aux États-Unis fonctionnent plus de 30 entreprises publiques appartenant à l'État fédéral, en plus de celles qui relèvent des collectivités locales.

Dans tous ces pays du Nord, l'État est présent surtout dans les secteurs dits stratégiques comme l'énergie (pétrole, gaz, électricité).

C'est le patriotisme économique qui est à la base de l'incursion de l'État dans l'activité économique sous différentes formes. L'interventionnisme économique de l'État très marquée dans le développement des pays occidentaux se poursuit aujourd'hui dans le cadre de la mondialisation.

Contrairement à une opinion répandue, les pays africains sont ceux qui abritent le moins d'entreprises publiques. L'État a été et est toujours au cœur de l'activité économique dans les pays développés. Un État ambivalent : État-Gendarme mais aussi État-Providence.

2.3. L'État au cœur du patriotisme économique

L'État a pleinement joué sa partition dans le développement des pays occidentaux aux 18e et 19e siècles. Par la suite, il n'a jamais baissé les bras, justifiant son interventionnisme par la doctrine du patriotisme économique. L'idée elle-même ancienne, et recouvrant des pratiques anciennes, a été remise dans le débat public en France par Dominique de Villepin, lorsque Premier ministre de la France, il déclare le 23 septembre 2005 :

Je souhaite rassembler toutes nos énergies autour d'un véritable patriotisme économique.

L'intérêt et l'actualité du sujet sont tels que la revue universitaire *L'Économie politique* publiée à Paris, lui consacre tout un numéro sous le titre "Quel patriotisme économique ?" (N° 31/2006/3). Cela dit, qu'est-ce qui justifie le patriotisme économique et que recouvre le terme ? Il s'agit là actuellement d'une réaction contre la mondialisation sur le terrain de l'économie. Parce que la mondialisation fait peur, même dans les pays qui l'ont promue pour supprimer toutes les barrières à la libre circulation des biens, des services et des facteurs de production.

Paradoxalement, plus on vante les effets positifs de la mondialisation, plus on cherche à se prémunir contre ses retombées négatives ; d'où au plan socioculturel, chez les populations, ces replis identitaires observés aujourd'hui, se manifestant par une exacerbation des nationalismes et des régionalismes (comme par exemple dans le domaine des compétitions sportives).

Les pays du Nord ont usé du patriotisme économique, dans un premier temps pour s'industrialiser entre le 17e siècle et la première moitié du 20e siècle par le protectionnisme ; dans un second temps, ils ont usé du patriotisme économique sous d'autres formes pour protéger leurs acquis industriels dans un contexte de mondialisation. Malgré les contraintes posées par l'Organisation mondiale du commerce qu'ils ont créée, les pays du Nord s'activent dans les barrières non-douanières. Leur stratégie actuelle de patriotisme économique est orientée dans deux directions : l'opposition à tout contrôle de leurs entreprises stratégiques par le biais de prises de participation étrangères au capital (Offre public d'achat), et la préservation des emplois nationaux.

Le Premier ministre français de Villepin a été clair sur ce point. Après son appel au patriotisme économique, il avait ajouté :

... Je sais que cela ne fait pas partie du langage habituel, mais il s'agit bien de défendre la France et ce qui est français.

Cette déclaration est tout de suite suivie d'effets, avec une année 2005 riche d'évènements. Le gouvernement français dresse une liste d'industries stratégiques dans le capital desquelles toute participation étrangère est exclue, ce qui se traduit par des mesures comme celles-ci : rejet de la proposition de Pepsi Cola d'entrer dans le capital de Danone (agro-industrie) ; fusion précipitée de Gaz de France et de Suez, à la suite de l'offre publique d'achat de cette dernière par Enel (Italie). Une mesure approuvée par 69 pour cent des Français, selon un sondage.

Par de telles pratiques, le gouvernement français avoue viser l'émergence de "champions économiques nationaux" au sein de l'économie mondiale. Il lance un Plan d'aide au secteur automobile, en débloquant 8 milliards d'euros, pour que les constructeurs français ne délocalisent pas leurs unités de production vers les nouveaux partenaires de l'UE (République Tchèque, Slovaquie) où les salaires sont plus bas qu'en France.

Rappelons qu'à partir de 1970, la France, avait décidé de mettre fin à sa dépendance à l'égard de l'arachide, avec l'argument que son approvisionnement pouvait être compromis par la sécheresse qui sévit dans les pays du Sahel fournisseurs. C'est ainsi que démarre la culture du tournesol et du colza. Actuellement l'huile de tournesol (utilisée pour la fabrication de la margarine) est l'huile la plus consommée en France. Elle est aussi exportée vers l'Afrique, même dans un pays gros producteur d'arachide comme le Sénégal. Mais la France n'a pas le monopole de ces pratiques de nationalisme économique.

En Italie, il est fait échec au projet de prise de contrôle de Autostrade (construction d'autoroute) par la firme espagnole Abertis.

En Espagne, lorsque la firme allemande E.ON (énergie) envisage d'entrer dans le capital de Endesa, c'est sa rivale locale Gaz Naturel qui le fait à sa place.

Le président français Sarkozy se place au niveau européen pour prôner *une Europe qui protège ses intérêts et ses peuples dans la mondialisation*[55].

Aux États-Unis, c'est le Congrès qui s'oppose à la prise de contrôle de la société pétrolière Unocal (Union Oil Company of California) par la firme chinoise (Cnooc). C'est alors une autre société américaine Chevron qui absorbe Unocal. Pour faire échec à l'achat de six compagnies portuaires américaines par Dp World (Émirats arabes unis), il est brandi un argument hautement émotionnel dans le pays : *le risque de terrorisme islamique*.

[55] *L'Expansion*, 5 février 2007.

Rappelons qu'en 2001, le gouvernement américain était même allé plus loin, en revenant à la pratique de droits de douane élevés pour protéger les industries sidérurgiques locales menacées par la concurrence extérieure ; comme si l'Omc n'existait pas ! Elle n'existe en fait que pour les pays africains.

Avec la crise qui a beaucoup affecté l'industrie automobile, les autorités ont ressorti le slogan de 1933 lancé par le président Roosevelt : *Buy American* ("Achetez américain"). Le plan de sortie de crise proposé par le président Barak Obama n'est approuvé par son propre Parti démocrate qu'à au moins deux conditions : que les projets d'infrastructure pour une enveloppe de 85 milliards de dollars soient exécutés avec de l'acier américain, et que les uniformes des fonctionnaires soient « made in Usa » (fabriqués aux États-Unis). Pour la défense de l'emploi, face à la montée du chômage, il est créé dans le pays une organisation *Hire American Citizens* ! (« Embauchez des Américains ! »).

Rappelons que le décollage de l'entreprise "Gillette" a commencé lorsque le gouvernement américain lui avait commandé des millions de rasoirs pour les militaires lors de la Première Guerre mondiale. Les commandes publiques font partie de l'intervention de l'État dans l'activité économique.

Lors de la crise financière de 2008, les canons du libéralisme orthodoxe n'ont plus cours dans le pays. Il n'y a que l'État qui peut sauver la situation, et il va s'y employer. Le 7 septembre, le gouvernement fédéral nationalise les deux grandes banques populaires "Fannie Mac" et "Freddie Mac" criblées de dettes et sur le point de tomber en faillite. Une semaine après, la banque d'affaires "Lehman Brothers" est obligée de faire son dépôt de bilan. Ce qui pousse le gouvernement et sa banque centrale (Federal Reserve Board) à racheter la première société d'assurances du pays "American International Group" (Aig). Et d'annoncer qu'il va prendre des parts dans le capital des banques.

Dans la foulée, le ministre des Finances Henry Poulson et le président de la banque centrale Ben Bernanke, face à la menace d'effondrement de la Bourse Wall Street, proposent de racheter les créances bancaires douteuses jusqu'à 700 milliards de dollars. Ce qui leur vaut d'être accusés d'introduire dans le pays un "socialisme financier non américain".

Donald Trump est arrivé au pouvoir avec son slogan "America first" (L'Amérique d'abord''). Il commence à le concrétiser en annonçant des droits de douane élevés sur les importations d'acier de Chine et même du Canada. Il n'a que faire de l'Organisation mondiale du commerce.

Des pays dits émergents comme le Brésil, l'Inde, l'Indonésie, ne sont pas en reste, avec des mesures adéquates de protection de leurs industries.

Partout, et dans tous les cas, on remarquera que le secteur le plus protégé, qui est "intouchable", est celui de l'énergie, considéré comme relevant de la souveraineté nationale.

On voit ainsi que depuis le 18ᵉ siècle, l'État capitaliste ne s'est jamais confiné dans un rôle de simple *veilleur de nuit*. État-gendarme certes, mais aussi et surtout **État-providence** fortement présent dans l'activité économique.

Le dogme du libéralisme orthodoxe remonte à Adam Smith avec sa *main invisible*[56] pour exclure l'État afin de promouvoir le bonheur collectif. Mais la *main invisible* n'a jamais dépassé le stade du discours théorique. Elle n'a jamais existé dans les pays aujourd'hui développés. Et on estime que son terrain exclusif de mise en application doit être l'Afrique. Les pays africains doivent tirer la leçon. Pour sortir de leur état de non – développement, ils devraient être les premiers à s'armer de patriotisme économique, au niveau de l'État, des opérateurs économiques et des consommateurs.

[56] Adam Smith, *Wealth of Nations*, book 4.2.4.

3.

L'INDUSTRIE MOTEUR DU DÉVELOPPEMENT

Le point d'appui du développement économique a partout été l'industrie manufacturière. Pays développé est synonyme de pays industrialisé.

L'industrie est le moteur du développement. Comment a-t-elle été mise en action ?

3.1. Révolution industrielle

Le développement économique est intimement lié à ce qu'on a appelé "révolution industrielle". La paternité du terme est attribuée à Jérôme-Adolphe Blanqui[57] et à Friedrich Engels[58]. Voici ce que dit Engels dès l'introduction de son ouvrage :

L'histoire du prolétariat en Angleterre commence dans la seconde moitié du dernier siècle, avec l'invention de la machine à vapeur et de la mécanisation dans le travail du coton. Ces inventions ont donné lieu, comme c'est connu, à la ***révolution industrielle****, une révolution qui a changé toute la société civile... La révolution industrielle est de la même importance pour l'Angleterre que la révolution politique en France et la révolution philosophique en Allemagne, et la différence entre l'Angleterre en 1760 et 1844 est de la même importance que la différence entre la France de l'ancien régime et celle de la révolution.*

C'est l'économiste et historien anglais Arnold Toynbee qui a popularisé le terme avec son ouvrage *Lectures on the Industrial Revolution in England.* Arnold Toynbee[59] est un des pionniers de l'histoire économique avec cette contribution sur la révolution industrielle. Il procède à une combinaison de l'économie et de l'histoire, les trouvant complémentaires, chacune permettant de mieux comprendre l'autre. La révolution industrielle est partie intégrante de

[57] Jérôme-Adolphe Blanqui (*Histoire de l'économie politique en Europe depuis les anciens jusqu'à nos jours*, 1837.

[58] Friedrich Engels, *La situation de la classe ouvrière en Angleterre*, 1844.

[59] Arnold Toynbee (1887), *Lectures on the Industrial Revolution of the 18th Century in England*, 2nd ed., London.
Arnold Toynbee (1852 - 1883) économiste n'est pas à confondre avec Arnold Joseph Toynbee (1889-1915), historien qui était son neveu.

l'histoire économique. Cependant pour lui, la révolution industrielle ne se réduit pas à un contenu matériel :

"La Richesse des nations" (de Adam Smith) et la machine à vapeur ont détruit le vieux monde et en ont construit un nouveau.

Blanqui et Engels se réfèrent à la première révolution industrielle, celle survenue en Angleterre. Comme le dit Engels, elle a entraîné un bouleversement total de la société avec un transfert massif de travailleurs des zones rurales vers les villes, ce qui a accentué l'urbanisation.

Les initiateurs de la première révolution industrielle en Angleterre ont été surtout des scientifiques par des inventions : production de l'acier à partir du fer (Henry Bessemer), machine à vapeur[60] (James Watt), métier à tisser mécanique (James Hargreaves), première locomotive à machine à vapeur (Richard Trevithick)...

La première révolution industrielle commence en Angleterre à partir de 1760 pour se répandre en Belgique, puis en France (1848), et en Allemagne (1870). Elle se manifeste ainsi : nouvelles sources d'énergie comme la machine à vapeur, le charbon, le pétrole, le moteur à combustion interne ; nouvelles machines comme le métier à tisser ; nouvelle organisation du travail (taylorisme) dans les ateliers; nouveaux moyens de transport et de communication (chemin de fer, bateau, voiture) permettant un développement sans précédent du commerce intérieur et international ; intégration de l'agriculture et de l'industrie : la laine et le coton servent de matières premières à l'industrie qui fournit les machines agricoles en remplacement des outils en bois.

L'impact de la révolution industrielle est tel qu'elle a fait passer des pays du système féodal au système capitaliste, par une transformation totale des structures économiques.

En effet, les objets manufacturés qui étaient produits en petites quantités dans des maisons ou dans des ateliers artisanaux appartiennent désormais à la production de masse dans des usines où les travailleurs sont des ouvriers salariés. C'est le début de l'industrialisation qui de l'Angleterre se répand dans les pays d'Europe et en Amérique.

C'est aux États-Unis qu'est déclenchée la **seconde révolution industrielle** entre 1823 et 1900, appelée aussi "révolution technologique". De nouvelles inventions voient le jour : le télégraphe (Samuel Morse),

---

[60] Pour l'historien américain Lewis Mumford, penseur de la technique, l'élément le plus important de la révolution industrielle a été, non pas la machine à vapeur, mais l'horloge.

le téléphone (Alexander G. Bell), la machine à coudre (Issac Merritt Singer 1851)…

On a parlé aussi de troisième révolution industrielle. La seconde et la troisième révolution industrielle ont été déterminantes dans la poursuite du développement économique. Mais c'est la première qui a été la plus importante, pour avoir déclenché l'industrialisation en Europe et aux États-Unis. Rostow a utilisé le terme aéronautique “take off” (décollage) pour en rendre compte. On peut utiliser un terme sportif pour dire que l'industrialisation a été et est le coup d'envoi de tout processus de développement économique.

3.2. Fer- acier : pilier du développement

Un élément déterminant de la révolution industrielle a été le fer-acier. Le fer existe à l'origine sous forme de minerai dont le principal élément est l'oxyde ferrique qui n'est pas utilisable tel quel. La technique de traitement du fer pour arriver à des produits comme l'acier a beaucoup évolué. Le minerai de fer peut être brûlé dans des fourneaux ou dans des hauts-fourneaux avec du charbon ou avec du coke (carbone pur) qui sert à la fois de combustible et de réducteur de l'oxyde. Selon la teneur en carbone compte tenu de la température, il est produit deux nouveaux éléments, la fonte d'abord, puis l'acier, qui ont des propriétés différentes pour leur utilisation. Les objets les plus lourds sont fabriqués avec la fonte.

La sidérurgie est l'industrie de production des aciers à partir du fer, selon des modalités différentes. L'acier est coulé en produits semi-finis (brames, billettes, lingots) qui sont transformés dans les laminoirs en produits longs (fers à béton, tubes et tuyaux, poutrelles, rails de chemins de fer, fil machine utilisé par les tréfileries pour fabriquer des produits tels que pointes, fil de fer, treillis, grillages, tiges filetées, vis...), en produits plats (tôles, fer blanc pour les boîtes de conserve...), en pièces moulées dans des fonderies, en pièces forgées dans des forges.

On peut ainsi parler d'un cycle du fer : minerai de fer – fonte – acier – produits finis.

Le fer renferme une infinité d'utilités. Les industries motrices sont intégrées aux autres branches industrielles et à l'agriculture, sur lesquelles elles exercent des effets d'entraînement. C'est l'existence d'industries motrices qui, dans une économie donne naissance au tissu industriel, c'est-à-dire, un ensemble d'industries intégrées les usines aux autres, comme les mailles d'un tissu. Le fer en est le modèle-type, avec les industries qu'il polarise : les industries métallurgiques qui élaborent et transforment en fonte et en acier les minerais extraits à l'état brut ; les industries mécaniques qui utilisent des produits de l'industrie métallurgique (acier et fonte) pour fabriquer des pièces détachées, des machines-outils, des outils – manuels, du matériel agricole...

Le fer est partie intégrante de la vie de tous les jours. Il est utilisé pour la fabrication des moyens de transport (bicyclette, moto, automobile, train, bateau, avion). Aussi, a-t-on pu dire que les industries métallurgiques avec le fer sont derrière tout ce qui roule, flotte ou vole.

Le fer intervient dans la fabrication des logements (des hangars sommaires aux bâtiments), des câbles et tuyaux pour le transport de l'électricité et du gaz naturel, du matériel agricole (outils manuels, tracteurs et machines), des emballages-containeurs, des pompes et pipelines pour la fourniture de pétrole, d'eau, de l'équipement médical pour la santé, des composants et équipements électriques et électroniques, des appareils électroménagers, des ascenseurs, des robots ... En dehors des grandes usines métallurgiques, le fer polarise une grappe de métiers tels que chaudronniers, tôliers, métalliers, soudeurs... pour être à l'origine de millions d'emplois.

La gamme des différents articles fabriqués par les industries mécaniques se situe entre 200 000 et 2 000 000 (deux cent mille et deux millions d'unités) dans les pays industrialisés. La place occupée par le fer dans la vie d'aujourd'hui est telle qu'on en arrive à se demander comment on pourrait s'en passer.

Le fer sert aussi, et malheureusement, à la fabrication des armes : des armes les plus rudimentaires (couteaux, épées, haches, lances...) jusqu'aux plus sophistiquées (pistolets, revolvers, fusils, mitraillettes, canons, obus, grenades, bombes...). Le monde actuel serait-il ce qu'il est aujourd'hui sans le fer ? Un phénomène comme la colonisation permise par la navigation maritime et les armes aurait-elle pu avoir lieu sans le fer ?

Le niveau de consommation d'acier par tête d'habitant a été utilisé comme indicateur de développement économique. Aux États-Unis au 19e siècle, l'opinion dans les milieux industriels était que la consommation de fer était un baromètre social pour estimer le degré relatif de civilisation entre nations. Les pays les plus industrialisés et les pays dits émergents sont les plus grands producteurs d'acier dans le monde. C'est là que le niveau de consommation de fer par tête d'habitant est de loin le plus élevé.

Dans l'histoire économique, le fer marque le début du progrès technologique, en remplaçant le bronze pour la fabrication des outils et des armes. L'âge du fer est le dernier stade de la séquence archéologique, après l'âge de la pierre et l'âge du bronze. Le décollage économique de l'Europe s'est opéré à partir de la révolution industrielle du 18e siècle, dont le facteur déterminant a été le fer combiné avec le charbon. L'Amérique du Nord et l'Asie suivront la même voie pour promouvoir leur développement économique.

L'industrie du fer et de l'acier est considérée comme le principal indicateur du progrès économique par son impact sur tous les secteurs de l'économie. C'est à partir du fer que s'est constituée la première expérience de ce que l'économiste français François Perroux a appelé "pôle de développement", c'est-à-dire une unité économique motrice ou un ensemble formé par de telles unités. Ce peut être une entreprise, une industrie, une combinaison d'industries, et elle est motrice par le fait d'exercer des effets d'entraînement sur d'autres unités avec lesquelles elle est en relation dans un système de liaisons input-output (entrées-sorties).

Jusqu'à la fin des années 1980 les pays occidentaux dominaient dans la production d'acier. Ils sont maintenant concurrencés, et même dépassés, par la Chine, l'Inde, le Brésil. Le Japon et la Corée du Sud qui ne disposent pas de gisements de minerai de fer figurent parmi les premiers producteurs d'acier dans le monde, figurant en 3e et 5e position respectivement. L'Afrique qui produit du minerai de fer (Afrique du Sud, Mauritanie, Libéria, Sénégal...) n'intervient que pour 1 pour cent de la production mondiale d'acier.

Au début des années 1980, la percée de l'aluminium et du plastique est telle qu'on a pensé qu'ils allaient remplacer l'acier, surtout dans l'industrie automobile ; ces matériaux plus légers permettent de réduire le poids des véhicules, donc leur consommation de carburant et leur émission de gaz carbonique. Mais ils n'ont été intégrés que de façon partielle dans la fabrication : 8 pour cent pour le plastique, 9 pour cent pour l'aluminium, et 71 pour cent pour l'acier.

C'est que l'acier a aussi ses atouts par rapport à ces deux matériaux : leur fabrication est beaucoup plus polluante ; l'aluminium est 6 à 7 fois plus cher que l'acier ; les métallurgistes ont mis au point des aciers de plus en plus légers avec de hauts degrés de performance. La fin du règne du fer dans la vie économique et sociale n'est donc pas en vue.

L'émergence économique d'un pays n'est rien d'autre que son entrée dans le cercle des grands producteurs et utilisateurs d'acier. La leçon à en tirer pour les pays africains est que le développement économique n'est pas possible sans les industries du fer. Le rôle joué par le fer dans le développement des pays aujourd'hui industrialisés en est une parfaite illustration.

3.3. Le chemin de fer dans la révolution industrielle

Le train, avec locomotive et wagons, a été un des premiers utilisateurs du fer pendant la révolution industrielle, pour devenir un facteur déterminant de développement. La densité du réseau ferroviaire peut être prise comme critère du niveau de développement d'un pays. Il n'existe aucun pays développé où le chemin de fer n'est pas développé. C'est en Afrique que le chemin de fer est en souffrance depuis l'époque coloniale.

Des historiens de l'économie comme Joseph Schumpeter et Walter Rostow ont souligné le rôle joué dans le développement économique par le "iron horse" ("cheval de fer"), appellation du chemin de fer au 19e siècle. Pour Rostow, c'est par là que s'est amorcé le "décollage économique" que certains appellent maintenant "émergence économique".

La Grande-Bretagne est pionnière du chemin de fer qui n'est pas né d'un seul coup. Dans un premier temps, les wagons sont tirés par des chevaux. Le chemin de fer résulte de la combinaison de la machine à vapeur et du fer par George Stephenson. Celui-ci lance le premier chemin de fer sur la ligne Liverpool - Manchester en 1835. Les autres pays d'Europe et les États-Unis ne tardent pas à s'y mettre durant toute la seconde moitié du 19e siècle. Au point qu'on a parlé de *railways mania* (chemin de fer mania).

Aux États-Unis, la naissance du chemin de fer est liée au nom de John Stevens, mais c'est Cornelius Vanderbilt qui figure parmi les grands capitaines d'industrie. Pourtant il a surtout "pris le train en marche" après 1850 en construisant les lignes ferroviaires reliant les plus grandes villes du pays, passant du transport maritime au transport ferroviaire.

En Allemagne, le chemin de fer a été un facteur de premier plan dans la politique d'unification du pays entreprise à la fin du 19e siècle. Il est reconnu que Friedrich List y a joué un rôle important dans la promotion du chemin de fer.

Le Japon a une tradition de chemin de fer qui remonte à la seconde moitié du 19e siècle. Le premier train est construit par les Japonais en Corée (non encore divisée) en 1899. Depuis 1963 c'est Korail, une agence du ministère des Transports de la Corée du Sud qui gère le réseau ferroviaire qui est très dense (écartement de rail de 1,435 m). Avec une superficie de 100 370 km carrés le pays a une longueur de chemin de fer de 6 340 km. Le Sénégal, avec une superficie de 196.710 km carrés, ne compte en 2021 que 906 km de voie ferrée. La Corée du Sud qui fait la moitié de la superficie du Sénégal compte 7 fois plus de longueurs de chemin de fer.

Le transport ferroviaire va jouer un rôle déterminant dans la révolution industrielle sur plusieurs fronts.

– Unification des différentes régions du pays comme en Allemagne.

– Développement de l'élevage en permettant le transport rapide du lait et de tous les produits périssables.

– Promotion de la communication par la transmission rapide du courrier.

– Transport rapide du bétail des régions d'élevage aux centres d'abattage. Ce qui permet d'éviter la marche des animaux sur de longues distances avec des pertes importantes de poids.

– Transport rapide et en grandes quantités de produits pondéreux permettant la diversification de la nourriture (poissons, viandes), donc une baisse des prix, ce qui encourage les investissements (avec ce que les économistes appellent ''effet d'accélération'').

– Transport des matières premières par voie rapide contribuant à l'amélioration de la productivité dans les usines.

– Amélioration de l'habitat des travailleurs qui grâce au train peuvent loger un peu loin de leurs lieux de travail au lieu de s'agglutiner dans des locaux insalubres proches des usines.

– La construction de chemins de fer requiert des moyens de financement importants, ce qui implique l'intervention des banques et du maché financier (Bourse) qui sont ainsi impulsés.

– Le chemin de fer draine en amont (fabrication) et en aval (réparation) des activités hautement créatrices d'emplois.

L'électrification des locomotives, commencée en 1960, a permis une augmentation sensible de la vitesse des trains, tout en ayant un impact positif important sur l'environnement, ce qui est un avantage sur l'automobile. Mais l'électrification n'est pas encore achevée. En France, l'électrification ne concerne que 60 pour cent du réseau ferroviaire en 2020 (les trains à grande vitesse surtout), le reste circulant au gasoil.

Le train est aussi un moyen de transport beaucoup plus sûr, lorsque les accidents de la route font des milliers de victimes chaque année dans tous les pays. Face à la concurrence de l'automobile, le chemin de fer est en train de revenir en force. Certains pensent que son impact sur l'économie est bien plus significatif que les nouvelles techniques de l'information et de la communication.

TITRE V

AFRIQUE, PESANTEURS COLONIALES SUR LE DÉVELOPPEMENT

Et l'Afrique dans tout cela ?

Si la pesanteur est une impression d'étouffement résultant de forces passées et présentes qui retardent le progrès, l'Afrique est bien le continent des pesanteurs extérieures. Du temps colonial comme du temps postcolonial.

L'histoire ne peut être évacuée d'une réflexion sur le développement. L'histoire du développement des pays occidentaux est passée par la révolution industrielle qui les a structurellement transformés. De l'autre côté, avec quelques décennies de décalage, l'Afrique subit la colonisation après l'esclavage. Le scénario Europe-Afrique se présente comme l'image de deux tapis roulants installés en parallèle, l'un en montée, l'autre en descente.

Les artisans de la colonisation n'ont jamais fait mystère de leurs intentions. Au cours des premières années 1870, l'Europe est en proie à une crise économique profonde avec des surplus de production que le pouvoir d'achat intérieur et le marché américain fortement protégé ne permettent pas d'absorber. Ce qui est exacerbé par une démographie galopante qui n'est pas synonyme de pouvoir d'achat accru. Chaque pays se réfugie dans le protectionnisme pour tenter de s'en sortir. Pour certains, la sortie d'échappée ne peut se trouver qu'à l'extérieur par des conquêtes coloniales. Il faut alors en convaincre son opinion publique.

Les deux pays les plus entreprenants dans la colonisation sont la Grande-Bretagne et la France. Les artisans de la colonisation sont des responsables politiques. Mais l'entreprise pour être bien menée et acceptée par l'opinion a besoin d'être accompagnée par un travail de conditionnement des esprits par ce qui a été une véritable idéologie de la colonisation.

1.

DÉFENSE ET ILLUSTRATION DU COLONIALISME

L'idéologie coloniale

La France vient en seconde place derrière la Grande-Bretagne au rang des pays les plus colonisateurs. Mais c'est en France que certains des plus grands intellectuels se sont engagés dans l'idéologie coloniale imprégnée de racisme. Ils ont approuvé l'esclavage et justifié la colonisation au nom de leur thèse de l'infériorité des Noirs. Ce sont au 18e siècle Montesquieu et Voltaire, au 19e siècle Victor Hugo, Vacher de Lapouge, Gobineau. Il est utile de reprendre quelques-uns de leurs propos qui sont toujours restés dans des consciences.

Voltaire, parlant des Noirs :

Leurs yeux ronds, leur nez épaté, leurs lèvres toujours grosses, leurs oreilles différemment figurées, la laine de leur tête, la mesure même de leur intelligence, mettent entre eux et les autres espèces d'hommes des différences prodigieuses[61].

Montesquieu dans *De L'Esprit des lois* (1748) :

On ne peut se mettre dans l'esprit que Dieu, qui est un être très sage, ait mis une âme, surtout bonne, dans un corps tout noir[62]*… La plupart des peuples des côtes de l'Afrique sont sauvages ou barbares.*

Victor Hugo, brillant poète mais aussi brillant prosateur :

Cette Afrique farouche n'a que deux aspects : peuplée, c'est la barbarie, déserte c'est la sauvagerie ! (...) Allez peuples, emparez-vous de cette terre, prenez-la ! À qui ? À personne ! Prenez cette terre à Dieu ; Dieu donne l'Afrique à l'Europe ! Prenez-la, non pour le canon, mais pour la charrue ; non pour le sabre, mais pour le commerce ; non pour la bataille mais pour l'industrie. Versez votre trop-plein dans cette Afrique, et du même coup résolvez vos questions sociales, changez vos prolétaires en propriétaires ! Faites des routes, faites des ports, faites des villes ! Croissez, cultivez, colonisez, multipliez, et que sur cette terre de plus en plus dégagée des prêtres et des princes, l'Esprit divin s'affirme par la paix et l'Esprit humain par la liberté.

---

[61] Voltaire, *Essais sur les Mœurs*, 1875, t. 11, chap. 2, "Des différentes races d'hommes" p. 21).

[62] Montesquieu, *De L'Esprit des lois*, (Livre XV chapitre 5, Livre XXI, II).

Dans le même temps au 19e siècle se développe l'idéologie du "racisme scientifique" de la part d'anatomistes physiologistes qui fondent la Société d'Anthropologie de Paris en 1859 : Georges Buffon, Georges Cuvier, Paul Broca, Gustave Lebon… Ils sont adeptes de la craniométrie, c'est-à-dire la mesure des crânes humains qui indique la "hiérarchie intellectuelle des races" pour en inférer l'infériorité des Noirs.

Pour le médecin **Paul Broca**

La capacité crânienne des Nègres de l'Afrique occidentale (…) est inférieure de 100 centimètres cubes à celle des races d'Europe[63].

Son élève **Gustave Lebon** en déduit que

Les races supérieures constituées par les Indo-européens sont à l'origine des grandes inventions… Les races supérieures se différencient des races inférieures aussi bien par le caractère que par l'intelligence[64]

Friedrich Tiedemann, anatomiste et physiologiste allemand est le premier à contester les thèses de son contemporain Broca.

L'entreprise de sensibilisation sur le racisme à l'encontre des Noirs se poursuit avec Vacher de Lapouge et surtout **Arthur Gobineau** auteur de "Sur l'inégalité des races humaines" avec ce propos :

Les peuples blancs sont les peuples du jour ; les noirs ceux de la nuit ; les jaunes ceux du matin ou du crépuscule d'Orient ; les rouges ceux du soir ou du crépuscule d'Occident… Ainsi, les nations européennes, par l'éclat de leur science et la netteté de leur civilisation ont les rapports les plus évidents avec l'éclat lumineux, tandis que les noirs dorment dans les ténèbres de l'ignorance[65].

Les acteurs de la colonisation française ont ainsi eu de qui tenir pour la justification du colonialisme. La particularité de la France tient au fait qu'à la suite de sa défaite militaire face à l'Allemagne en 1870, elle a perdu l'Alsace et la Lorraine. L'annexion de nouveaux territoires en Afrique et en Asie est une compensation, tout en lui permettant de redorer son blason. Les motivations économiques de la colonisation

---

[63] Paul Broca, "Sur le volume et la forme du cerveau suivant les individus et suivant les races".

[64] "Lois psychologiques de l'évolution des peuples", 1895 p. 31.

[65] Arthur Gobineau, *Sur l'inégalité des races humaines*, 1853, p. 114.
Pour plus de détails, voir Makhtar Diouf, *Intellectuel. Langue d'Esope. Le meilleur et le pire*, L'Harmattan, 2019.

sont présentes dans tous les discours, en même temps que la "mission de civilisation".

Le plus en vue est **Jules Ferry** qui a été député, ministre et Premier ministre, avec sa déclaration du 23 juillet 1885 à la Chambre des Députés :

Les colonies sont, pour les pays riches, un placement en capitaux des plus avantageux [...] Je dis que la France, qui a toujours regorgé de capitaux et en a exporté des quantités considérables à l'étranger a intérêt à considérer ce côté de la question coloniale. La question coloniale, c'est, pour des pays voués par la nature de leur industrie à une grande exportation, comme la nôtre, la question même des débouchés [...] la fondation d'une colonie c'est la création d'un débouché...

Messieurs, il y a un second point, un second ordre d'idée que je dois également aborder, le plus rapidement possible, croyez-le bien, c'est le côté humanitaire et civilisateur de la question. Il faut dire ouvertement que les races supérieures ont un droit vis-à-vis des races inférieures. Elles ont le devoir de civiliser les races inférieures. [...]

Une autre personnalité politique, **Albert Sarraut** entonne le même refrain :

La nature a distribué inégalement, à travers la planète, l'abondance et les dépôts de ces matières premières, et tandis qu'elle a localisé dans cette extrémité continentale qui est l'Europe le génie inventif des races blanches, la science d'utilisation des richesses naturelles, elle a concentré les plus vastes réservoirs de ces matières dans les Afriques, les Asies tropicales, les Océanies équatoriales, vers lesquelles le besoin de vivre et de créer jettera l'élan des pays civilisés. L'humanité totale doit pouvoir jouir de la richesse totale répandue sur la planète. Cette richesse est le trésor commun de l'humanité[66].

Albert Sarraut peut être placé à côté des économistes spécialistes du commerce international comme inventeur de la théorie des avantages comparatifs : à l'Afrique les matières premières, à l'Europe le génie inventif, le savoir pour les transformer.

Jules Ferry et Albert Sarraut sont tous deux de la droite française sous la Troisième République. Mais il est plus frappant de voir un homme dit de gauche, **Léon Blum** emboucher la même trompette :

---

[66] Albert Sarraut, *Grandeur et servitudes coloniales*, 1931, p. 149.

Nous admettons le droit et même le devoir des races supérieures d'attirer à elles celles qui ne sont pas parvenues au même degré de culture, et de les appeler aux progrès réalisés grâce aux efforts de la science et de l'industrie[67] (Discours, le 9 juillet 1925 à la Chambre des Députés).

Autrement dit, les richesses naturelles situées en Afrique n'appartiennent à personne. Libre à chacun de venir se servir. Ces idéologues de la colonisation peuvent être considérés comme les premiers théoriciens de la division internationale du travail entre pays non-développés du Sud et pays développés du Nord.

Une fois les colonies d'Afrique et d'Asie conquises, les autorités françaises exhibent leur butin de guerre avec l'Exposition coloniale internationale organisée à Paris de mai à septembre 1931, qui accueille 8 millions de visiteurs. L'objectif visé est de justifier le bien-fondé de la colonisation et aussi de montrer la supériorité du colonisateur.

Cependant, l'Exposition coloniale a aussi ses détracteurs. Le Parti communiste français la dénonce comme *une foire impérialiste* et organise une contre-exposition intitulée "La vérité sur les colonies". Des intellectuels du mouvement surréaliste comme André Breton, Louis Aragon, Paul Eluard publient un tract dans lequel ils invitent les Français à ne pas aller à l'Exposition coloniale.

Rien n'y fait. La France persiste dans son ancrage colonial. En 1934, l'École nationale de la France d'Outremer est créée en remplacement de l'École coloniale (la Colo) créée en 1895. La même année, René Martial publie un livre au titre bien évocateur *La race française*.

Les programmes d'enseignement scolaire sont aussi mis à contribution pour inférioriser les Africains. Le *Manuel scolaire de Géographie* de 1926 apprend aux élèves français que :

Le Nègre est donc à peu près un homme comme les autres. Mais il faudra de longues années d'effort pour qu'il arrive à valoir les peuples blancs qui se sont emparés de sa patrie. L'homme blanc doit remplir une mission, propager la civilisation, c'est-à-dire celle de l'Europe, parmi les races inférieures, chez les sauvages.

L'Africain infériorisé, complexé, est prêt pour être acculturé, comme s'y emploie l'historien Ernest Lavisse dans son *Dictionnaire pédagogique*.

[67] Léon Blum, Discours, le 9 juillet 1925 à la Chambre Députés.

Faisons-leur aimer nos ancêtres les Gaulois et les forêts des druides, Charles Martel à Poitiers, Roland à Roncevaux, Jeanne d'Arc, Bayard, tous nos héros du passé, même enveloppés de légendes.

En Angleterre la personnalité en vue pour justifier l'entreprise coloniale est **Cecil Rhodes**. Cet aventurier britannique devenu homme d'affaires, artisan de la colonisation britannique déclare[68] :

Je constate que nous sommes la meilleure race au monde, et que plus s'étend la partie du monde que nous occupons, mieux ce sera pour la race humaine.

Ce qui l'amène à poursuivre :

J'étais hier dans l'East End et j'ai assisté à une réunion de sans-travail. J'y ai entendu des discours forcenés. Du pain ! Du pain ! Je me sentais encore plus convaincu de l'importance de l'impérialisme. L'idée qui me tient le plus à cœur, c'est la solution du problème social, à savoir : pour sauver les quarante millions d'habitants du Royaume-Uni d'une guerre civile meurtrière, nous les colonisateurs devons conquérir des terres nouvelles afin de trouver de nouveaux débouchés pour les produits de nos fabriques et de nos mines. L'empire, ai-je toujours dit, est une question de vente. Si vous voulez éviter la guerre civile, il vous faut devenir impérialiste.

Il en a tellement conquis de terres que deux régions d'Afrique australe ont porté son nom durant des décennies : Rhodésie du Nord devenue Zambie, et Rhodésie du Sud devenue Zimbabwe.

L'Allemagne, pays peu engagé dans la colonisation a contribué à l'idéologie du racisme par ses deux plus grands philosophes Immanuel Kant et Friedrich Hegel. Ils sont tous deux adeptes du polygénisme, thèse selon laquelle les différentes races découlent de dispositions sociobiologiques qui procèdent d'une loi naturelle.

Pour **Immanuel Kant**,

Le Blanc est la race supérieure et le Nègre appartient aux races inférieures[69]

[68] Cecil Rhodes, *Confessions of Faith* ('Confession de foi ', 1877.

[69] Allen Wood, "Kant's Life and Works." In Graham Bird ed. "*A Companion to Kant", 2006.*

Les Nègres d'Afrique n'ont reçu de la nature aucun sentiment qui s'élève au-dessus de la niaiserie,[70]

Selon **Hegel**,

Le vrai théâtre de l'histoire universelle est constitué par la zone tempérée (c'est-à-dire l'Occident)... *L'Afrique n'est pas une partie du monde historique, elle ne montre ni mouvement ni développement*[71] (p. 102).

Le philosophe ira même plus loin :

Le cannibalisme est considéré comme tout à fait habituel et normal. La consommation de la chair humaine est en concordance avec les principes généraux de la race africaine.

Ces deux philosophes, par leurs œuvres traduites ont exercé une grande influence dans la pensée occidentale. Le bizarre est que tous ces monuments de l'idéologie raciste négrophobe ont connu leur essor durant l'époque de la "philosophie des Lumières".

Une grande figure de l'islam, un Africain, **Cheikh Ahmadou Bamba Mbacké** (rah) a eu ces mots qui peuvent sonner comme une réplique à ces intellectuels occidentaux de la négrophobie :

La couleur de la peau ne saurait être la cause de l'idiotie d'un homme ou de sa mauvaise compréhension[72].

---

[70] I. Kant, "Essai sur les maladies de la tête", "Observation sur le sentiment du beau et du sublime", 1990).

[71] Hegel, *Philosophy of History* ; Editions Kitchner-Batocha Canada, Ontario, sur Internet, p. 102, p. 71-117.

[72] Cheikh Ahmadou Bamba Mbacké, *Massalikoul Jinaan* (les chemins du paradis), verset 49.

Le Cheikh avait été déporté par les autorités coloniales du Sénégal à la fin du 19e siècle au Gabon puis en Mauritanie, puis gardé en résidence surveillée à son retour. Un dossier à ranger dans le registre des crimes contre l'humanité.

2.

LE TEMPS COLONIAL STRATÉGIE DE NON-DÉVELOPPEMENT

La stratégie de non-développement est une réalité. Les pays africains l'ont subie de la part du colonisateur. Pour écarter le colonisé de toute activité économique d'envergure, on l'infantilise avec l'accusation qu'il n'a pas l'esprit d'entreprise. Lorsque certains Africains font fi de ce dogme et font irruption dans l'activité économique, on leur dresse des sens interdits, des limites à ne pas franchir. S'ils cherchent à surmonter ces obstacles, on les tolère, mais de façon marginale dans l'activité économique : accès au petit commerce, mais pas à l'industrie.

La politique de non-développement est officialisée, surtout dans l'empire français avec le **Pacte colonial** : la métropole a le monopole d'importation des matières premières de sa colonie, achetant moins cher, et le monopole d'y exporter ses produits manufacturés, vendant plus cher.

Défaut d'esprit d'entreprise chez les Africains ?

C'est depuis le temps colonial que l'Afrique est présentée comme le continent où fait défaut l'esprit d'entreprise. L'histoire économique dit autre chose.

En Afrique, un capitalisme local a bel et bien existé et prospéré jusqu'à la fin du 19e siècle, dans le commerce, la manufacture textile et l'artisanat. L'intense activité commerçante des femmes yoruba au Nigeria, au Bénin, au Togo ne date pas d'aujourd'hui.

Il existe pratiquement dans chaque pays africain un ou des groupes ethniques particulièrement réputés pour leur sens peu commun des affaires. En dehors des Yoruba et des Dioula, on peut citer les Bamiléké au Cameroun, les Soninké au Sénégal... Les villes de Kano, Sokoto, Zinder, Tombouctou, Djenné, Ségou, sont connues comme ayant été des centres d'intense activité commerciale.

En Afrique de l'Ouest les tissus d'indigo teint de Kano (Nigeria) sont exportés jusqu'en Égypte et au Brésil. Les plus grands exportateurs mondiaux de cacao à la fin du 19e siècle sont des commerçants africains originaires du Gold Coast. À l'intérieur du continent, de part et d'autre du Sahara, le commerce de longue distance est pratiqué par les Haoussa et les Dioula, ce qui leur permet de pallier l'étroitesse du marché intérieur. Les prix sont formés sur des marchés régis par le jeu de l'offre et de la demande. Les monnaies africaines (cauris, manilles...) sont utilisées jusqu'à l'introduction des monnaies européennes qui sont facilement adoptées.

L'économie de subsistance n'a pas été aussi étendue, aussi importante qu'on le prétend. Le commerce est considéré comme activité tout à fait normale par les Africains, et les opérateurs économiques ne sont jamais l'objet de discrimination d'aucune sorte ; leur statut dans la société africaine n'est nullement différent de ce qu'il est en Amérique ou en Europe où le capitalisme commercial a aussi précédé le capitalisme industriel.

Bien entendu, on est en droit de se demander pourquoi ce capitalisme commercial n'a pas en Afrique débouché sur un capitalisme industriel, comme ce fut le cas ailleurs. Les Africains y ont à coup sûr leur part de responsabilité ; le surplus économique est réinvesti pour l'essentiel dans le commerce, dont le commerce des esclaves, et dans le luxe ; l'immobilier prendra la relève par la suite. Mais les opérateurs économiques africains ont dû faire face à des contraintes qui leur ont été imposées.

Concurrence déloyale contre les Africains

L'essor du secteur privé africain s'est trouvé contrecarré par un certain nombre de contraintes qui ont pesé sur les opérateurs économiques africains. La concurrence des grandes firmes commerciales européennes est insoutenable ; elles bénéficient de facilités bancaires, et grâce au chemin de fer, elles sont en mesure d'assumer les trois niveaux de commerce (gros, demi-gros et détail).

Un capitalisme indigène de petites unités industrielles, replié sur lui-même, ne fait pas l'affaire des administrations coloniales. C'est pour cela que tout est mis en œuvre dans les colonies pour s'opposer à l'émergence d'un capitalisme indigène. L'Angleterre a initié cette politique dès le 17e siècle, dans ses rapports avec l'Inde.

Les Africains sont exclus des circuits d'exportation ; ils sont obligés de se replier sur le commerce intérieur pour arriver à survivre ; et même là, ils sont obligés de compter avec la concurrence des maisons de commerce qui peuvent vendre moins cher, et des petits commerçants non-africains (Levantins, Indiens) dont l'arrivée en Afrique est encouragée par l'administration coloniale.

Le commerce import-export constitue la première grande activité économique dans les colonies à partir du début du 20e siècle. Il est le monopole de grandes sociétés commerciales métropolitaines : pour la France, “Compagnie Française de l’Afrique Occidentale” (Cfao) issue de l’ancienne “Compagnie du Sénégal”, et “Société Commerciale de l’Ouest Africain” (Scoa) ; pour la Grande-Bretagne, “British South Africa Company”, “United Africa Company”, filiale du groupe “Unilever” qui exerce aussi ses activités dans les colonies françaises, étant la seule société non-française dans ce cas.

Certaines difficultés proviennent d’une politique systématique des autorités coloniales.

Au Tanganyka, durant l’entre-deux-guerres, le gouvernement colonial s’en prend délibérément aux fermiers africains engagés dans le commerce du café, pour les remplacer par des coopératives d’État, ceci dans le prolongement des fermes collectives qui sont créées.

Au Kenya, les colons blancs accaparent les meilleures terres, et les Africains sont exclus de la culture du café, l’activité la plus lucrative. Ainsi, lorsqu’ils ne sont pas confinés dans les cultures vivrières comme le maïs, ils sont réduits au travail salarié dans les fermes des colons. En 1930, le Kenya compte plus de 100 000 salariés africains dans l’agriculture[73].

Dans le Gold Coast, des offices de commercialisation (“marketing boards”) sont créés pour faire disparaître les courtiers africains de cacao. Le système bancaire se montre réticent à financer les hommes d’affaires africains.

On dit dans certains milieux européens qu’il est plus facile de trouver des capitaux que des entrepreneurs africains compétents avec des projets viables.

En réalité, ces entrepreneurs africains non seulement existent, mais encore déposent leur argent dans les banques. En 1910, les avoirs des hommes d’affaires africains auprès de la “British Bank of West Africa” s’élèvent à 263 000 livres sterling[74]. L’épargne africaine est utilisée contre les Africains, pour financer les opérateurs économiques européens qui leur font concurrence.

L’interventionnisme de l’État colonial est donc très poussé, et ne vise qu’à s’opposer au développement d’un capitalisme de type

[73] Unesco, *Histoire Générale de l’Afrique*, 1989, p. 291.
[74] Hopkins, *An Economic History of West Africa*, 1975, p. 209.

africain, par des tracasseries de toutes sortes. Le secteur privé est perçu par les autorités coloniales, à la fois comme activité impropre pour des Africains, et comme un danger politique et social. Les économies africaines doivent être verticalement intégrées à l'Europe, ce qui ne peut être que le fait d'opérateurs économiques européens. Il y va de la sécurité de l'approvisionnement des usines des métropoles.

Dans les colonies françaises, l'administration coloniale favorise en même temps la forte immigration dans le pays de Libanais, de Syriens et de Français de petite condition sociale en provenance de la région de l'Ariège dans l'Hexagone, pour venir concurrencer les opérateurs privés africains au niveau des circuits que les grandes maisons de commerce ont abandonnés. Tous ces agissements sont motivés par la crainte de la montée d'une bourgeoisie d'affaires sénégalaise, susceptible de devenir une force politique menaçante pour le pouvoir colonial.

L'enseignement dispensé dans les colonies vise à produire essentiellement le personnel subalterne indigène nécessaire à la bonne marche de l'administration coloniale et des maisons de commerce : intellectuels "bas de gamme" tels que commis et interprètes, employés de commerce ; dans l'enseignement, instituteurs et moniteurs ; dans le domaine de la santé, infirmiers de santé et infirmiers vétérinaires, médecins africains auxiliaires et vétérinaires auxiliaires ; dans les travaux manuels, ouvriers de différentes spécialités.

Lorsque les élèves africains les plus brillants brisent ces barrages pour accéder à l'enseignement supérieur, l'administration accorde des bourses pour la France, mais uniquement pour faire des études de formation vétérinaire. Il est hors de question de former des spécialistes des sciences sociales qui pourraient être des perturbateurs revendiquant l'émancipation politique et économique. Encore moins de former des ingénieurs et des techniciens supérieurs pouvant inventer des techniques identiques ou supérieures à celles qui ont fait l'avancée de l'Occident.

Petits commerçants, oui ; Industriels, non

Le terme "économie de traite" a été proposé par le géographe français Jean Dresch en 1946 pour décrire les échanges saisonniers entre produits du cru (produits de cueillette, produits agricoles) des populations africaines, et produits importés d'Europe (quincaillerie, outillage léger...).

L'économie de traite est conçue pour contribuer au développement industriel des seules métropoles. Comme l'exprime clairement l'homme d'État français Jules Ferry : *La politique coloniale est fille de la politique industrielle*. Il n'y a donc pas de place pour un tissu industriel dense dans les colonies. Comme le déclare un autre homme d'État français, Jules Méline, *Il faut décourager par avance toutes tentatives industrielles qui pourraient se faire jour dans nos colonies*[75]. C'est l'esprit du Pacte colonial ou Régime de l'Exclusif imposé par les métropoles.

C'est ainsi que tout est fait pour décourager toute velléité d'industrialisation dans les colonies. Prenons le cas du Sénégal.

En 1929, l'homme d'affaires Djim Ndiaye qui crée la première société à responsabilité limitée africaine se voit refuser les crédits bancaires qui sont consentis à ses concurrents européens.

En 1947, l'homme d'affaires Cheikh Mbacké fait part de son projet de créer une banque populaire privée. L'autorisation lui est refusée par l'administration coloniale qui crée à la place un établissement public, le Crédit populaire.

L'ouvrier sénégalais Cheikh Gassama, après une formation au collège technique et dans l'armée française commence à travailler aux Ateliers des Travaux publics à Saint-Louis, qu'il quitte pour monter sa propre affaire avec un capital constitué par quatre mois de salaires économisés. Il arrive à installer un atelier de constructions métalliques (carrosserie, ferronnerie, chaudronnerie, chromage, lits et sommiers métalliques, matériel agricole…) et à employer jusqu'à 164 travailleurs. C'est l'absence de soutien financier qui l'a empêché de devenir un grand capitaine d'industrie.

---

[75] Cité par René Dumont, *L'Afrique noire est mal partie*, 1963, p. 41.

3.

DISCOURS CONTRE LE COLONIALISME ET L'IMPÉRIALISME

Le colonialisme dans son idéologie et dans ses pratiques ne pouvait pas laisser sans réaction certains intellectuels tant en Afrique qu'en Europe.

Dans la littérature économique, l'ouvrage le plus connu sur l'impérialisme est celui de Lénine *L'impérialisme stade suprême du capitalisme*, écrit dans une perspective mondialiste, sans aucune fixation sur l'Afrique. En fait, Lénine n'est pas le premier à aborder le sujet. Il reconnaît sa dette intellectuelle envers l'économiste anglais **John Atkinson Hobson**, auteur de *Imperialism. A Study* publié en 1902 à la suite d'un séjour en Afrique du Sud en 1899. Ce qui l'a amené à davantage s'intéresser à l'Afrique.

Hobson fait la distinction entre les "colonies tropicales" d'Asie et d'Afrique, et les colonies blanches "non tropicales" de l'Angleterre (Australie, Canada, Nouvelle-Zélande, Malte, Chypre, Gibraltar). Il fait aussi la distinction entre colonisation et impérialisme. Selon lui, la colonisation ne s'applique qu'aux colonies blanches où sur de vastes étendues de terres inhabitées sont venus s'installer des migrants de Grande-Bretagne avec leurs familles, avec armes et bagages, amenant tout leur savoir-faire agricole et industriel, se dotant de leur propre gouvernement, tout en entretenant des relations privilégiées avec la couronne britannique. Toute discrimination raciale y est exclue dans la mesure où ce sont les mêmes peuples de part et d'autre. C'est ainsi que ces pays ont pu mener leur développement économique sans entrave.

Par contre, les "colonies" d'Afrique et d'Asie (c'est Hobson qui met les guillemets), ont subi l'impérialisme, c'est-à-dire une entreprise de forcing, d'occupation, d'accaparement des ressources naturelles locales au profit des pays européens. Les Européens qui y viennent, à quelques cas près, n'envisagent pas de s'installer définitivement, mais d'en retirer le maximum possible.

Dans la seconde partie du livre, au chapitre 4 intitulé « L'impérialisme et les "races inférieures" » Hobson montre comment l'Angleterre, sous couvert de "mission civilisatrice", s'est enrichie par les sociétés commerciales implantées en Afrique : Royal Niger Company, East Africa Company, Sierra Leone Company, British Chartered South Africa.

Hobson a ainsi montré pourquoi et comment les colonies d'Afrique et d'Asie ont été maintenues dans le non-développement, à la différence des colonies blanches. Hobson sera interdit d'enseignement dans les universités de son pays.

Sur les traces de Hobson, on retiendra en langue anglaise le Ghanéen Kwame Nkrumah et le Guyanais Walter Rodney.

Nkrumah prend le relais en 1965 avec son importante mais peu connue contribution *Neocolonialism the last Stage of Imperialism* ("Néocolonialisme, le dernier stade de l'impérialisme"). Il montre comment les pays européens ont exploité leurs colonies, les plongeant ainsi dans le non-développement. Dans l'Afrique "indépendante" du "drapeau et de l'hymne national" (C'est Nkrumah qui met les guillemets), les multinationales sont venues avec leur mode de domination collective à laquelle les Africains doivent opposer une résistance collective en se regroupant dans de grands ensembles panafricains.

L'historien **Walter Rodney** vient avec son ouvrage *How Europe Underdeveloped Africa* ("Comment l'Europe a sous-développé l'Afrique", 1974). Une étude très fouillée, bien documentée. Rodney était familier de l'Afrique, enseignant chez lui à l'université de Georgetown et à l'université de Dar es Salam en Tanzanie. Cet ouvrage non encore traduit en français mérite d'être résumé ici, compte tenu de son orientation économique.

Rodney situe le développement au niveau de l'individu : augmentation de ses compétences et de sa créativité, davantage de liberté, auto-discipline, responsabilité, bien-être matériel. Chaque continent a connu un développement puisque pour vivre les hommes ont mené des activités économiques (pêche, chasse…) en construisant des outils.

Les caractéristiques des économies sous-développées sont : absence d'industrie lourde, production inadéquate de nourriture, agriculture non scientifique. Dans beaucoup de pays sous-développés, la principale "industrie" est l'administration.

Un excellent indicateur d'industrialisation, donc de développement, est la quantité d'acier utilisée.

Tous les pays dits sous-développés sont des pays exploités par d'autres. La dépendance structurelle est une des caractéristiques du sous-développement. Le sous-développement des uns et le développement des autres sont en relation dialectique.

Beaucoup de ceux qui ont écrit sur les problèmes de développement ont présenté comme causes du sous-développement des facteurs qui en sont des conséquences.

Rodney évoque l'impact négatif de l'esclavage sur le développement de l'Afrique. Pour cela il se réfère au livre de Éric William, *Capitalism and Slavery*, 1964, "Capitalisme et Esclavage"). Il rappelle que 10 millions d'Africains âgés entre 15 et 35 ans (deux hommes pour une femme) ont été déportés entre 1445 et 1870, fournissant de la main-d'œuvre gratuite à l'Europe et à l'Amérique, pour dépeupler les campagnes africaines, portant un lourd préjudice à l'agriculture qui ne s'est pas mécanisée. Les ressources naturelles, le produit du travail des Africains a toujours été perdu pour le continent.

Les frères Barclay et les frères Lloyds, de simples tenants de café se sont mis dans le commerce d'esclaves pour arriver à gérer de grandes banques et compagnies d'assurances. L'Afrique a été victime de l'esclavage sans avoir connu de mode de production esclavagiste.

L'Afrique a contribué au développement de l'Europe. La gomme arabique d'Afrique a été bénéfique au développement de l'industrie textile. L'ivoire a servi à la fabrication des manches de couteau, des touches des claviers des pianos.

Depuis 1889 le cuivre du Congo est monopolisé par l'Union minière du Haut Katanga qui est une filiale de la Société Générale de France. Les activités commerciales sont entre les mains de grandes maisons de commerce européennes. Du côté francophone, Compagnie Française d'Afrique Occidentale (Cfao), Société Commerciale Ouest-africaine (Scoa). Du côté Anglophone United Africa Company (Uac) qui est une filiale du géant anglo-hollandais Unilever qui contrôle aussi des sociétés commerciales françaises comme Nosoco. Cfao et Uac sont actionnaires dans la compagnie navale Fabre et Fréssinet.

William Lever commence avec la fabrication de savon ("Lifebuoy", "Lux") pour par la suite exploiter les matières premières oust-africaines comme l'arachide, les palmistes, le coprah.

Le manganèse du Gold Coast et de l'Afrique du Nord, le chrome de l'Afrique du Sud et de la Rhodésie du Sud sont exportés pour servir dans la métallurgie de l'acier. Le columbite, sous-produit de l'étain en provenance du Nigeria est utilisé dans la fabrication des moteurs d'avion.

C'est au Congo belge que les États-Unis ont pris l'uranium qui a servi à la fabrication de la première bombe atomique.

Les États-Unis bien que n'ayant pas de colonie en Afrique ont mainmise sur les ressources minières de l'Afrique du Sud, sur le cacao du Ghana et du Nigeria. Henry Firestone acquiert les plantations de caoutchouc au Liberia pour la fabrication de pneus de voitures. Son principal client est son ami Henry Ford. Les États-Unis contrôlent la Bird (devenue Banque mondiale) pour exercer leur influence en Afrique.

Bilan de la colonisation ? On dit que les colons ont construit en Afrique des routes, des hôpitaux, des écoles. Il se trouve que les colons vivant en Afrique voulaient avoir le même standard de vie que leurs compatriotes restés en métropoles.

Il n'était pas question de transformer l'Afrique en société capitaliste, créer une classe de capitalistes africains devenant des rivaux et aspirant à l'indépendance. Au contraire, pour concurrencer les petits commerçants africains, les Français font venir des Libanais et des Syriens, les Anglais font venir des Grecs, des Indiens.

L'industrialisation ne devrait pas signifier seulement construire des usines. L'industrialisation doit aussi concerner l'agriculture par des techniques d'irrigation, de fertilisation, par la mécanisation, les semences, l'élevage. Le plus grand échec de la colonisation est de n'avoir pas changé la technologie de la production agricole. Les Européens entrant en Afrique y ont trouvé la houe et sont partis en y laissant la houe.

C'est seulement lorsque la fabrication d'armes a atteint un certain niveau au 19e siècle qu'il est devenu possible pour les Blancs de coloniser et de dominer le reste du monde.

À la différence de l'esclavage, la colonisation n'a duré que 70 ans, mais c'est dans cette période que les pays occidentaux ont enregistré des changements qu'ils n'avaient jamais connus auparavant.

Ce ne sont pas les Occidentaux qui ont introduit l'éducation en Afrique. On peut citer At-Azhar Université en Égypte, l'Université de Fez au Maroc, l'Université de Tombouctou au Mali, l'Université de Pire au Sénégal… mises en place par des Africains. Les colons ont créé des écoles d'apprentissage de leurs langues pour disposer de collaborateurs de rang inférieur dans leurs administrations et dans leurs secteurs privés.

Les Anglais ont créé très tôt des universités : Fourah Bay College en Sierre Leone, University of Ghana, Universiy of Ibadan au Nigeria, Makerere University en Ouganda pour l'Afrique de l'Est, Gordon College devenu University of Khartum.

Les Français et les Anglais n'ont pas cherché à promouvoir les langues africaines. Ils tenaient à former des Africains européanisés, c'est-à-dire désafricanisés. Sur ce point, Rodney se réfère au livre du Nigérien Abdou Moumouni *L'Éducation en Afrique*.

Seuls les Allemands durant leur courte présence au Tanganika ont encouragé la promotion du swahili qui s'est diffusé dans la sous-région de l'Afrique de l'Est par le commerce.

Walter Rodney est mort en 1980 à l'âge de 38 ans dans l'implosion d'une bombe placée dans sa voiture au démarrage à Georgetown.

En langue française, un des premiers livres de la lutte contre le colonialisme est celui de l'Antillais Aime Césaire *discours sur le colonialisme* (1950, 1955).

Césaire commence par dénoncer le colonialisme dans sa façon de traiter le colonisé :

Entre le colonisateur et le colonisé il n'y a de place que pour la corvée, l'intimidation, la pression, la police, l'impôt, le vol, le viol, les cultures obligatoires, le mépris, la méfiance, la morgue, la suffisance, la muflerie, des élites décérébrées, des masses avilies... Il est inculqué au colonisé la peur, le complexe d'infériorité, le tremblement, le désespoir, l'agenouillement, le larbinisme.

Il dénonce aussi l'exploitation économique des colonies :

Les cultures vivrières détruites, le développement agricole orienté selon le seul bénéfice des métropoles, rafles de produits, rafles de matières premières, des sociétés détruites par l'impérialisme...

Il considère que *l'homme indigène n'est qu'un instrument de production* et ajoute

Je pose une équation : colonisation = chosification.

Il s'en prend aussi au mode de formation des colonisés :

Je vois face à face colonisateur et colonisé en parodie de formation culturelle, la fabrication hâtive de quelques milliers de fonctionnaires subalternes, de boys, d'artisans, d'employés de commerce et d'interprètes nécessaires à la bonne marche des affaires.

Césaire se défend toutefois d'être perçu comme un ennemi de l'Europe, pour préciser :

Le grand drame historique de l'Afrique est d'avoir été en contact avec une Europe aux mains de financiers et capitaines d'industrie dénués de tout scrupule.

Cheikh Anta Diop publie en 1954 *Nations nègres et culture : de l'antiquité nègre égyptienne aux problèmes culturels de l'Afrique noire d'aujourd'hui.* Il précise que ce livre a été écrit pendant les années difficiles (1948-53) de lutte anticolonialiste ou l'on donnait libre cours aux passions (p. 24).

Il dénonce l'impérialisme culturel et va plus loin pour révéler, démonstration scientifique à l'appui, que l'Afrique est le berceau de l'humanité. Cest dans la vallée du Nil qu'est apparu le premier homme sur terre, comme en témoignent les arguments puisés dans l'anthropologie historique et culturelle (totémisme, circoncision, royauté, cosmogonie, organisation sociale, matriarcat), comme dans l'anthropologie physique[76].

Selon C. A. Diop, les habitants de l'Égypte ancienne, l'Égypte pharaonique, étaient des nègres. Il s'appuie en cela sur les travaux des historiens grecs de l'antiquité, comme Diodore de Sicile, Strabon et du romain Pline l'ancien. Il va plus loin pour soutenir avec ces mêmes historiens que les grands penseurs grecs comme les philo-sophes Socrate, Platon, Aristote, les mathématiciens Pythagore, Thalès… ont été formés dans l'Égypte pharaonique. C'est cette Égypte noire qui a été l'institutrice de la Grèce, qui l'a civilisée. Et la Grèce antique est considérée comme le berceau de la civilisation occidentale. C'est à des nègres que l'occident doit sa civilisation.

Et il lance cet avertissement :

Il ne s'agit pas de se créer de toutes pièces une histoire plus belle que celle des autres, de manière à doper moralement le peuple pendant la période de lutte pour l'indépendance nationale, mais de partir de cette évidence que chaque peuple a une histoire… si par hasard notre histoire est plus belle qu'on ne s'y attendait, ce n'est la qu'un détail

[76] Ch. A. Diop a dans son laboratoire Carbone 14 de l'Ifan à Dakar, analysé des échantillons de peau prélevés sur des momies égyptiennes du Musée de l'Homme à Paris : il y a découvert un taux de mélanine élevé, caractéristique des Noirs africains. Il a demandé en vain à accéder au Musée du Caire pour y entreprendre les mêmes analyses sur les momies des pharaons Thoutmosis, Sethi et Ramsès.

heureux qui ne doit plus gêner dès qu'on aura apporté à l'appui assez de preuves objectives, ce qui ne manquera pas d'être fait ici. (p. 19).

Cette publication est une bombe dans le paysage intellectuel français. Ce qui a fait dire à Césaire dans *discours sur le colonialisme* :

C'est le livre le plus audacieux qu'un nègre ait jusqu'ici écrit et qui comptera, à n'en pas douter, dans le réveil de l'Afrique[77].

Cheikh Anta Diop reprochera à son compatriote Léopold S. Senghor d'inviter l'Afrique à aller, pas les mains vides, à *la civilisation de l'universel, rendez-vous du donner et du recevoir*. Une façon de réécrire l'histoire à contre-courant, car l'Afrique a déjà donné. Senghor a pris ces termes chez le Père Pierre Teilhard de Chardin.

Le psychiatre antillais Frantz Fanon est surtout connu par son livre *les damnes de la terre* (1961). Mais il avait publié en 1952 *Peau noire, masques blancs*, qu'il commence avec une phrase de "discours sur le colonialisme" de Césaire. Il publie aussi en 1959 *l'an V de la révolution algérienne*, dans lequel il raconte la résistance algérienne face à l'impérialisme français. Il met en exergue le rôle des femmes algériennes pour qui le port du voile est un symbole de la résistance à l'oppression coloniale. *Dans les damnes de la terre,* il lance cet appel à l'action :

La grande nuit dans laquelle nous fûmes plongés, il nous faut la secouer et en sortir.

On retiendra par la suite, entre autres, les écrits du Camerounais Mongo Beti (nom d'état-civil Alexandre Biyidi Awala) : *Main basse sur le Cameroun : Autopsie d'une décolonisation*, 1972 ; *La France contre l'Afrique : Retour au Cameroun*, 1993, interdits puis rétablis en France.

Mongo Béti est très retourné contre le Guinéen **Camara Laye** dont l'inoffensif roman *L'enfant noir* est par contre très choyé en France. Il lui reproche de taire les souffrances des peuples africains, de se complaire dans l'anodin et surtout le pittoresque, le plus facile [...], d'ériger le poncif en procédé d'art, de s'acharner à montrer une image stéréotypée de l'Afrique et des Africains : univers idyllique, optimisme

---

[77] Nations nègres et culture a été publié par "Présence africaine" créée en 1949 par Alioune Diop. *Discours sur le colonialisme* de Césaire a été publié d'abord en 1950 par "Réclame" une maison d'édition liée au Parti communiste français, puis réédité en 1955 par "Présence africaine". Sans Présence africaine, Aimé Césaire et Cheikh Anta Diop auraient-ils été publiés à l'époque ?

de grands enfants, fêtes stupidement interminables. *Or la réalité actuelle de l'Afrique noire, sa seule réalité profonde, c'est avant tout la colonisation et ses méfaits*.

Le même reproche peut être fait aux romans du Sénégalais Ousmane Socé Diop *Karim* (1935) honoré de prix littéraire et *Mirages de Paris* (1937).

Aux côtés de ces résistants africains, on ne peut pas oublier le combat de certains intellectuels français contre le colonialisme.

En 1950, *Discours sur le colonialisme* de Césaire est publié par "Réclame" une maison d'édition liée au Parti communiste français (dont Césaire est membre entre 1945 et 1956) avec une préface d'un de ses dirigeants Jacques Duclos dans laquelle on peut lire : *Le colonialisme, cette honte du 20e siècle.*

C'est Jean-Paul Sartre qui a préfacé *Les damnés de la terre* de Fanon.

Le journaliste marxiste Pierre Jalée est connu par une série d'ouvrages écrits dans les années 1960-70, certains traduits en anglais : *Le pillage du tiers monde* ; *Le tiers monde dans l'économie mondiale ; L'exploitation impérialiste* ; *L'impérialisme en 1970* ; *Qui est responsable du sous-développement* ?

Ce sont là quelques épisodes de l'histoire économique des pays africains et quelques témoignages intellectuels qu'on ne peut pas passer sous silence dans une étude sur le développement économique. L'impérialisme n'est pas un slogan politique. C'est une réalité.

Dans un ouvrage de 1957 *Présence française et abandon*, l'ancien ministre des Colonies (1950-51) devenu président, François Mitterrand écrivait :

Sans l'Afrique il n'y aura pas d'Histoire de France au 21e siècle... Déjà la France sait combien l'Afrique lui est nécessaire (p. 237).

Un autre ouvrage qui pourrait être écrit est *Comment les États-Unis ont sous-développé le Mexique*. À la suite d'une guerre avec le Mexique + de 1846 à 1848, les États-Unis ont pris à ce pays un territoire de 1 300 000 kilomètres carrés qui correspondent à ses régions (États) les plus riches : Californie, Texas où se trouve le pétrole, Arizona, Colorado, Nevada, Utah. La Californie où des gisements d'or ont été trouvés par la suite est l'État le plus riche des États-Unis. Elle serait la cinquième puissance économique du monde si elle était indépendante, derrière les États-Unis, la Chine, le Japon, et l'Allemagne, donc devant le Royaume-Uni, la France, l'Italie.

C'est la proximité géographique avec le Mexique (séparé seulement par le fleuve Rio Grande) qui a facilité ces annexions. Rien ne dit que les pays européens n'auraient pas procédé à des annexions de territoires en Afrique avec une même proximité géographique.

Ce rappel d'histoire politique et économique était nécessaire pour comprendre ce qui s'est passé hier, et pour mieux comprendre ce qui se passe aujourd'hui. L'idéologie raciste coloniale concoctée en Europe par des penseurs au-dessus de tout soupçon, comme Kant, Hegel, Voltaire, Montesquieu, Victor Hugo qui sont adulés, inscrits au patrimoine culturel – intellectuel de leurs pays ne pouvait pas ne pas laisser actuellement des traces chez une partie de l'intelligentsia de la classe politique et de l'opinion de ces pays.

Un pays comme la France continue outrageusement à s'accrocher à sa proie coloniale. Le néocolonialisme, tout comme l'impérialisme n'est pas un slogan politique. Ce sont des réalités qui continuent à peser sur le développement de pays africains, particulièrement ceux d'expression française. Comme l'a si bien exprimé l'économiste français François Perroux :

Le colonialisme de fait a survécu au colonialisme de droit.

TITRE VI

AU CHEVET DE L'AFRIQUE POSTCOLONIALE

L'Extérieur n'en a pas fini avec l'Afrique après les « indépendances »

1.

LE TEMPS DES RAPPORTS, PLANS ET INSTITUTIONS INTERNATIONALES

Après les indépendances octroyées, il est hors de question de lâcher la proie Afrique. Nombreux sont les experts qui se penchent sur le chevet de l'Afrique d'après ces indépendances pour prescrire des Rapports.

C'est le général de Gaulle qui donne le ton en commanditant le *Rapport Jeanneney* (1963) suivi du *Rapport Gorse* (1972), sur "La coopération de la France avec les pays en voie de développement". Les pays visés sont en fait ceux d'Afrique d'expression française.

En 1980 paraît le *Rapport Nord – Sud : Un programme de survie*, encore appelé *Rapport Brandt*. C'est le président de la Banque mondiale Robert Mac Namara qui en 1977 avait demandé à Willy Brandt ancien chancelier de la République fédérale d'Allemagne de le préparer. Ce qui est fait par une équipe de 11 personnalités de nationalités et de compétences différentes.

Suite à ce Rapport, estimant qu'il fallait en finir avec les nombreuses conférences des Nations unies sur les problèmes de développement, il est décidé d'organiser en octobre 1981 à Cancun au Mexique une *Conférence internationale pour la coopération et le développement* avec 22 chefs d'État et de Gouvernement.

En 1979-80 l'Organisation de l'Unité africaine élabore le *Plan d'Action de Lagos pour le développement économique de l'Afrique*.

Dès 1981, la Banque mondiale lance le *Rapport sur le développement accéléré en Afrique au sud du Sahara*, conçu par le professeur Elliot Berg et son équipe. Le Rapport Berg n'est qu'une défense et illustration du libéralisme : il renferme toutes les dispositions des programmes d'ajustement structurel.

Le terme "communauté internationale" est apparu dans le vocabulaire politique depuis la disparition de l'Union soviétique. Un terme éminemment trompeur, car ladite communauté internationale n'a aucun statut juridique, à la différence de l'Organisation des Nations unies (qui n'est d'ailleurs pas une organisation de Nations, mais une organisation d'États). La communauté internationale est simplement une coalition formée entre les États-Unis et l'Union européenne pour dominer le reste de la planète.

Ses deux bras économico-financiers sont la Banque mondiale et le Fonds monétaire international dont les sièges se font face à Washington. La Banque mondiale qui à sa création s'appelait Banque Internationale pour la Reconstruction et le Développement est dirigée par un président nommé par le président des États-Unis d'Amérique. Le Fmi est dirigé par un directeur, toujours un Européen par rotation. Ce sont ces deux organisations, créées à Bretton Woods aux États-Unis qui régentent les économies des pays du tiers monde avec leurs fonctionnaires et leurs consultants.

En 1991 se tient au Japon le premier Ticad (Tokyo International Conference on Africa's Development, Conférence internationale de Tokyo pour le développement de l'Afrique), suivi de Ticad II.

En 2001, est lancé le Nepad (*New Partnership for Africa's Development, Nouveau Partenariat pour le développement de l'Afrique*). Contrairement aux apparences, le Nepad n'est pas un document africain. Il a certes été rédigé par des économistes sud-africains, mais ils n'ont fait que du copier-coller sur les documents du G8 (Groupe des 8 pays les plus industrialisés)[78]. Des dirigeants africains de l'époque, en mal de notoriété, ont tout fait pour se l'approprier. En 2010 le Nepad est intégré comme agence de développement dans l'Union africaine.

Ces différentes initiatives d'après 1970 se ressemblent parce que dérivant de la même source, la *Déclaration sur Le Nouvel Ordre Économique international* lancée en 1973 par l'Assemblée générale des Nations unies.

L'Afrique postcoloniale avait continué à fabriquer ce qui contribue à faire tourner les usines des pays du Nord, au lieu de produire ce qu'elle consomme et de consommer ce qu'elle produit. Ses relations économiques avec les pays du Nord se caractérisaient par un échange inégal dans le commerce avec des termes d'échange qui se détériorent périodiquement et un échange inégal du côté financier avec le paiement d'intérêts usuraires constituant la moitié du service de la dette.

C'est l'augmentation fulgurante du prix du pétrole (multiplié par 4) avec toutes les difficultés causées à d'autres pays qui a été le détonateur. Les dispositions du Nouvel ordre économique international sont les mêmes qu'on trouve dans ces Rapports : éliminer la pauvreté, augmenter l'aide au développement, stabiliser les prix des matières premières,

---

[78] Voir Makhtar Diouf, "Le Nepad n'est pas un document africain", In *Dans mon micro-univers d'intellectuel insoumis*, Neas, Dakar, 2021.

développer l'agriculture, transférer la technologie, responsabiliser le secteur privé, développer l'éducation et la santé, responsabiliser les femmes… La particularité du Nepad venu au cours du second millénaire est de mettre l'accent sur les Nouvelles technologies de l'information et de la communication.

Pour appuyer les politiques de développement, l'Onu a créé en son sein des organisations spécialisées. Pour l'agriculture et l'alimentation, Fao (1945). Pour l'éducation, la science et la culture, Unesco (1946). Pour la santé, Oms (1948). Pour les droits de douane et le commerce, le Gatt (1948), devenu Omc.

En 1971, le Conseil économique et Social de l'Onu introduit le terme *Pays Moins Avancés* avec les critères : revenu par tête, part de l'industrie manufacturière dans le Pib, niveau d'analphabétisme des adultes.

En 2000 l'Onu adopte ce qui a été appelé Omd *Objectifs du Millénium pour le Développement* qui se présentent ainsi :

1. réduire l'extrême pauvreté et la faim ;
2. assurer l'éducation primaire pour tous ;
3. promouvoir l'égalité et l'autonomisation des femmes ;
4. réduire la mortalité infantile ;
5. améliorer la santé maternelle ;
6. combattre les maladies ;
7. assurer un environnement humain durable ;
8. mettre en place un partenariat mondial pour le développement.

Ces objectifs ont été fixés en 2000 pour être réalisés en 2015, avec un taux de croissance de 7 pour cent. On attend toujours.

Dans l'ensemble, aucune de ces dispositions n'est allée à l'essentiel, c'est-à-dire faire de la destruction créatrice, opérer les ruptures nécessaires pour les transformations structurelles qui mènent au développement.

2.

CES PRATIQUES COMMERCIALES QUI PLOMBENT LE DÉVELOPPEMENT

Commerce extérieur et échange inégal

L'échange inégal est le fait de recevoir moins que ce qu'on donne dans une transaction, ce qui donne lieu à l'exploitation de l'un par l'autre. Les pays du tiers monde sont victimes de cette exploitation au double niveau de leurs relations commerciales et financières avec les pays développés du Nord.

Les pays africains sont exportateurs de produits primaires dont les prix baissent constamment par rapport aux prix des produits manufacturés qu'ils importent des pays développés. Ce qui engendre une situation chronique de détérioration des termes d'échange, synonyme de transfert de ressources financières des pays du Sud vers les pays du Nord se chiffrant à des milliards de dollars.

Il en résulte que les recettes des exportations de produits locaux ne couvrent pas les importations de produits étrangers. Un exemple : En 1930, pour importer 1 camion, la Côte d'Ivoire devait exporter 4 tonnes de cacao, et en 1970 il lui faut exporter 15 tonnes de cacao pour importer 1 camion.[79]

La détérioration des termes d'échange, synonyme de manque à gagner, a été durant des décennies la complainte des pays du tiers monde, parce que constituant un obstacle de taille à leur développement. Dans un premier temps, elle s'est manifestée dans la structure verticale d'échange de produits primaires, à l'exclusion du pétrole, contre des produits manufacturés.

L'opinion dominante chez les économistes a été que les pays du Sud étaient victimes de la nature de leurs exportations, réduites à des produits primaires, c'est-à-dire n'ayant subi aucune transformation industrielle. À partir des années 1980, dans certains pays du Sud, il s'opère une modification dans la structure des échanges commerciaux, les exportations vers le Nord portant de plus en plus sur des produits manufacturés. Seulement, il ne s'est agi que de produits de l'industrie légère comme

[79] Exemple donné par le Président de Côte d'Ivoire, Houphouet-Boigny, *Marchés Tropicaux et Méditerranéens*, 21 novembre 1970, p. 33.

les textiles et chaussures, dont les termes d'échange avec les produits d'industrie lourde du Nord n'échappent pas à la détérioration.

La détérioration des termes d'échange est certes moins importante lorsque dans les exportations, des produits d'industrie légère prennent la place de produits primaires. Mais cet avantage relatif reste réservé à un groupe réduit de pays d'Asie et d'Amérique latine. Une centaine de pays du Sud, dont près de la moitié en Afrique au sud du Sahara sont encore confinés dans les exportations de produits primaires, pour lesquels la détérioration des termes d'échange est toujours très forte.

Jacob Viner, professeur d'Économie internationale à l'Université de Chicago justifie le bien-fondé du prix de plus en plus élevé des produits manufacturés, car, selon lui, ils incorporent des améliorations de qualité, ce qui n'est pas le cas pour les produits primaires :

Il est possible qu'on exige à l'heure actuelle pour acheter une lampe davantage de café ou de coton qu'en 1900. Cependant il n'est guère probable que la qualité du café ou du coton soit à présent meilleure qu'en 1900, alors que la lampe électrique actuelle est incomparablement supérieure à la lampe de 1900 qui était une lampe à pétrole[80].

Cet économiste n'envisage à aucun moment que le producteur de café se mette un jour à produire aussi une lampe électrique. Pour lui, la valorisation interne des matières premières locales est impensable. S'il s'agit du camion, celui de 1970 est sûrement plus sophistiqué, mais celui de 1930 était plus solide, plus résistant. Ce qui est attendu d'un camion devant transporter des sacs de cacao ou de café.

Un autre économiste américain Charles Kindleberger professeur d'Économie internationale au Massachussetts Institute of Technology, reconnaît la réalité de la détérioration des termes de l'échange en défaveur des pays non-développés, mais réfute toute notion d'exploitation :

Le fait que les termes de l'échange favorisent les pays développés et sont préjudiciables aux pays sous-développés est souvent présenté comme étant l'exploitation de ces derniers par les premiers... La notion d'exploitation n'a qu'un contenu émotionnel[81].

Kindleberger a alors recours au *principe de la compensation* proposé dans le cadre de l'économie nationale pour corriger la répartition

[80] Jacob Viner, *International Trade and Economic Development*, 1953, p. 12.
[81] C.P. Kindleberger, *The Terms Of Trade. A European Case Study*, New York And Cambridge, Mass., 1956, p. 212.

inégale des revenus : dans un premier temps, instaurer le libre-échange avec division internationale du travail, puis dans un second temps demander aux gagnants, les pays développés, de compenser les perdants, les pays non-développés par des transferts monétaires (aides) assimilables à un impôt. Ainsi, dit-il, *le marché aura réalisé l'optimum économique mondial, et l'impôt la justice internationale*[82].

Ce qui montre que ce qu'on appelle "aide" aux pays du tiers monde n'est rien d'autre qu'une rémunération pour bonne conduite, c'est-à-dire accepter le statu quo, ne surtout pas se lancer dans une aventure d'industrialisation avec des mesures protectionnistes. Ces économistes néoclassiques justifient le libre-échange comme la meilleure situation économique pour l'ensemble de la planète.

La réaction des économistes du tiers monde comme l'Argentin Raul Prebisch[83] a introduit dans le débat les notions de "centre" (pays développés fournisseurs de produits manufacturés) et de "périphérie" (pays non développés fournisseurs de matières premières)[84] pour mieux mettre en relief le problème.

Le scandale des subventions

Les producteurs africains pénalisés

Il se pose aussi le problème des subventions octroyées par les gouvernements des pays occidentaux (États-Unis et Union européenne : "la communauté internationale") à leurs agriculteurs, aux dépens des agriculteurs des pays du Sud, surtout dans le domaine du coton. Ces subventions sont de véritables mesures anti-développement pour les pays du Sud producteurs de coton. Elles encouragent leurs bénéficiaires

---

[82] Charles Kindleberger, *International Economics*, 1968: 202-212).

[83] Raul Prebisch *American Economic Review*, May 1959, p. 251.

[84] Les termes "centre" et "périphérie" avaient été proposés par l'économiste soviétique Nicholas Boukharine (*L'économie mondiale et l'impérialisme*, Éditions sociales, Paris), dans le prolongement de Engels, qui présentait l'Angleterre du 19e siècle comme un *soleil industriel* autour duquel gravitaient des *satellites agricoles*.
Marx, bien que n'ayant pas eu le temps de procéder à une analyse de fond du commerce international avait ouvert la voie lorsqu'il écrivait :
Une nouvelle division internationale du travail imposée par les sièges principaux de la grande industrie, convertit de cette façon une partie du globe en champ de production agricole pour l'autre partie qui devient par excellence le champ de la production industrielle (''Le Capital'', livre 1, tome1, p. 131-132).

à augmenter leur production, ce qui a pour effet de faire baisser les prix sur le marché mondial.

C'est par ce stratagème que les États-Unis arrivent à être les premiers exportateurs de coton, comptant pour 30 pour cent du total mondial, contre 4 pour cent pour l'ensemble de l'Afrique. Les coûts de production du coton aux États-Unis sont trois fois plus élevés que dans un pays comme le Burkina Faso ; le coton américain est exporté sur le marché mondial à un prix de moitié inférieur à son coût de production, grâce aux subventions octroyées par le “Commodity Credit Corporation” aux gros producteurs comme Tyler Farms, Dixie Farms, Ritchey Bayou Farms…

Dans l'Union européenne, la production de coton (Espagne, Grèce) est effectuée avec un coût trois fois plus élevé que s'il était importé d'Afrique. C'est par les subventions que les producteurs européens peuvent vivre, au détriment des producteurs africains. On est loin du principe des avantages comparatifs et de l'allocation optimale des ressources enseigné par l'économie politique néoclassique libérale.

Ce sont ces subventions qui ont fait que le prix mondial du coton a baissé de plus de moitié entre 1960 et 2002. Une baisse qui se poursuit. Il est estimé que la seule suppression des subventions américaines entraînerait une hausse de 26 pour cent du prix mondial du coton. Le Burkina Faso, le Mali, le Bénin ont subi des pertes de recettes importantes sur leurs exportations de coton. Selon Oxfam International, dans ces pays, le coton contribue dans une proportion de 5 à 10 pour cent du produit intérieur brut, contre 0.1 pour cent seulement aux États-Unis. Dans le même temps, les prix des produits manufacturés qu'ils importent augmentent régulièrement, en dépit des gains importants de productivité dans les pays producteurs.

Les innombrables réunions tenues depuis des décennies sur le problème des matières premières dans le cadre du Dialogue Nord-Sud n'ont servi à rien. La véritable solution est la valorisation interne de la plus grande part des matières premières là où elles sont extraites.

Ces problèmes ont été mis sous l'éteignoir par les programmes d'ajustement structurel qui ont occupé la pensée des économistes du tiers monde depuis 1980.

3.

L'ENDETTEMENT À L'ENCONTRE DU DÉVELOPPEMENT

Aux origines de l'endettement

L'État africain a opté délibérément pour le financement extérieur. Dans les pays de colonisation française, la nomenclature budgétaire est déjà en soi un appel explicite aux capitaux extérieurs. Le budget ordinaire présente les dépenses de fonctionnement des services publics avec leur financement par les recettes fiscales. Les dépenses d'investissement, dites extraordinaires, qui correspondent aux projets inscrits dans le "Plan de Développement" doivent être financées par des capitaux extérieurs. Autrement dit, on estime que le financement du développement doit être pris en charge par l'extérieur, ce qui n'est concevable que par recours à l'emprunt. Il n'est demandé aux populations que de financer le fonctionnement de l'appareil bureaucratique de l'État et ses énormes gaspillages.

Tout le problème est de savoir s'il était vraiment nécessaire d'emprunter de telles sommes. Ces emprunts ont-ils correspondu à un besoin de financement objectivement déterminé ? D'autant plus que les possibilités de remboursement sont pour le moins hypothétiques, compte tenu de la nature des projets réalisés avec ces financements : infrastructures urbaines, édifices publics tels que centres de conférences, centres de foire internationale où les industriels étrangers ont le monopole des expositions... Bref des éléphants blancs, des investissements non rentables, et de surcroît, sans aucun effet d'entraînement sur les économies africaines, même s'ils sont officiellement présentés comme des projets de développement.

Dans la période 1973/80, à la suite des augmentations du prix du pétrole, c'est une masse importante de pétrodollars qui vient s'ajouter à la masse non moins importante d'eurodollars disponibles dans les grandes banques occidentales. Le problème alors à l'ordre du jour est de recycler ces capitaux. En effet, du fait de l'incidence de la crise économique dans les pays industrialisés, les occasions rentables d'investir sont devenues rares, tandis que les pays africains non producteurs de pétrole sont chroniquement confrontés à la situation inverse : un besoin pressant de financement. La solution au problème du recyclage des pétrodollars est alors trouvée. Il suffit de transférer une partie de ces flux financiers vers ces pays. C'est l'époque de ce qui avait été appelé "crise de la dette".

Quoiqu'il en soit, il n'est pas exclu que les dirigeants africains aient été victimes de mauvais conseils. Au plan du raisonnement politique, les dirigeants africains ont pu se laisser persuader que le volume de l'endettement est un gage de sérieux, de crédibilité, les bailleurs de fonds ne faisant confiance qu'à des gouvernements dotés d'institutions politiques et de structures économiques solides. Alors qu'en réalité, on cherchait simplement à se débarrasser de capitaux excédentaires dont on ne savait que faire, du fait de la réduction des possibilités d'investissements rentables dans les pays d'origine.

L'histoire retiendra que c'est l'un des rares moments, où des bailleurs de fonds ont daigné se déplacer dans les pays africains, pour aller à la rencontre des clients, hantant les antichambres des ministres des Finances[85], n'hésitant pas à leur faire véritablement la cour, pour leur prêter de l'argent.

Le comportement des grandes banques commerciales des pays occidentaux dans cette période est loin de correspondre au modèle décrit par James Burnham (sociologue américain) : des banques qui ne font que répondre à une demande, des banques ressemblant à des jeunes filles à un bal d'autrefois, attendant assises, qu'on les invite à danser. Cette fois, les rôles ont été renversés : ce sont des jeunes filles, particulièrement entreprenantes, qui sont elles-mêmes allées chercher leurs cavaliers pour avoir des chances de danser. Autrement dit, les pays du Sud se sont trouvés dans une véritable situation de "prêts forcés". Les emprunteurs se voient accorder des prêts qu'ils ne jugent pas nécessaires, et qu'il ne leur paraissait pas possible d'obtenir.

Il s'est agi en fait d'une stratégie délibérée d'endettement des pays du tiers monde pour les tenir en main, les domestiquer, comme cela finit toujours entre créancier et débiteur. Ici, c'est l'impératif de la libéralisation et de la mondialisation qui commandait d'enlever aux pays africains toute souveraineté en matière de politique économique.

Conséquences financières de l'endettement

Autre type d'échange inégal

La littérature économique a circonscrit le phénomène de l'échange inégal aux relations internationales de type commercial, compte tenu de l'actualité des années 60 et 70. La détérioration des termes d'échange

[85] B. Taylor, *Les débiteurs africains,* 1985, p. 261.

remplissait à elle seule le cahier de doléances des pays du tiers monde. Le problème de l'endettement est venu s'y ajouter à partir de 1982, avec "la crise de la dette".

Or, qu'est-ce que l'endettement du tiers monde, sinon un échange inégal, mais cette fois au niveau des relations financières internationales ? Du fait des fortes charges d'intérêts, des commissions et autres charges, et des manipulations monétaires, les pays emprunteurs remboursent des sommes bien plus importantes que celles qu'ils ont perçues.

L'origine de "la crise de la dette" se situe en 1979, lorsque la banque centrale des États-Unis, le "Federal Reserve Board", élève son taux d'intérêt dans le double but de combattre l'inflation et d'attirer des capitaux extérieurs, pour combler le déficit budgétaire du gouvernement. En 1981, les banques américaines appliquent des taux d'intérêt de 21.5 pour cent sur leurs prêts aux pays non-développés. Les banques centrales d'Europe suivent le mouvement, et les taux d'intérêt font plus que doubler. À cela s'ajoutent deux éléments : les charges et les commissions. Les pays africains de la zone franc se trouvent confrontés au doublement du montant d'une bonne partie de leur dette à la suite de la dévaluation du dollar US, les dettes hors zone franc étant libellées dans cette monnaie.

Entre 1987 et 1990, l'Afrique a dépensé quatre fois plus pour le paiement des intérêts que pour financer la santé [86] La part des intérêts représente au minimum la moitié du service de la dette (remboursement du principal et des intérêts et commissions). Ce qui constitue une panoplie de faux frais hypothéquant toutes possibilités de développement, et condamnant ces pays à recourir à l'endettement de façon chronique. Le Pape Jean Paul II, en 1989, faisait part de son indignation devant une telle situation :

Le capital dont les pays débiteurs ont besoin pour améliorer leur niveau de vie doit maintenant être utilisé pour payer les intérêts de leurs dettes ("Sollicitude Rei Socialis").

Et comme ils ne peuvent pas payer, ces pays sont contraints au rééchelonnement, c'est-à-dire l'allongement de l'échéance de la dette, le recul du délai de remboursement. C'est en fait le rééchelonnement qui est en grande partie à l'origine de l'augmentation des charges d'intérêts : les dettes sont rééchelonnées sur un délai de trois à dix ans,

[86] *Fifty years is enough Network.*

au taux du marché ; si bien que des taux d'intérêt à l'origine de 6 pour cent, sont passés à 10 pour cent.

Des notes de "performance" aux économies africaines

Une nouvelle donne est intervenue dans l'endettement au niveau mondial. Les prêteurs ne sont plus les banques mais les marchés financiers, avec intermédiation des agences de notation financière.

Les Anf (en anglais "Credit Rating Agencies") sont créées aux États-Unis au début du 20e siècle avec comme clients les grandes entreprises. C'est à la suite de la grande crise de 1929 que leurs services sont orientés en direction des États. Les trois plus grandes Anf sont américaines : Moody's (de John Moody), Standard &Poors (de Henry Poors) et Fichte (de John Fichte). Elles contrôlent 95 pour cent du marché financier. L'Afrique du Sud abrite une Anf dont les clients sont surtout des entreprises.

L'Anf se situe entre l'emprunteur et le prêteur. Un État en quête de financement sollicite une Anf contre rémunération. L'évaluation qu'elle fait de la situation économique (croissance, inflation, balance des paiements, finances publiques…) et politique (stabilité, gouvernance, acquittement de dettes antérieures) de l'emprunteur permet de savoir s'il bénéficie de garanties suffisantes de remboursement pour accorder le prêt sollicité. Sur ces bases les Anf donnent aux emprunteurs des notes en lettres selon le système de notation en vigueur dans le système américain d'enseignement, de Aaa (excellent) à D (médiocre). Ces notes déterminent la décision des prêteurs financiers sur les marchés obligataires, et aussi des investisseurs directs.

Le système semble ainsi bien huilé et cohérent. Mais ce n'est qu'en apparence. Les critiques ne manquent pas au fonctionnement des Anf.

(1) Les Anf sont en concurrence entre elles. Celle qui est sollicitée par un État peut lui donner une note surestimée, de peur de le perdre comme client au profit d'un de ses concurrents. En outre, le montant de la rémunération payée par l'État joue sur la note accordée. Une bonne note fait aussi baisser le taux d'intérêt du prêt accordé. Ainsi, les notes ne sont pas toujours objectives.

(2) Certains financiers prêteurs sont actionnaires dans le capital des Anf, ce qui donne lieu à des conflits d'intérêts. L'agence est ainsi accusée d'être à la fois "coach" (entraîneur) et arbitre.

(3) L'Anf joue aussi le rôle de consultant pour l'emprunteur, surtout lorsqu'il s'agit d'un pays non-développé. Il lui confectionne un Plan de

"développement" maintenant estampillé "Plan émergent" comme c'est à la mode. Ce sont 37 pays africains qui, ainsi disposent de "Plan émergent". L'Anf se charge ensuite de "vendre" ce projet aux bailleurs de fonds qui sont actuellement en excès de liquidités, comme la crise financière de 2008 l'a montré. L'Anf a son réseau de consultants qui descendent sur le terrain (pays emprunteur) où ils se font grassement payer grâce à leurs carnets d'adresses pour intervenir auprès des bailleurs de fonds.

C'est ainsi que Dominique Strauss-Kahn, ancien ministre des Finances en France et ancien directeur du Fmi, depuis ses déboires non financiers à Washington, a fait son entrée en Afrique comme consultant : au Congo, au Sud du Soudan, au Togo, au Mali, puis au Sénégal. Il n'est pas besoin d'être grand clerc pour savoir que le bonhomme n'est pas payé au tarif salaire minimum sur nos maigres ressources[87].

L'influence actuelle des Anf sur le monde de l'économie et de la finance est telle que, elles sont considérées comme l'autre superpuissance. *Les États-Unis peuvent détruire un pays par des bombardements, les Anf peuvent détruire un pays par son économie avec une mauvaise notation.* La remarque est du journaliste américain Thomas Friedman du "New York Times" (22/02/1995).

Mais ce ne sont pas les couacs qui manquent dans le fonctionnement des Anf. Il leur est reproché de porter une grande responsabilité dans la crise financière de 2008. Quatre jours après avoir reçu une bonne note des Anf, la firme d'énergie américaine Enron tombe en faillite. La faillite de la banque américaine Lehman Brothers en 2008 est précédée par une bonne note.

C'est à partir de 2000 que les gouvernements africains sont poussés vers les Anf. L'argument avancé est que l'aide au développement et les prêts concessionnels (avec faible taux d'intérêt) ont fortement baissé, et dans la nouvelle situation de mondialisation avec financiarisation de

---

[87] DSK avait profité des facilités fiscales consenties par le Maroc pour y installer sa société "Parnasse International" dont il est actionnaire unique et employé unique. Selon "Pandora Papers", entre 2013 et 2018, il aurait touché plus de 21 millions d'euros de bénéfices sur des pays africains.
Selon des documents révélés par le Consortium international des journalistes d'investigations (Icij) à travers les "Pandora Papers", le président sénégalais Macky Sall s'est payé les services de Strauss-Kahn, à travers la société "Parnasse International", sur un ou des marchés ou services rémunérés à hauteur de 875 000 euros (environ 574 millions F Cfa). Pour quels services ? Combien a-t-il pris aux autres gouvernements africains ?

l'économie, l'alternative pour le financement des projets est le recours aux marchés financiers, plus précisément le marché des titres obligataires ou marché des dettes.

Le Botswana est le seul pays africain avec la note A2 de Moody's en 2016, soit 15 sur 20. Un pays dont l'économie ne repose que sur les exportations, particulièrement de diamant et d'or. Un pays africain comme on l'aime à l'extérieur, non engagé dans une industrialisation autre que la transformation du diamant.

Comme si cela ne suffisait pas, la Banque mondiale par son organe la Société Financière Internationale crée en 2002 le mécanisme "Doing Business" avec comme objectif de *comprendre et améliorer l'environnement réglementaire des affaires*. La méthode consiste à attribuer des notes aux États et d'établir un classement annuel sur lequel se basent des investisseurs. Comme le font les Anf. Des notes qui peuvent se négocier. À l'image de l'étudiant qui triche à l'examen pour obtenir son diplôme. En pays africain lorsque la note est "assez bonne", la presse acquise au président pavoise sans se soucier du remboursement, comme s'il s'agissait d'un don, pendant que la pauvreté augmente.

En septembre 2021 la Banque mondiale décide de mettre fin au projet "Doing Business" à la suite de manipulations dans lesquelles seraient impliqués certains pays avec la complicité de hauts responsables internes[88].

Est-ce la seule et véritable raison qui a amené les responsables de la Banque mondiale à cette décision ? Il est clair que "Doing Business" faisait doublon et était en concurrence avec les Anf. Toujours est-il que c'est une véritable épée de Damoclès qui était et reste suspendue au-dessus de la tête de tout dirigeant d'un pays du tiers monde. La règle est qu'il faut en matière de politique économique s'en tenir strictement aux mesures dictées par ces institutions qui disposent de leurs "bons élèves" en Afrique : Ce sont les gouvernements qui sans rechigner s'empressent d'appliquer les mesures qui leur sont indiquées. Des mesures qui ne font que perpétrer la dépendance extérieure et bloquer le développement.

La disparition de "Doing Business" ne sera pas célébrée avec des tamtams de funérailles. C'est un non-évènement pour l'Afrique qui reste suspendue à la volonté de ces puissances financières extérieures,

---

[88] Les pays incriminés sont la Chine, l'Arabie saoudite, les Emirats arabes unis et l'Azerbaïdjan avec la complicité de l'actuelle directrice générale du FMI, ancienne responsable à la Banque mondiale. Sont-ils les seuls ?

car les Anf et les institutions de Bretton Woods sont toujours là. Pas moins de 150 agences de notation existent actuellement dans le monde, installées dans une cinquantaine de pays. Comme "Bloomfield Investment" opérant en Côte d'Ivoire et au Cameroun pour l'Afrique de l'Ouest et l'Afrique Centrale.

Ces agences de notation sont une calamité pour le développement des pays africains. Elles se nourrissent du non-développement. Elles donnent des notes fantaisistes aux gouvernements africains qui n'ont d'oreille que pour ce qui provient de l'extérieur, leur faisant croire qu'ils sont performants pendant que la pauvreté est galopante dans leurs pays, les incitant ainsi à se surendetter.

Quelqu'un qui s'y connaissait bien, le magnat de l'industrie automobile Henri Ford disait :

Le premier but de ces financiers est le contrôle du monde par la création de dettes inextinguibles.

La seule manière d'en sortir est de compter d'abord sur ses propres forces économiques et financières. À condition d'en faire une gestion rationnelle, rigoureuse, propre, dans la probité. Des Africains qui ont été aux affaires gouvernementales détiennent de grosses fortunes, souvent mal acquises, capables de financer de grands projets industriels, agricoles, commerciaux… Ces fortunes trouvent refuge dans les pays occidentaux avec la complicité des autorités locales.

Des inquiétudes justifiées

La poussée faite aux pays africains de s'orienter vers les marchés financiers et de recourir à ces maîtres d'école attributeurs de notes doit faire réfléchir, surtout depuis la récente découverte de ressources minières (gaz, pétrole, fer, or, et autres minerais comme le zircon).

La perspective d''insolvabilité des pays endettés est contestée par certains analystes financiers de pays occidentaux. Ils se placent en dehors du cadre habituel de projection des balances des paiements, affectionné par les économistes. Pour eux, il faut raisonner en termes de comptabilité de patrimoine, c'est- à- dire de bilan d'entreprise, en examinant les deux postes Actif et Passif. Dans ce cas, tout pays est solvable, parce que détenteur d'un certain stock de ressources naturelles qui constituent ses Actifs immobilisés, et qui sont susceptibles de transactions. Dans le cas des pays endettés, ce patrimoine peut être utilisé pour désintéresser les créanciers. Tout comme lorsqu'une entreprise est en faillite, la liquidation des éléments de l'Actif du bilan permet de rembourser les créanciers, lesquels ont priorité sur les actionnaires qui eux, sont des propriétaires.

Ce propos a été tenu par un financier américain d'origine libanaise, Sarky Khoury, lors d'un colloque universitaire sur la Dette en juin 1988 à Alger auquel l'auteur de ces lignes avait participé. Ce qui avait suscité l'émoi et la désapprobation dans la salle. Il ne faisait en fait que reprendre Walter Wriston, l'influent directeur de Citibank à l'époque : *Countries don't go out of business* ("Les pays ne tombent pas en faillite") pour ajouter que les infrastructures, la productivité de la population, les ressources naturelles ne quittent pas le pays. Ainsi l'Actif excède toujours le Passif. Ce qui revient très simplement à dire que les créanciers, c'est-à-dire les pays occidentaux et leurs institutions financières, devraient avoir un droit de regard direct sur les ressources naturelles des pays endettés du tiers monde. Comme aux plus beaux jours de la colonisation.

Un État endetté perd toute capacité à décider de son propre destin. Tout lui est indiqué de l'extérieur. Les dirigeants africains gagneraient à s'inspirer de cette sagesse africaine :

Lorsqu'on est tiré à la traîne pour marcher on ne choisit pas son chemin et sa destination.

Ou encore :

Lorsque quelqu'un te prête des yeux, tu ne peux regarder que dans la direction qu'il t'indique.

Ce qui se passe dans les transactions économiques et financières internationales à l'encontre des pays du tiers monde n'est à bien des égards qu'un remake de la stratégie coloniale de non-développement.

L'argent est là. Le Fisc ne le prend pas

L'État s'endette

Les impôts doivent être la principale source de recettes pour l'État. Mais ce n'est pas le cas en Afrique.

La pression fiscale qui est le rapport des recettes fiscales au Pib est en moyenne de 19.1 pour cent en Afrique contre 34.3 pour cent dans l'Ocde, le groupe des pays les plus développés.

La structure fiscale qui indique la répartition des recettes fiscales entre les différents types d'impôts est aussi particulière en Afrique. En moyenne, les impôts directs (impôts sur le revenu des personnes physiques, impôts sur les sociétés, impôts sur les intérêts et autres revenus de capitaux mobiliers) tournent en moyenne autour de 32 pour cent, contre 57. 2 pour cent pour les impôts indirects comme la taxe à la valeur ajoutée, qui portent sur la consommation, pesant lourdement sur les ménages les plus pauvres.

Ce type de structure fiscale serait dû à l'état des structures économiques dans un pays. Lorsque le niveau de développement est bas, les revenus sont faibles, on évite de pénaliser l'épargne par un impôt direct. En plus, le pays ne dispose pas encore de compétences techniques d'administration d'un système fiscal complexe.

Cette thèse a été soutenue à la fin des années 1950 par deux économistes américains G. Colm, M. Helzner lors d'un Congrès international de Finances publiques[89]. C'est cette conception qui régit encore la politique fiscale dans les différents pays. Et pourtant elle est loin d'être incontestable.

Historiquement, en Europe et aux États-Unis, la prépondérance de l'impôt direct sur le revenu remonte au 19e siècle, pour deux raisons : le financement des guerres et la promotion du libre- échange. L'impôt sur le revenu (*income tax*) a d'abord été un impôt de guerre, et la renonciation aux droits de douane implique de les compenser par des levées d'impôt sur les revenus. Dans la France de l'Ancien régime, l'impôt prépondérant était la taille, impôt direct payé par la seule paysannerie[90].

Dans les pays africains, il existe ce qu'on appelle un écart fiscal qui est important, entre le niveau de fiscalité en vigueur et le potentiel de fiscalité. Les pays africains abritent des niches fiscales importantes non exploitées, constituées par les exemptions d'impôt et les exonérations d'impôt.

Les exemptés d'impôt sont des agents économiques considérés non habilités à le payer et qui sont difficiles à saisir parce qu'ils opèrent dans le secteur informel sans tenue de comptabilité. Si bien que des opérateurs économiques dont les activités sont prospères se réfugient dans l'informel pour échapper à l'impôt ou être imposés faiblement au régime du forfait.

Les exonérés d'impôt sont les entreprises étrangères, souvent des multinationales, qu'on cherche à attirer avec des codes d'investissement et des zones franches industrielles. Or, l'exonération d'impôt n'est pas une occasion d'investir. C'est la perspective de profit qui pousse une entreprise à investir. L'exonération fiscale ne peut pas garantir à une

---

[89] G. Colm, M. Helzner, *The Structure of Government Revenue and Economic Development.* International Institute of Public Finance, June 1957, p. 70 sq.

[90] Makhtar Diouf, *Fiscalité et Croissance*, Thèse Doctorat Sciences économiques, Université Paris I, 1969.

entreprise qu'elle fera du profit. Si elle est convaincue qu'elle fera un profit substantiel, ce n'est pas l'impôt qui va la décourager. D'autant plus qu'elle dispose de possibilités techniques de minorer son bénéfice imposable. Le poste de Comptabilité qui s'y prête le mieux, et à merveille, est le Compte d'Exploitation dans sa partie "Charges", avec l'élément "Dotation aux amortissements". Du matériel régi par l'amortissement linéaire peut être mis en amortissement dégressif où les taux sont beaucoup plus élevés. Ce qui se répercute à la baisse sur le bénéfice déclaré imposable. L'administration fiscale a certes sa Brigade de Vérification de Comptabilité des Entreprises pour les traquer. À condition que le contrôle soit effectué avec la rigueur qui s'impose.

La disponibilité, le coût et la qualité des agents de fabrication (énergie, eau, télécommunication) comptent aussi dans la décision d'investir, et les facilités fiscales n'interviennent pas à ce niveau.

Une autre assiette d'impôt substantielle mais non exploitée est constituée par les revenus fonciers. De plus en plus d'immeubles gratte-ciel sont maintenant construits dans les grandes villes africaines et les revenus générés échappent pour l'essentiel à l'impôt. Ce qui pose le problème des intouchables, de la fraude et de la corruption. Un des maux qui gangrènent le continent.

Dans bon nombre de pays africains l'État a la possibilité de disposer de ressources internes importantes par la fiscalité. Ce qui lui éviterait de toujours avoir recours à cet endettement effréné qui le maintient dans la dépendance et ne va pas dans le sens du développement.

4.

EN MÊME TEMPS QUE FRANÇAFRIQUE CHINAFRIQUE ET INDAFRIQUE ?

De Charybde en Scylla, ou du lion à la panthère

Dans la mythologie grecque, Charybde et Scylla sont deux monstres de mers qui sévissent dans l'actuel détroit de Messine en Méditerranée occidentale où ils s'attaquent aux pirogues des voyageurs. Lorsqu'une embarcation effectue un détour pour échapper à l'un des monstres, c'est pour tomber sur l'autre. C'est une autre manière de rendre l'expression "tomber de pire en pire", ou "de mal en pis". C'est aussi la situation de celui qui, poursuivi par un lion lui échappe en montant sur un arbre, mais pour y trouver une panthère.

C'est ce qui arrive aux pays africains depuis 1980 dans leurs relations avec la Chine et avec l'Inde dans une moindre mesure parce que moins puissante.

Du côté des matières premières

La Chine se conduit avec l'Afrique comme le faisaient et continuent à le faire les pays coloniaux : exporter vers l'Afrique ses produits manufacturés, pour en importer des matières premières. Pour maintenir sa forte croissance économique, la Chine qui est en compétition avec les États-Unis a besoin en grandes quantités des matières premières présentes en Afrique, particulièrement le pétrole. Dans le même temps, les produits manufacturés chinois sur les marchés africains portent une rude concurrence aux produits africains. Ce sont des commerçants chinois qui opèrent de plus en plus sur les marchés africains pour y vendre leurs produits. C'est ainsi que par exemple, des sacs, des chaussures venant de Chine et vendus moins cher portent un lourd préjudice à l'artisanat local.

Entre 2000 et 2012, les importations chinoises d'Afrique, ne portant que sur des matières premières, sont passées de 5540 à 113 087 millions de dollars, soit multipliées par plus de 20. Dans la même période, les exportations chinoises vers l'Afrique, ne portant que sur des produits finis, sont passées de 5028 à 85 378 millions de dollars, soit multipliées par 16[91].

[91] Fodé Siré Diaby (2014), *Les stratégies des entreprises chinoises en Afrique…* Thèse de Doctorat ès Sciences économiques, Nouvelle – Paris III.

Dans les pays africains, l'économie fonctionne encore sur le modèle du Pacte colonial avec l'exportation à l'état brut des matières premières locales, parce que les dirigeants n'ont qu'une vision mercantiliste à court terme. Ils bradent les ressources minières extraites pour des recettes d'exportation qui contribuent à un taux de croissance dont ils se satisfont, et pour lequel ils sont félicités par les institutions de Bretton Woods.

Dans le même temps ils ferment les yeux sur les pratiques d'individus dits "ferrailleurs" qui collectent la ferraille disponible dans le pays pour la vendre à des Chinois et à des Indiens qui l'exportent vers leurs pays. Des Chinois et des Indiens achètent aussi aux paysans africains des produits agricoles à l'état brut qu'ils envoient dans leurs pays pour y être transformés. Il ne serait permis à aucun Africain en Chine ou en Inde de s'y comporter comme se comportent certains Chinois et Indiens dans certains pays d'Afrique.

Des industriels chinois et indiens ont été en contact avec des gouvernements africains pour des projets sidérurgiques.

En 2006, au Sénégal, le gouvernement signe avec la multinationale de l'acier Arcelor Mittal un protocole stipulant que cette société est habilitée à exploiter le minerai de fer de la Falémé au Sénégal avec entre autres, la clause de participer à l'élaboration d'une industrie sidérurgique dans le pays. Mais le magnat indien du groupe Lakshmi N. Mittal ne s'embarrasse pas d'une déclaration dans la revue française "L'Usine Nouvelle" (26 février 2007) :

Le projet constituera une source importante et compétitive pour l'approvisionnement de minerai de fer de nos sites européens... Ce projet représente une étape importante dans notre stratégie visant à faire de l'Afrique Occidentale un pôle majeur d'approvisionnement en minerai de fer pour nos sites sidérurgiques dans le monde entier.

Arcelor Mittal aussi veut venir prendre sa part d'Afrique. N'est-il pas vraiment temps pour les Africains de se ressaisir ? Heureusement ce projet a été annulé et confié depuis 2019 à la firme métallurgique turque Tosyali.

On doit par contre saluer l'initiative d'un autre industriel indien Mohan Manji Dhrolia qui a créé en 2006 le groupe sidérurgique Mmd Steel (Mmmd étant ses initiales) qui fabrique des produits en acier comme le fer à béton avec des usines installées dans 7 pays africains : Rd Congo, Rwanda, Angola, Ghana, Burkina Faso, Mali, Sénégal, avec un projet au Niger. Le projet installé au Sénégal est Fabrimétal.

Le même type d'industrie sidérurgique Senémétal a été installé au Sénégal en 2012 par des opérateurs économiques chinois.

Supermarchés en roue libre

Des maisons de commerce néocoloniales

Le commerce intérieur est partie intégrante de l'activité économique. Son impact sur le développement n'est pas à négliger. Mais pas n'importe quel commerce.

Il a été vu plus haut que les grandes maisons de commerce coloniales ont contribué à la stratégie de non-développement des pays africains d'implantation. On a l'impression dans l'espace francophone qu'elles sont parties par la porte pour revenir par la fenêtre sous la forme de supermarchés comme "Casino", "Carrefour", et surtout "Auchan" qui s'implantent de façon agressive dans toutes les grandes villes, jusque dans les banlieues. Leur premier point d'ancrage est le Sénégal, à Dakar, porte de la sous-région, pour ensuite essaimer dans le reste du pré carré (en Côte d'Ivoire, au Cameroun, au Gabon).

En France les supermarchés pâtissent gravement de la concurrence de leur homologue allemand "Lidhl", plus performant en termes de prix. "Auchan" a commencé à s'installer timidement à Dakar en 2015. En 2018 cette grande surface a subi en France une perte évaluée à 1,145 milliard d'euros (près de 750 milliards francs Cfa), ce qui a entraîné la fermeture de 21 magasins, le même nombre installé actuellement au Sénégal. Son concurrent français "Carrefour", en partenariat avec la Cfao (l'ancienne maison coloniale) vient de s'installer au Sénégal, avec le plan de s'étendre sur tous les pays du pré carré.

Ces supermarchés créent certes des emplois de caissiers, caissières mais qui ne peuvent compenser le terrible préjudice causé aux potentialités d'industrialisation locale. La plupart de leurs produits viennent de France. Ils vendent quelques produits du terroir, mais au détriment des petits marchands locaux qui ne vivent que de cette activité. La même situation qu'au temps colonial.

Il n'est pas exclu que sous peu la multinationale commerciale allemande "Lidhl" vienne prendre sa part de marché en Afrique au détriment des opérateurs économiques africains. Ne sommes-nous pas dans la mondialisation ?

Un autre grand scandale est constitué par l'implantation de hypermarchés par des Indiens. Comme c'est le cas au Sénégal depuis une dizaine d'années avec l'enseigne "Exclusive". La superficie d'un supermarché se situe entre 400 et 2500 mètres carrés. L'hypermarché opère à partir de 2500 mètres carrés. "Exclusive", comme ''Auchan'' s'étend de façon tentaculaire et plus dangereuse, vendant presque tout ce qu'on peut acheter. Ce qui porte gravement atteinte à l'industrie locale. Les travailleurs africains qui y sont embauchés travaillent 15 heures par jour (de 9 h à minuit) avec de bas salaires. Le gouvernement laisse faire, parce que ces Indiens créent des emplois et paient des droits de douane sur leurs produits importés. Un organe de presse a révélé que des Indiens achètent des autorisations d'importation de Sénégalais peu scrupuleux, pour payer des droits de douane moins élevés.

Dans leur stratégie de diversification, ces supermarchés ont commencé à s'investir dans la restauration rapide "fast food" à la Mac Donald, avec des repas à emporter (pizza, paella, poulet rôti...), au détriment des restaurants locaux.

La firme américaine de restauration rapide "Kfc" (*Kentucky Fried Chicken*, "Poulet frit du Kentucky") créée dans les années 1950 dans cette ville du pays pour ne servir que du poulet, compte actuellement plus de 15 000 restaurants répartis dans 80 pays dont près d'une vingtaine en Afrique.

La pénétration de Kfc en Afrique francophone s'est surtout faite par Kfc France née en 1991. Les poulets proviennent de l'Union européenne et du groupe français Doux.

La présence de Kfc en Afrique est un autre coup porté au développement du continent. Au plan économique, ces importations de poulets portent un lourd préjudice aux éleveurs locaux qui sont en mesure de satisfaire la demande locale.

Au plan culturel, les jeunes victimes du conditionnement "dans le vent" en arrivent à négliger la cuisine locale, à ne valoriser que ce qui vient de l'extérieur. Les dirigeants de Kfc s'y emploient en faisant croire que leur façon de faire du poulet croustillant relève d'une botte secrète (comme Coca-Cola). Ce qui n'est que de l'arnaque. Nombreux sont les cuisiniers qui sur Internet proposent des recettes de préparation de poulet croustillant type Kfc.

Il n'est pas question d'interdire ces implantations étrangères, mais il ne faudrait pas non plus leur consentir des faveurs au-delà de la réglementation de droit commun en vigueur dans le pays, comme par exemple des facilités fiscales. Il faudrait surtout que des opérateurs économiques africains s'investissent dans le grand commerce pour opérer la jonction nécessaire avec des industries locales fournissant des produits identiques. Le Japon au moment de son décollage économique avait montré la voie en mettant en place un grand ministère de l'Industrie et du Commerce international.

Au Sénégal, une réplique salutaire a été portée à Kfc par un opérateur économique africain avec son *Djolof Chicken* de plus en plus apprécié par les jeunes, avec plusieurs points de vente.

Cela dit, les commerçants et commerçantes d'Afrique qui vont s'approvisionner en Chine et en Europe pour venir déverser leurs marchandises dans leurs pays ne contribuent en rien au développement. Au contraire, leur comportement ne se distingue guère de celui des anciennes maisons de commerce coloniales et des supermarchés qui les ont remplacées.

TITRE VII

L'AFRIQUE FACE À SES RESPONSABILITÉS

Ces incontournables du développement

Il ne s'agira pas ici de perler de l'accumulation de capital comme agrégat de macroéconomie, de façon abstraite, planant dans l'espace. L'accent sera mis de façon concrète sur l'investissement réalisé dans des secteurs précis par des agents économiques qui sont les opérateurs économiques privés et l'État.

1.

OSER LA RÉVOLUTION INDUSTRIELLE EN AFRIQUE

La voie la plus rapide et la plus sûre lorsqu'on entreprend un projet est de se référer à un modèle de réussite. Il ne s'agit pas de rattraper, ce qui n'a d'ailleurs rien de répréhensible, mais de s'inspirer.

Le premier critère de différenciation entre pays développés et pays non-développés est le niveau et le type d'industrialisation. Le vieux Pacte colonial a été la politique de non-industrialisation imposée aux pays africains. Et on en trouve des nostalgiques au 20e siècle, comme cet ancien administrateur de la France d'Outremer Pierre Chauleur lorsqu'il écrit :

La Haute-Volta (actuel Burkina Faso) *n'est pas par vocation un pays industriel.*[92]

L'économiste anglais John Stuart Mill dans ses *Principes d'Économie politique* de 1848 estimait qu'aucun pays n'a plus vocation industrielle qu'un autre, et que tout était une question de départ.

Cheikh Anta Diop se situe dans la même ligne de pensée :

Contrairement aux allégations courantes, l'Afrique a une vocation industrielle[93].

Il répondra aux dénégateurs de l'industrialisation de l'Afrique en proposant un programme d'industrialisation pour l'intégration des économies africaines.

Prémétallurgie en Afrique

Aux origines de la métallurgie du fer en Afrique, Une ancienneté méconnue : Afrique de l'Ouest et Afrique centrale. Ce livre des éditions Unesco publié en 2002 fait partie du projet "Routes du fer en Afrique". C'est du travail d'éminents archéologues, ingénieurs, historiens, anthropologues sociologues et métallographes qu'il ressort que la métallurgie du fer a existé en Afrique avant le 3e millénaire de l'ère chrétienne. Le terme "paléométallurgie" a été utilisé pour rendre compte

---

[92] Pierre Chauleur, *L'Afrique industrielle*, Paris : Maisonneuve-Larose, 1979, p. 169.
[93] Cheikh Anta Diop, *Les fondements économiques et culturels d'un État fédéral d'Afrique noire*, Paris : Présence africaine, 1960, p. 113.

du travail des métaux en Afrique à l'ère préindustrielle. En Afrique de l'Ouest, on peut citer des régions du Mali (pays Dogon), du Bénin (pays Dendi), du Togo (pays Bassar), du Ghana.

On peut lire dans cet ouvrage ce passage :

Les maîtres de forge africains réduisent le minerai de fer pour obtenir du fer pur. Pour cela ils utilisent le charbon de bois dans des fourneaux dits bas fourneaux parfois fabriqués avec des troncs de bananiers. Leur température n'est pas très élevée. Avec le fer qui en sort, ils fabriquent des ustensiles de cuisine (marmites, couteaux... et des instruments agricoles (houes, hilaires, pioches...).

Pourquoi alors la révolution industrielle par le fer n'a pas eu lieu dans ces régions d'Afrique ? La première raison est d'ordre technique. Les maîtres de forge africains ne disposaient pas de hauts fourneaux utilisant le coke comme combustible.

Le coke est fabriqué avec des charbons bitumineux dits « charbons à coke » ou houille, dont les gisements ont été découverts en Europe au début de la révolution industrielle. C'est un combustible au pouvoir calorifique très élevé. Il est utilisé dans la sidérurgie. Dans les hauts fourneaux, le coke permet d'atteindre des températures très élevées à la différence du charbon de bois des bas fourneaux. Ce qui permet de réduire le minerai de fer pour produire de la fonte, ensuite transformée en acier.

Bien entendu, la colonisation qui a suivi n'était pas le cadre adéquat pour l'implantation de hauts fourneaux en vue de produire l'acier. La métallurgie africaine est ainsi restée au stade artisanal.

Pour une véritable industrialisation

Le projet Unesco peut être le point de départ d'une révolution industrielle en Afrique qui abrite des milliards de tonnes métriques de métaux en attente d'être exploités, du fait de la présence d'eau et d'énergie avec les découvertes récentes de pétrole et de gaz. De grandes quantités de ferraille sont aussi disponibles pour des fonderies à installer.

Jusqu'à la fin des années 1980 les pays occidentaux dominaient dans la production d'acier. Ils sont maintenant concurrencés, et même dépassés, par la Chine, l'Inde, le Brésil. Le Japon et la Corée du Sud qui ne disposent pas de gisements de minerai de fer figurent parmi les premiers producteurs d'acier dans le monde, figurant en 3e et 5e position respectivement. L'Afrique qui produit du minerai de fer (Afrique Sud,

Mauritanie, Libéria, Sénégal…) n'intervient que pour 1 pour cent de la production mondiale d'acier.

Selon le naturaliste français du 19e siècle Jean-Baptiste de Lamarck, les êtres vivants existent en deux espèces : les non-vertébrés comme les insectes, les crustacés, les mollusques et les vertébrés comme les humains et tous les mammifères. Les premiers sont sans colonne vertébrale (dite encore épine dorsale), ce qui les rend vulnérables. Les seconds sont pourvus de colonne vertébrale.

La colonne vertébrale est une armature, une carapace constituée de vertèbres qui soutient tout le corps, la tête, le cou, le thorax, le bassin. Une masse musculaire la maintient stable, permettant à l'être humain de se mouvoir, de se tenir assis, debout, couché, de marcher, d'être en équilibre. Ce mat central qu'est la colonne vertébrale est aussi le couloir de la moelle épinière qui opère la transmission des messages entre le cerveau et les autres parties du corps qu'elle innerve.

Le fer-acier remplit les mêmes fonctions dans l'économie d'un pays, irriguant tous ses secteurs, permettant son développement. La défaillance de la colonne vertébrale est synonyme de fragilité, de santé précaire. De même, aucune économie ne peut se maintenir, se développer sans le fer-acier qui en est la colonne vertébrale. Les stratégies économiques menées jusqu'ici en Afrique n'ont fait que maintenir le continent à l'état d'invertébré.

C'est en fait toute la métallurgie qui doit être développée avec les disponibilités en fer, bauxite, cuivre, zircon… Selon le magazine patronal français *L'Usine nouvelle* (27/06/2015) voici les produits qui sont fabriqués avec des métaux.

L'aluminium est fabriqué avec la bauxite dont les producteurs africains sont Guinée-Conakry, Sierra Leone, Ghana, Mozambique. Il faut 4 tonnes de bauxite pour produire 1 tonne d'aluminium. Avec l'alumine (produit intermédiaire) sont fabriqués des produits tels que boîtes de conserve, pièces de moteur, outils, clous, pièces d'appareils électroménagers, structures d'acier, ponts, pièces d'automobiles, pièces pour les bâtiments, cadres et fils métalliques. Avec l'aluminium, tiré de l'alumine, sont fabriqués canettes, capsules de café, papiers d'emballage, meubles de jardin, contenants divers, matériaux de construction et pièces constituantes d'automobiles.

Des pays africains ne peuvent pas fabriquer la plupart de ces produits ?

La Rd Congo et la Zambie sont de grands producteurs de **cuivre**.

Une tonne de cuivre est nécessaire à la production de 2 millions de micro-processeurs, 300 000 appareils photo numériques, 250 smartphones ou tablettes, 3000 ordinateurs, 2000 poignées de porte antimicrobiennes, 1 transformateur industriel, 10 moteurs industriels, 50 systèmes de chauffage, 125 climatiseurs, 1000 appareils électroménagers (réfrigérateurs, machines à laver, etc.),450 000 cordes de guitare...

Des pays africains ne peuvent pas fabriquer une partie de ces produits ?

Le **zircon** est une pierre précieuse réfractaire (robuste) de diverses couleurs. Il est utilisé dans la joaillerie et l'industrie nucléaire. Il constitue, selon les spécialistes, un produit de substitution du diamant. Le zircon est exploité en même temps que trois autres produits : rutile, leukoxene, et ilmenite.

L'Australie est le premier pays producteur de zircon, suivie de l'Afrique du Sud et de la Chine. Les autres pays africains producteurs de zircon sont dans l'ordre Mozambique, Sénégal, Kenya.

Pour sa robustesse et ses propriétés blanchissantes le zircon est utilisé pour les vernis, le placage des céramiques (carrelages, équipements sanitaires), pour créer des moules, des prothèses dentaires, pour fournir à l'industrie automobile des plaquettes de frein.

Des pays africains ne peuvent pas utiliser le zircon pour fabriquer ces produits ?

Pour l'instant, le zircon africain est entièrement exporté.

Ambition d'ingénierie mécanique

Pour un véritable développement, les pays africains doivent s'investir pleinement dans l'ingénierie mécanique (*mechanical engineering*) qui permet de fabriquer des machines-outils.

Les machines-outils ont joué un grand rôle dans la révolution industrielle dans les pays actuellement développés. Ces machines qui fabriquent des machines sont présentes dans tout le processus économique, de l'industrie aux services. Elles travaillent à partir de commandes que leur adressent des entreprises selon leurs besoins. La firme américaine ''Caterpillar'' est la plus grande société d'ingénierie au monde.

Dans les pays africains ce sont des machines-outils comme les décortiqueuses qui traitent et transforment certaines matières premières agricoles comme par exemple les arachides. Dans un premier temps elles sont importées, mais l'exigence du développement est qu'elles soient fabriquées sur place. Elles doivent être conçues en fonction des besoins. Il suffit que soit déclenchée l'imagination créatrice chez les scientifiques et techniciens formés à l'ingénierie mécanique. Ce qui n'exclut pas les transferts de technologie sur la base de partenariat avec des entreprises étrangères.

C'est à ce niveau aussi que peuvent être fabriqués les appareils électroménagers modernes (réfrigérateurs, congélateurs, ventilateurs, climatiseurs...), les produits électriques (ampoules, interrupteurs, douilles, prises, fils...), certains produits alimentaires, des produits pharmaceutiques, la verrerie, tous en séries et dans un emballage que le travail à la main ne pourrait pas effectuer.

De telles opérations exigent de grands marchés sous-régionaux et régionaux permettant des économies d'échelle. Ce qui ne peut exister que par une intégration économique des marchés et de la production par voie de spécialisation de façon concertée entre les États et les opérateurs économiques. Les pays ainsi engagés pourront constituer un pôle industriel de développement rayonnant sur d'autres pays africains avec des effets d'entraînement.

Il ne peut y avoir une ombre d'utopie dans telles propositions. Des Africains ont été les premiers à travailler le fer, il y a de cela plusieurs siècles. Les Africains actuels doivent se décomplexer, s'armer d'audace, se convaincre que ce qui a été fait en Europe, en Amérique, en Asie peut être fait chez eux.

L'émergence économique d'un pays n'est rien d'autre que son entrée dans le cercle des grands producteurs et utilisateurs d'acier. La leçon à en tirer pour les pays africains est que le développement économique n'est pas possible sans les industries du fer. Le rôle joué par le fer dans le développement des pays aujourd'hui industrialisés en est une parfaite illustration.

Il convient de préciser que la véritable industrialisation génératrice de développement se fait par étapes jusqu'à l'industrie lourde à partir de la métallurgie. La Commission économique des Nations unies pour l'Afrique, en collaboration avec l'Organisation des Nations unies pour le Développement industriel (Onudi) a lancé un certain nombre d'études "Décennies de l'industrialisation de l'Afrique" dont les recommandations gisent toujours dans les tiroirs des gouvernements africains. Pourtant l'Afrique a une vocation historique d'industrie lourde.

L'Afrique en est encore au niveau de la proto-industrie. On ne peut pas vivre des décennies et des décennies dans l'enfance ou dans l'adolescence. Les possibilités de développement sont là, mais ne sont pas exploitées. Le début d'une véritable industrialisation ne commencera que lorsqu'on ne trouvera plus dans les quincailleries africaines que des produits de fabrication locale.

La Chine actuelle avec une population de plus de 1 400 000 000 d'habitants est confrontée à une pénurie de main-d'œuvre. L'Afrique dans son ensemble (au-dessus et au-dessous du Sahara) avec une population inférieure à celle de la Chine est confrontée au chômage massif de sa jeunesse. Ce contraste s'explique par l'industrialisation poussée de la Chine et une industrialisation à l'état embryonnaire en Afrique.

Le 12 octobre 2021 le président français Emmanuel Macron, inquiet du processus de dé-industrialisation de son pays déclare : *Il nous faut re-industrialiser la France pour redevenir une grande nation.*

L'artisanat aussi

Il doit aussi être tenu compte de l'artisanat qui recouvre l'activité d'opérateurs économiques locaux indépendants qui travaillent à la main avec un outillage simple. Ils constituent des corps de métiers répartis en groupes : artisanat de production (tailleurs, menuisiers et maçons), artisanat d'art (maroquiniers, bijoutiers, sculpteurs, peintres d'art), artisanat de service (coiffeurs, mécaniciens, électriciens, plombiers, tourneurs, fondeurs…).

Les plus nombreux de loin sont les artisans de production. Ils constituent ainsi le terreau adéquat pour la promotion de petites et moyennes entreprises. À côté des industries métallurgiques qui sont incontournables, les pme ont une part importante à faire prévaloir dans la stratégie de développement. Les firmes géantes multinationales qui existent actuellement ne sont pas nées dans cet état. Elles ont souvent démarré dans de petits garages pour suivre un cycle progressif jusqu'à leurs dimensions actuelles.

Le développement pourra ainsi être mené de façon progressive avec l'impératif de lutter contre les importations non strictement nécessaires.

Les artisans de production comme les tailleurs et les menuisiers bien équipés sont en mesure de confectionner les tenues des corps militaires et paramilitaires (militaires, policiers, gendarmes, douaniers…), du corps médical, du corps judiciaire (toges des magistrats, des avocats), du corps de l'enseignement supérieur (toges des professeurs), les tenues des sportifs… Il doit être confié aux cordonniers locaux la fabrication des chaussures des corps militaires et paramilitaires, des sportifs.

Les artisans tourneurs, fondeurs, chaudronniers qui fabriquent les instruments traditionnels de cuisine peuvent monter d'un cran pour fabriquer des outils simples dont se servent les ouvriers (scies, marteaux, rabots, pinces, tenailles, tournevis, truelles…) dans le cadre de pme. Mais là aussi il faudra disposer de machines-outils.

Quant aux artisans d'art, tout en satisfaisant la clientèle locale, ils peuvent rapporter des recettes touristiques substantielles.

L'artisanat qui est en fait une proto-industrie doit être considéré comme un maillon important du développement parallèlement à la grande industrie.

2.

POUR LA LOCALISATION HARMONIEUSE DES INDUSTRIES

Une politique de développement doit veiller à la localisation des activités industrielles sur toute l'étendue du territoire. De façon à ce que les industries ne soient pas polarisées dans une ou quelques zones, les autres étant dans un dénuement industriel quasi-total. Ce qui fait du pays une "région nodale" c'est-à-dire caractérisée par de fortes disparités territoriales. Un pays qui se lance dans le développement doit être une "région homogène" où les activités industrielles sont réparties de façon harmonieuse.

L'implantation des industries obéit à des critères déterminés. Un critère est d'ordre géographique : présence de matières premières, d'eau en abondance, d'énergie à bon marché, de moyens de transport et de communication adéquats permettant de réduire les coûts. Ce qui est un terrain propice pour les industries lourdes comme la sidérurgie.

Des industries peuvent aussi s'implanter dans des zones dépourvues de matières premières. Elles sont dites "industries itinérantes" (*footloose industries* en anglais). Des entreprises de fabrication de machines à écrire, de machines à calculer, d'ordinateurs… sont de ce type.

D'autres entreprises exigent pour s'implanter la disponibilité proche d'un marché d'envergure servant de débouché à la production. Des facteurs faisant figure de dénominateurs communs à tous ces types d'entreprises sont la disponibilité de main-d'œuvre (ouvriers, techniciens, cadres) qualifiée, de facilités bancaires, de services d'assurances, de moyens de télécommunication.

Mais il arrive parfois que certaines zones du pays soient mieux dotées en tous ces facteurs, ce qui contribue à y orienter les investisseurs en quête de rentabilité. Les disparités s'accroissent alors entre les villes. C'est une telle situation que dénonçait le géographe français Jean-François Gravier en 1947 dans son livre *Paris et le désert français*, parlant de "centralisation stérilisante". Un ouvrage qui avait fortement sensibilisé les autorités françaises, les amenant à tenter de corriger ces déséquilibres par une "politique d'aménagement du territoire", terme pourtant apparu en 1943. Les Allemands parlent de "développement spatial". Les moyens utilisés à cet effet sont surtout les incitations fiscales en faveur du secteur privé, mais aussi l'engagement de l'État comme investisseur.

Ces expériences sont salutaires pour les pays africains dans leurs politiques de développement. Les activités industrielles ont tendance à se focaliser autour des capitales. Ce qui entrave le développement d'ensemble. Un être dont seule la tête se développe finit par ressembler à un monstre. Revenons au naturaliste français Jean Baptiste Lamarck, qui avait attiré l'attention sur ce plan :

Dans tout animal qui n'a point dépassé le terme de ses développements, l'emploi plus fréquent et soutenu d'un organe quelconque fortifie peu à peu cet organe, le développe, l'agrandit et lui donne une puissance proportionnée à la durée de cet emploi, tandis que le défaut constant d'usage de tel organe l'affaiblit insensiblement, le détériore, diminue progressivement ses facultés et finit par le faire disparaître.[94]

Les "pôles de développement" ou "pôles de croissance" dont parlait le professeur François Perroux ne doivent être compris que comme une recommandation de spécialisations fonctionnelles des régions d'un pays et non comme une polarisation spatiale des industries, leur installation en un même endroit.

---

[94] *Discours Inaugural de 1800 au Muséum National d'Histoire Naturelle.*

3.

L'IMPÉRATIF ÉNERGÉTIQUE

Les sources d'énergie ont de tout temps existé dans la nature avec le soleil et le vent. Les humains ont toujours usé de l'énergie. Les termes "opération", "activité" sont la signification de "énergie" en grec. Ce qui déjà donne une idée de l'importance de l'énergie. Sans l'énergie, la révolution industrielle n'aurait pas eu lieu. Des historiens ont eu à dire que la révolution industrielle a été une révolution énergétique. La révolution industrielle a démarré avec le charbon pour atteindre son ampleur avec l'électricité. Thomas Edison, Nicola Tesla, George Westinghouse, les pionniers de l'électricité moderne, figurent en bonne place parmi les premiers capitaines d'industrie.

Dire que les premiers économistes Adam Smith et David Ricardo n'avaient égard que pour les trois facteurs : travail, terre et capital comme vecteurs du progrès économique. Sans considération pour l'énergie.

C'est dès la page 7 de son ouvrage de 1960 *Les fondements économiques et culturels d'un État fédéral d'Afrique noire* que Cheikh Anta Diop attire l'attention sur l'importance de l'énergie dans le développement, particulièrement dans l'espace Afrique :

Au commencement est l'énergie ; tout le reste en découle.

Malheureusement sur ce plan, l'Afrique, surtout dans sa partie au sud du Sahara affiche un dramatique et incompréhensible retard. Avec 48 États et plus de 750 millions d'habitants, la puissance d'énergie électrique qui y est produite est du même ordre que celle de la seule Espagne qui compte moins de 50 millions d'habitants. Le continent dans son ensemble, représentant 17 pour cent de la population mondiale n'intervient que dans une proportion de 4 pour cent dans la production mondiale d'énergie électrique. L'essentiel de la production provient des pays du Maghreb (le Maroc surtout) et de la République Sud-africaine (Rsa).

Pour ce qui est de l'énergie électrique, l'Afrique au sud du Sahara dispose d'un potentiel imposant.

La sous-région Afrique de l'Est et du Sud est riche en ressources énergétiques : hydro-électricité, pétrole et charbon. La source principale d'énergie hydro-électrique est le fleuve Zambèze, long de 2665 km et abritant un potentiel de 16 000 mégawatts. Les pays directement concernés sont Angola, Zambie, Zimbabwe, Malawi et Mozambique. Les principaux barrages se trouvent au Mozambique (Caborra Bassa : 2075 mw), au Zimbabwe (Kariba Dam : 705 mw), en Zambie (Kariba Dam : 600 mw, Kafue Gorge : 900 mw, Victoria Falls : 108 mw) ; soit près des trois quarts de la capacité installée de la sous-région. À cela s'ajoute la production de barrages de moindre envergure (sur le Nil bleu pour l'Éthiopie), et la production thermique à partir du pétrole et du charbon. Djibouti, Somalie, Botswana et Lesotho sont les seuls pays de cette zone sans énergie hydro-électrique.

La coopération énergétique fonctionne déjà depuis des années : Rd-Congo -Zambie, Zambie-Zimbabwe, Rd-Congo-Burundi, Rd-Congo-Ruanda, Rd-Congo-Angola, Ouganda-Kenya, Mozambique-Rsa. Sur les 2075 Mw produits par le barrage de Caborra Bassa, Mozambique ne consomme que 145 Mw ; le reste est exporté vers la Rsa sur un réseau de 1410 km, tandis que Lesotho et Swaziland (maintenant Eswatini) sont tributaires de la Rsa.

La production de pétrole de l'Angola est en moyenne de 6,5 millions de tonnes par an en temps normal, ce qui est légèrement supérieur à la consommation de la sous-région (moins de 6 Mt). Mais le pétrole angolais transporté par bateau doit pour arriver aux ports de l'océan Indien (Maputo, Dar es Salam) faire un détour par Le Cap : soit un trajet deux fois supérieur à la distance entre ces mêmes ports et les pays du golfe Persique. Un pipeline transversal Ouest-Est est certainement la meilleure solution pour activer la coopération pétrolière entre l'Angola et ses voisins africains.

La production de charbon du Zimbabwe sert dans une proportion de 92 pour cent à alimenter la sidérurgie locale, le reste étant exporté vers Malawi et Zambie. Botswana et Mozambique en reçoivent une part, en appoint de leur propre production. Swaziland (maintenant Eswatini) est l'autre producteur de charbon dans la sous-région, en dehors bien sûr de la Rsa.

L'Afrique centrale présente des atouts importants en matière d'énergie électrique. Le potentiel d'énergie hydro-électrique de la Rd-Congo ne devrait rationnellement pas être exploité au niveau d'un seul pays. Le potentiel énergétique du fleuve Rd-Congo est estimé à 106 000 mégawatts, soit l'équivalent de 30 milliards de tonnes de pétrole. L'essentiel des ressources hydro-électriques se trouve sur le bief Matadi-Kinshasa sur une longueur de 350 km. Le site de Inga, actuellement en exploitation, renferme un potentiel de 46 000 mégawatts, soit 14 pour cent du potentiel hydro-électrique mondial ; ce qui fait de Inga le site hydro-électrique le plus important du monde. Les barrages construits, Inga I, Inga II, Inga II bis ont une production annuelle de 1750 mégawatts, dont la Rd-Congo ne consomme que 20 pour cent, soit 350 mégawatts ; le reste, soit 1 400 mégawatts est actuellement inutilisé. Cette énergie présente aussi l'avantage d'être bon marché : dans les années 1970, le prix de revient du kilowatt installé est de 150 unités de compte (susceptible de descendre à 65 u.c.) alors que la norme internationale de rentabilité est de 400 u.c. Il existe ainsi une base solide de coopération énergétique entre la Rd-Congo et ses voisins, mais aussi avec l'ensemble de l'Afrique.

En 1973, c'est le département de l'économie nationale du Zaïre qui attire l'attention sur les possibilités de coopération énergétique avec d'autres pays :

Le développement des industries zaïroises (métallurgie du cuivre, sidérurgie, industries de transformation...) n'absorbera qu'une partie de l'énergie nouvellement installée ; des millions de kilowatts-heure seront disponibles... La région de Inga a pour le moment avant tout, de l'énergie à vendre ; elle cherche des clients qui en absorbent beaucoup et qui soient intéressés par des conditions commerciales avantageuses.

En 1976, le Président Mobutu lors d'une réunion de l'Oua fait une déclaration étrangement passée inaperçue, compte tenu de son importance :

N'oublions pas que le marché commun européen est parti d'un marché commun de l'énergie... Je crois qu'il serait réaliste de notre part de commencer par la Communauté africaine de l'énergie ... En ce qui concerne le Zaïre, l'interconnexion des réseaux avec des pays existe depuis très longtemps ; que ce soit avec la République du Congo, le Ruanda, le Burundi, ainsi qu'avec la Zambie... Si nous avions dirigé vers l'Ouest la ligne nationale de haute tension à courant continu Inga-Shaba sur 1850 km, elle serait arrivée à Lagos, car la distance de Kinshasa à Lubumbashi est exactement la même que celle de Kinshasa à Lagos.

La coopération énergétique a effectivement démarré entre le Zaïre-Rd-Congo et ses voisins : à l'Ouest, le Congo bénéficie des excédents énergétiques du Bas-Rd-Congo, alors que les déficits d'énergie du Shaba et du Kivu à l'Est sont comblés par des importations en provenance de la Zambie (à partir du site du fleuve Zambèze). La coopération énergétique est aussi très active entre le Zaïre-Rd-Congo et ses voisins Burundi et Ruanda.

Avec l'énergie disponible et la richesse de la sous-région en ressources minières (cuivre, cobalt, manganèse, pétrole, gaz, fer, ...) il est possible de mettre en place de grands ensembles industriels : complexe sidérurgique, fonderie d'aluminium, industrie électrochimique, traitement de phosphates au four électrique pour la production d'acide phosphorique et de superphosphates, production de fer- alliage au four électrique, production de magnésium par électrolyse ou par électrothermie, fixation de l'azote de l'air pour produire des engrais azotés...

En Afrique de l'Ouest, trois pays de la sous-région produisaient du pétrole : le Bénin (400 000 t), la Côte d'Ivoire (1 200 000 t), et surtout le Nigeria (73 millions de tonnes) en moyenne au cours des années 80. Le Nigeria est le premier pays producteur de pétrole en Afrique, avant l'Algérie et la Libye. Le potentiel de production d'électricité thermique est donc très élevé au Nigeria qui dispose d'ailleurs aussi de centrales hydro-électriques.

Par contre, aucun des fleuves de l'Afrique de l'Ouest n'a le potentiel énergétique du fleuve Congo (barrages de Inga) ou du fleuve Zambèze (barrages de Caborra Bassa, de Kariba). Toutefois, la sous-région dispose d'un potentiel hydro-électrique de 22 000 mégawatts [95] ainsi répartis : Nigeria : 9450 Mw ; Guinée-Conakry : 6400 Mw ; Côte d'Ivoire : 2500 Mw ; Ghana : 2400 Mw ; Mali : 1185 Mw. La puissance hydro-électrique installée pour toute l'Afrique de l'Ouest est actuellement de 7000 à 8000 mégawatts, soit un peu moins du tiers du potentiel total : ce qui revient à dire que rien qu'à partir des seuls sites identifiés à ce jour, il est possible de produire 111 000 gigawatts/heure[3] pour l'ensemble de la sous-région. La puissance installée serait répartie entre les différents pays de la sous-région par voie d'interconnexion.

L'espoir peut être permis avec les découvertes récentes de pétrole et de gaz au Mozambique, en Tanzanie, au Tchad, au Sénégal, en Mauritanie. Certains pays ont aussi commencé à investir dans l'énergie solaire.

---

[95] 1 mégawatt est égal à 1 million de watts ; 1 gigawatt est égal à 1 milliard de watts.
[3] Pour arriver à ce chiffre, il faut multiplier le potentiel de 22 000 mégawatts par 5000. Le chiffre 5000 qui est adopté par convention, est le résultat de la multiplication du nombre de jours de fonctionnement d'un barrage dans l'année, par le nombre d'heures de fonctionnement par jour ; en principe on devrait prendre 365 multiplié par 24, soit 8760 ; mais comme la centrale ne fonctionne pas 24 heures sur 24 pendant tous les jours, on prend la moyenne de 5000.

Les activités économiques qui doivent propulser le développement dans l'industrie, dans l'agriculture, dans les services ne peuvent opérer sans une électricité bon marché et régulièrement disponible sans délestages.

Ce sont les toutes premières sources d'énergie, le soleil et le vent qui sont aujourd'hui à l'honneur avec l'énergie solaire et l'énergie éolienne, longtemps éclipsées par l'énergie électrique.

L'Afrique dispose de toutes ces sources d'énergie disponibles pour le développement. L'Afrique qui bénéficie de 325 jours d'ensoleillement dans l'année ne compte que pour 1 pour cent de la production mondiale d'énergie solaire. En Allemagne, pays très industrialisé, donc très énergivore, et peu ensoleillé, l'énergie solaire compte pour près de 5 pour cent des besoins totaux d'électricité.

Le potentiel est là. Il reste à l'exploiter pleinement et à opérer les interconnexions nécessaires. C'est vraiment un scandale que l'Afrique soit encore à la traîne dans l'énergie solaire.

4.

VOIES DE COMMUNICATION POUR LE DÉVELOPPEMENT

Une stratégie de développement ne peut négliger les voies de communication en modal (transport routier, maritime, voie ferrée).

4.1 Routes de développement

La route est la première voie de développement dans la mesure où les hommes ont toujours et partout commencé à marcher. Mais les routes telles que nous les connaissons maintenant (goudronnées, bitumées, pavées) ne sont apparues qu'au milieu du 19e siècle en Europe et aux États-Unis. Ce qui est frappant dans les villes de ces pays c'est que les rues pavées y sont encore présentes. Selon les historiens de l'économie, le **pavage** de chemins est une pratique qui remonte à l'Antiquité.

La piste des pavés

La technique a évolué mais le pavage est resté limité aux rues dans l'espace urbain. Les routes sur de longues distances sont revêtues de goudron (provenant de la houille) ou bien de bitume (provenant de la distillation du pétrole). Mais le goudron est devenu interdit dans des pays occidentaux depuis 1993, considéré comme cancérigène.

Dans les pays africains, depuis l'époque coloniale, les rues et les routes sont noires de goudron ou bien de bitume (appelé aussi asphalte). Une véritable stratégie de développement doit interpeller ces pratiques. Pourquoi le pavage n'a-t-il pas été, et n'est toujours pas une pratique courante et généralisée en Afrique, comme cela a été le cas en Europe ?

Des spécialistes, ingénieurs du génie civil, ont montré la supériorité des **pavés** sur le revêtement par goudron ou par bitume. Le pavage revient beaucoup moins cher, exigeant moins de mécanisation, avec une durée de vie bien plus longue : 30 à 40 ans contre 15 ans pour les autres procédés, tout en créant 2 à 3 fois plus d'emplois. Les routes pavées sont plus faciles et moins coûteuses à modifier lors de travaux exigeant de creuser des conduites pour installer des dispositifs électriques ou téléphoniques, comme cela est devenu courant avec les nouvelles techniques d'information et de communication.

Un autre avantage des **pavés** est de limiter la vitesse des voitures, ce qui contribue à limiter les accidents de circulation. Les pavés une fois posés, pour les stabiliser, peuvent être jointés avec un mélange à base de sable, ce qui permet l'infiltration des eaux de pluie, avec le double avantage d'éviter les inondations et d'alimenter la nappe phréatique.

Le pavage est particulièrement approprié en milieu rural. Les voies de communication sablonneuses qu'on y appelle "pistes de développement" ne peuvent pas en leur état actuel remplir ce rôle convenablement. Des routes rurales en pavés sont bien adaptées pour le transfert des récoltes vers les lieux de transformation, l'évacuation des personnes vers les centres et postes de santé.

Les pavés ont d'abord été fabriqués avec des matériaux lourds tels que béton, pierres de tous types, gravats provenant de démolitions de bâtiments. Un ingénieur ghanéen Nelson Boateng a mis au point une technique éprouvée de fabrication de pavés à partir de déchets plastiques recyclés. C'est là un créneau intéressant pour de petites et moyennes entreprises. En Guinée Conakry des femmes fabriquent de façon artisanale des pavés qu'elles vendent à l'unité pour se faire des revenus. Des expériences de pavage de rues et de trottoirs sont en cours dans quelques pays comme Mali, Burkina, Burundi, Cameroun, Sénégal. Dans ce dernier pays, des jeunes ont commencé dans la ville de Kaolack à fabriquer des pavés avec des déchets de plastique.

Le pavage des rues en milieu urbain et en milieu rural doit être en Afrique une pratique généralisée, à grande échelle. C'est une activité à haute intensité de main-d'œuvre. Les pavés sont plus adaptés pour le climat chaud, car en climat tempéré des pays occidentaux ils sont soumis à rude épreuve par le gel en hiver. Le bitumage convient surtout aux routes à grande circulation reliant les grandes villes.

Comment ne pas être frappé par les rues pavées des villes européennes montrées dans un journal télévisé ou dans tout autre programme de télévision ?

Malheureusement les pouvoirs publics africains ne sont pas assez sensibilisés sur la question. Les études de la Banque mondiale sur les routes et transports en Afrique passent complètement à côté. Comme évidemment les gouvernements africains qui se concertent dans des structures comme "Association des Fonds d'Entretien Routier d'Afrique", avec des réunions d'où il ne sort rien de concret et intéressant.

La piste du vélo

Ce qui vient d'être dit sur le pavage des routes urbaines ne concerne que la circulation automobile qui présente de nombreux avantages mais non sans des inconvénients qu'il est possible de réduire. Les accidents de la circulation font beaucoup de victimes au rang desquelles figurent des travailleurs qualifiés, des cadres, des sommités scientifiques dont le pays a grandement besoin. Pour ne rien dire de la pollution atmosphérique occasionnée et des coûts en énergie.

L'Américain Lewis Mumford, grand défenseur de l'environnement était un farouche adversaire de l'automobile qu'il présentait comme *l'architecte invisible de nos villes*. C'est dit-il, pour les besoins de la circulation automobile que les villes sont maintenant façonnées, remodelées au point de devenir inhumaines.

Un autre grand adversaire de la voiture a été l'agronome français René Dumont, un familier de l'Afrique, avec son slogan : *La voiture ça pollue et ça rend con.*

Le vélo qui avait été étouffé par la voiture est en train de prendre sa revanche dans les pays industrialisés. Des lois sont votées pour encourager les déplacements en vélo. Les pays les plus en avance sont ceux de l'Europe du Nord, où un tiers de la population se déplace en vélo, surtout dans les capitales comme Copenhague et Amsterdam qui compte 5 500 km de pistes cyclables. Aux Pays-Bas, le nombre d'habitants de 16 millions est égal au nombre de vélos. Paris compte actuellement 835 km de pistes cyclables, et le nombre va augmenter selon l'autorité municipale.

Des itinéraires cyclables sont aménagés selon des modalités différentes : piste cyclable autonome réservée exclusivement aux vélos sur une largeur de 3 m en double sens, de 2 m en sens unique ; bande cyclable partagée avec une route automobile pour 50 cm de séparation, ou partagée sur un trottoir avec les piétons, colorée pour être bien visible.

En même temps, des parcs à vélos sont construits pour le stationnement des vélos avec des dispositions de sécurité contre les vols, et même des facilités de gardiennage, de réparation et de petit entretien des vélos ; ce qui crée des emplois. Pour circuler en vélo sans l'acheter, la formule vélopartage est prévue en abonnement pour un certain délai de temps. En Afrique, les pistes cyclables peuvent être rendues plus attractives si elles sont équipées de toitures sommaires abritant des rayons solaires et de la pluie, surtout pour les jeunes qui les empruntent pour aller à l'école.

Il est regrettable que le vélo ne soit pas l'objet d'attention de la part des dirigeants africains. Une exception tout de même au Maroc où le roi Mohammed VI a même décidé que toutes les routes du pays seront dotées de pistes cyclables d'ici 2022.

Mais pour que le vélo remplisse pleinement son rôle dans le développement économique, il faut aussi qu'il soit fabriqué en Afrique. Actuellement le plus grand producteur de vélos en Europe est le Portugal. Un vélo y est fabriqué toutes les 45 secondes. La fabrication des vélos est effectuée généralement en deux temps : les équipements sont fabriqués par des équipementiers et vendus à des usines qui font le montage. Voilà une bonne opportunité pour l'intégration des économies africaines : dans une même sous-région, les équipements fabriqués dans certains pays membres, le montage effectué chez d'autres partenaires.

Les Africains figurent parmi les plus accros à la voiture dont ils ne fabriquent pas une seule pièce. Une alternative salutaire se trouve dans le vélo. Il suffit pour les dirigeants de mettre en place une politique systématique du vélo avec transfert de technologie et coopération technique avec des pays producteurs d'Europe et d'Asie comme la Chine et Taïwan qui font partie des grands fabricants, et aussi des grands utilisateurs.

4.2 Oser le chemin de fer

En dehors de l'Afrique du Sud et de l'Afrique du Nord il n'existe pas de réseau ferroviaire en Afrique, c'est-à-dire des lignes reliant des villes dans tous les sens, particulièrement à la verticale et à l'horizontale. Dans les autres pays africains, le chemin de fer a été introduit par le colonisateur dans une configuration bien conforme à ses intérêts : un tracé vertical nord – sud, de l'intérieur du pays où se fait le chargement des matières premières agricoles et minières vers les ports d'évacuation en destination de l'Europe par bateaux.

Au Sénégal : Dakar – Saint-Louis, Dakar – Bamako pour l'arachide et le coton. À Dakar, la gare se trouve en face du port.

En Mauritanie : Zouérate – Nouadhibou pour le minerai de fer.

En Guinée : Sangaredi – Conakry ; Fria – Conakry ; Kankan – Conakry via Mamou – Dabola, et un tronçon Togué – Dabola pour l'évacuation de la bauxite.

Au Ghana pour l'évacuation du cacao, des voies ferrées ont été construites pour relier les centres de production du cacao aux ports de Takoradi -Sekondi, Cape Coast, Accra, Tema. La plupart des lignes ferroviaires de l'époque coloniale sont maintenant hors service.

Au Bénin, la ligne Cotonou – Parakou pour le coton, est prévue pour aller jusqu'à Niamey pour l'évacuation de l'uranium.

En Côte d'Ivoire, le chemin de fer part du port d'Abidjan pour traverser le pays du sud au nord (cacao, café) jusqu'à Ouagadougou via Bobo Dioulasso au Burkina Faso (arachide, coton).

En Afrique centrale le Congo-Océan est une voie ferrée reliant le port de Pointe Noire à Brazzaville pour les produits oléagineux, coton, café, cacao, bois précieux, caoutchouc, or, cuivre, ivoire… Le cuivre du Congo belge (actuel R-d Congo) est transporté par voie ferrée Lubumbashi - Benguela en Angola. Le fleuve étant non navigable à cause des chutes entre Matadi sur la côte et Léopoldville (maintenant Kinshasa) la voie ferrée est construite pour le transport du caoutchouc et de l'ivoire.

Au Cameroun, le port de Douala est relié par chemin de fer à Kumba et Nkongsamba à l'Ouest, pour traverser en diagonale le pays en nord – est par Yaoundé, Bélabo, Ngaoundéré, d'où l'appellation Trans-Camerounais (pour le pétrole brut et le gaz) et les produits agricoles (fèves de cacao, bois, coton, bananes, café, produits de palme, tabac, caoutchouc, etc.), et les minéraux (charbon, aluminium).

L'Angola comporte trois voies ferrées reliant la côte ouest maritime à l'est du pays. La plus importante est le Benguela qui draine vers le port de Lobito le cuivre en provenance du Copperbelt (la ceinture de cuivre) de la Zambie et du Congo belge. Les ports de la République sud-africaine étaient aussi utilisés par les Belges et les Portugais. La réhabilitation des chemins de fer endommagés par la guerre civile permettra de façon plus rationnelle le transport du pétrole par l'océan Atlantique.

En Afrique de l'Est, dans le cadre de la Communauté économique d'Afrique de l'Est, les Britanniques avaient construit le chemin de fer reliant Kampala (en Ouganda) aux ports de Mombassa (au Kenya) et Dar-es-Salam (en Tanzanie) pour les exportations de café, cacao, thé produits horticoles, poisson, miel, tabac, clous de girofle…

Après les indépendances, les trois principaux chemins de fer construits sont en Afrique de l'Est le Tanzam (Tanzanie – Zambie), le Addis-Abeba – Djibouti construits par la Chine, et le Transgabonais construit par le gouvernement de Bongo.

Le Tanzam long de 1860 km est terminé en 1976 et permet le transport du cuivre zambien au port de Dar-ès-Salam, n'ayant ainsi plus besoin des ports sud-africains.

Le Transgabonais long de 670 km terminé en 1987 relie Franceville au port de Libreville, traversant des mines de fer et de manganèse, pour ne rien dire de la fierté du président Omar Bongo qui était d'amener le train à côté de son village natal.

La ligne ferroviaire reliant Addis-Abeba à Djibouti sur une distance de plus de 750 km permet à l'Éthiopie de disposer depuis 2018 d'un accès sur la mer après avoir été privée des ports de Massawa et Assab avec la sécession de l'Érythrée.

Le chemin de fer en Afrique tel que présenté ici a la caractéristique de suivre le même tracé mines ou champs de culture – rail – port d'évacuation. Son autre particularité est d'avoir trois types d'écartement de rail : le modèle français de 1 m, le modèle britannique de 1, 067 m et le modèle dit européen normal de 1, 435 m pour les produits les plus pondéreux comme les minerais. Ce qui n'est guère de nature à faciliter l'intégration économique régionale entre pays africains dans le cadre de leurs communautés économiques.

Le tracé colonial du chemin de fer en Afrique au sud du Sahara est le révélateur le plus éloquent sans discours de la mission exploiteuse et non civilisatrice de la colonisation. Après les indépendances, les bailleurs de fonds comme la Banque mondiale ont encouragé la construction de routes faisant ainsi des pays africains de grands importateurs de voitures. L'automobile est une des poutres maîtresses de la croissance économique dans les pays occidentaux. Au Sénégal, c'est la Banque mondiale qui a conseillé et obtenu la suppression du chemin de fer Dakar- Saint-Louis datant de 1885 qui pourtant était rentable selon les travailleurs de l'entreprise. Il existe une "Union africaine des chemins de fer" mise en place par l'Organisation de l'Unité africaine mais totalement inopérante. Les projets de construction de wagons au niveau des communautés économiques d'intégration n'ont jamais vu le jour.

Seule la République sud-africaine, bien différente des autres pays africains au sud du Sahara, dispose d'un véritable réseau de chemin de fer avec des liaisons entre les grandes villes.

L'autre exception est constituée par l'Afrique du Nord où le réseau ferroviaire est relativement dense. Mais la colonisation des pays de l'Afrique du Nord plus proches de l'Europe, de la France surtout, a été entreprise selon des modalités et des motivations bien différentes de celles de l'Afrique noire. Dans la même lancée, le Maroc a inauguré son train à grande vitesse (Tgv) en 2018 construit par la Chine pour relier Casablanca à Tanger sur une distance de 295 km.

Toujours est-il que l'Afrique du Sud et l'Afrique du Nord qui disposent de réseau ferroviaire sont les régions les plus développées, ou les moins non-développées du continent. Il n'existe aucun pays d'Amérique du Nord ou d'Europe où le chemin de fer n'est pas développé.

La Banque africaine de développement (Baf-d), pour un tiers du financement, est au centre de la construction de la Route Transsaharienne prévue pour être terminée fin 2021. Sur une longueur de 9 400 km, elle doit relier Alger à Lagos en passant par Tunis, Ndjamena, Niamey et Bamako, desservant 34 régions, 74 agglomérations pour couvrir une population de plus de 60 millions d'habitants. L'Union européenne intervient aussi dans le financement pour une contribution de moitié. N'aurait-il pas été plus utile dans une perspective de développement que la Transsaharienne soit une voie ferrée ?

4.3 Voies d'eau fluviales et maritimes

Le transport par voie d'eau est de type fluvial (fleuve, canal, lac) et maritime.

Au tout début de la révolution industrielle, en Angleterre et aux États-Unis, le transport fluvial est utilisé pour le transfert du fer et du charbon vers les lieux de production. Mais certaines de ces zones ne sont traversées par aucun cours d'eau, et les fleuves ne sont pas toujours navigables. La solution est alors de creuser à partir des fleuves des canaux qui peuvent accéder partout et porter des barges lourdement chargées de fer et de charbon.

Le chemin de fer apparu vers 1830 prend le relais pour le transport de produits plus pondéreux et à moindre coût. S'y ajoute le transport maritime avec le bateau qui passe de la navigation à voile à la navigation par moteur à combustion.

Dans l'ensemble, les canaux et les différents types de bateaux ont eu un impact important sur le développement des pays occidentaux.

L'Afrique qui compte 38 pays côtiers ou insulaires n'est pas étrangère avec la navigation maritime depuis la découverte des côtes ouest-africaines par les navigateurs portugais au 15e siècle. C'est avec des bateaux que la traite négrière et la colonisation ont été entreprises.

La navigation maritime continue à contribuer au non-développement de l'Afrique, car c'est avec des bateaux cargos et des containeurs que les matières premières sont débarquées à l'extérieur pour revenir chargés de produits manufacturés. À cet effet, des ports en eau profonde ont été construits dans les pays à littoral, et des ports secs dans des pays enclavés. Ces ports sont donnés en concession par les gouvernements africains à des opérateurs étrangers : Apmt (Danemark), Ictisil (Philippines), Dp World (Dubai), et surtout le groupe Bolloré Logistics (France) qui s'est taillé la part de lion en Afrique de l'Ouest (Abidjan surtout) et en Afrique centrale (Cameroun).

Les ports africains les plus importants sont en Égypte, au Maroc et en Afrique du Sud. L'Europe est le premier partenaire commercial des pays africains, mais la Chine est en train de se frayer son chemin. Parmi les 35 pays possesseurs de flotte maritime il ne figure aucun pays africain.

Il a été créé au sein des Nations unies une "Organisation Maritime Internationale" dont le siège se trouve à Londres, avec une sorte de filiale "l'Organisation Maritime en Afrique de l'Ouest et du Centre" comprenant 25 pays dont 5 sans littoral.

La technologie a bouleversé la navigation maritime en termes de sécurité et de confort pour les passagers mais aussi pour les marchandises véhiculées avec l'invention des containeurs.

Le containeur est un grand coffret métallique scellé avec numéro (contre les vols) qui charge actuellement 90 pour cent des marchandises du commerce international. Son armature métallique le préserve des chocs et des conditions atmosphériques, pouvant être transporté après le bateau par train, avion et camion. Il met moins de temps à l'embarquement et au débarquement et revient ainsi moins cher. Le type de containeur chambre froide permet le transport sans risque des denrées périssables congelées, des liquides, des gaz comprimés ou liquéfiés comme certains cosmétiques, les insecticides… Le containeur est ainsi et de loin le meilleur moyen de ravitailler régulièrement les supermarchés, réduisant au minimum le risque de rupture de stock.

Mais le containeur n'est pas à l'avantage des petites et moyennes entreprises africaines qui s'activent dans la valorisation des produits locaux face à la concurrence des maisons commerciales grandes surfaces qui s'installent de plus en plus.

Le transport fluvial est très peu développé en Afrique en dépit de la présence de fleuves comme le Nil, le Lac Victoria, le Lac Tanzanie, le Zambèze, le Congo, le Niger, le Sénégal. Il existe actuellement des techniques éprouvées de dragage et de pompage d'eau pour creuser des canaux navigables. Ce qui pourrait impulser le commerce entre pays africains par transport fluvial.

5.

COMPTER AVEC LE CAPITAL HUMAIN

Les deux choses les plus importantes n'apparaissent pas au bilan de l'entreprise : sa réputation et ses hommes (Henri Ford, *Citations*).

Si je recevais des pouvoirs dictatoriaux sur l'économie d'un pays et si j'étais chargé de porter au maximum son taux de croissance, je risquerais volontiers ma réputation posthume en misant sur l'enseignement et la recherche car en définitive l'esprit prime la machine ("Les facteurs de développement économique" Revue de la mesure de la productivité, Ocde, n° 40, février 1965).

Qu'est-ce que le capital humain ?

Le terme "capital humain" apparaît pour la première fois sous la plume de Théodore Schultz professeur à l'Université de Chicago dans un article de 1961 "Investir dans le capital humain"[96], suivi un an après par un livre *Investissement dans les êtres humains*. Son collègue Gary Becker en fait le titre d'un ouvrage de 1964 *Le Capital Humain. Analyse théorique et empirique avec des références spéciales à l'éducation.*[97]

Selon Becker, beaucoup de personnes pensent que le capital se réduit à un compte bancaire ou à des parts d'action dans une entreprise. Mais ces formes de capital matériel ne sont pas les seuls types de capital. L'enseignement, le cours de formation à l'informatique, les dépenses pour la santé, les leçons sur la ponctualité et l'honnêteté sont aussi du capital. On l'appelle capital humain parce que les individus ne peuvent pas être séparés de leurs connaissances, de leur savoir-faire, de leur santé, de leurs valeurs, comme ils peuvent être séparés de leurs actifs financiers et matériels.

Gary Becker définit le capital humain comme *l'ensemble des capacités productives qu'un individu acquiert par accumulation de connaissances générales ou spécifiques, de savoir-faire, etc.*

Le capital humain est ainsi un stock de connaissances et d'expériences, accumulé par son détenteur tout au long de sa vie par des investissements. L'éducation, la formation et la santé sont les investis-

---

[96] Theodore Schultz,"Investment in Human Capital", *The American Economic Review.* **51** (1): 1-17.
Theodore Schultz, *Investment in Human Beings*, University of Chicago Press, 1962.
[97] Gary S. Becker (1964, 1993, 3e éd.). *Human Capital. A Theoretical and Empirical Analysis, with Special Reference to Education*, Chicago, University of Chicago Press.

sements les plus importants en capital humain, les pourvoyeurs du capital humain. Les individus reçoivent une formation générale et une formation spécifique.

Aux États-Unis, certains économistes de tendance marxiste ont critiqué la théorie du capital humain, accusée d'avoir réduit des humains, des travailleurs à du capital ; un concept qui selon eux, n'est pas sans rappeler l'esclavage. Pourtant, le capital humain est implicite chez Marx. Le capital humain correspond à ce que Marx appelait "force de travail" : *ensemble des facultés physiques et intellectuelles qui existent dans le corps d'un homme, dans sa personnalité vivante, et qu'il doit mettre en œuvre pour produire des choses utiles* ("Le Capital", tome 1 : 170).

Il ajoute que *le travail est une dépense de muscles, de nerfs et de cerveau* (p. 174). *Pour modifier la nature humaine à lui faire acquérir aptitude, précision et célérité dans un genre de travail déterminé, c'est-à-dire pour en faire* ***une force de travail développée****, dans un sens spécial,* ***il faut une certaine éducation*** (p. 175).

La "force de travail développée" de Marx n'est rien d'autre que ce qui actuellement est appelé ''capital humain''.

Mise en évidence du capital humain

Théodore Schultz, alors professeur à l'Université de Chicago avait été impressionné par la rapide reprise économique de pays comme l'Allemagne et le Japon dévastés lors de la Seconde Guerre mondiale. Il attribue ce miracle économique à l'existence dans ces deux pays d'une population bien formée intellectuellement et en bonne santé. De là, lui est venue l'idée de capital humain.

Gary Becker raconte que son intérêt pour l'étude du capital humain vient d'avoir constaté aux États-Unis une augmentation importante des revenus, après qu'il ait été tenu compte de la rémunération du capital physique et du travail par les salaires. Ceux qui ont poussé loin leurs études ont des revenus plus importants que les autres. Il cite aussi les exemples du Japon, Taïwan, Chine et autres pays asiatiques dont les performances économiques au cours des dernières décennies ont montré l'importance du capital humain par lequel ils ont comblé leur manque de ressources naturelles.

C'est ainsi que dans des universités américaines sont entrepris au début des années 1960 des travaux sur le capital humain en rapport avec la croissance économique. Il est constaté que l'augmentation de la production est supérieure à l'augmentation des deux facteurs "capital physique" et "travail". Cette différence est appelée "résidu" par Edward

Fulton Denison[98], chercheur américain au ‘‘Brooking Institution on Economic Research’’.

En 1964, des études plus précises sur les économies occidentales dans la période 1948-1960 montrent que la contribution du facteur résiduel à la croissance a été de 50 pour cent en Allemagne de l’Ouest, de 47 pour cent aux États-Unis, de 44 pour cent au Japon, de 25 pour cent au Royaume-Uni. Denison explique cette différence entre pays par une différence dans le facteur résiduel où l’enseignement joue un rôle déterminant[99].

Index de capital humain

Des organisations internationales se mettent à publier des Indexes de capital humain. Sur un échantillon de 130 pays en 2017 le Forum Économique Mondial classe la Norvège en tête.

Par la suite, l’intérêt pour le capital humain se déplace de la problématique de la croissance à celle du développement. En 2018, la Banque mondiale publie un Index, remis à jour en 2020. Le point d’Index maximum est fixé à 1.

Les plus performants sont les pays asiatiques nouveaux venus au développement : Singapore : 0.88 ; Corée du Sud : 0.84 ; Japon : 0.84 ; Hong Kong ; 0.82.

Viennent ensuite : Canada : 0.80 ; Finlande : 0.80 ; Suède : 0.80 ; Pays-Bas : 0.79 ; Irlande : 0.79 ; Royaume-Uni : 0.78 ; Norvège : 0.77 ; France : 0.76 ; Belgique : 076 ; Allemagne ; 0.75 ; États-Unis : 0.70 ; Russie : 0.68 ; Chine : 0.65.

Tous les pays développés sont au-dessus de 0.60. Le pays africain le plus performant, Seychelles ne vient qu’au 52e rang avec 0.63. Seuls 6 pays africains atteignent la moyenne 0.50.

Le classement se présente ainsi pour l’ensemble des pays africains :

Seychelles 0.63 ; Maurice : 0.62 ; Kenya : 0.55 ; Algérie : 0.53 ; Tunisie : 0.52 ; Maroc : 0.50 ; Égypte : 0.49 ; Zimbabwe : 0.47 ; Gabon : 0.46 ; Ghana : 0.45 ; Namibie : 0.45 ; Togo : 0.43 ; Afrique du Sud : 0.43 ; Gambie : 0.42 ; Sénégal : 0.42 ; Congo : 0.42 ; Botswana :

[98] Edward F. Denison, *The Residual Factor and Economic Growth,* Paris, 1962. Edward F. Denison, *The Sources of Economic Growth in the United States & the Alternatives Before us* (New York City, 1962).

[99] Edward F. Denison, *Why Growth Rates differ; Postwar Experience in nine Western Countries* (Washington D. C., 1967).

0.41 ; Malawi : 0.41 ; Comores : 0.41 ; Lesotho : 0.40 ; Cameroun : 0.40 ; Bénin : 0.40 ; Zambie : 0.40 : Madagascar : 0.39 Tanzanie : 0.39 ; Burundi : 0.39 ; Ouganda : 0.38 ; Burkina Faso : 0.38 ; Mauritanie : 0.38 ; Éthiopie : 0.38 ; Côte d'Ivoire : 0.38 ; Ruanda ; 0.38 ; Soudan ; 0.38 ; Guinée Conakry : 0.37 ; Rd Congo : 0.37 ; Sierra Leone : 0.36 ; Angola : 0.36 ; Mozambique : 0.36 ; Nigeria : 0.36 ; Liberia : 0.32 : Mali : 0.32 ; Soudan du Sud : 0.31 ; Tchad : 0.30 ; Niger : 0.29.

Éléments du capital humain

Ceci étant, de quoi se compose le capital humain ? Cette interrogation s'impose parce que les économistes ont eu trop tendance à réduire le capital humain à l'éducation. Becker avait donné le ton avec le sous-titre de son ouvrage "Références spéciales à l'éducation". On en est même venu à parler de "capital intellectuel". Le capital humain comprend l'éducation, mais aussi la santé.

Le Pnud a établi un classement mondial de **taux d'alphabétisation** : nombre d'alphabétisés en pour cent de la population âgée de plus de 15 ans, sachant lire, écrire et effectuer des calculs élémentaires.

À l'échelle mondiale, les plus performants sont la Géorgie : 100 et Cuba : 99. 97 ; suivent les anciennes républiques de l'Union soviétique. Ils se situent tous au-dessus de 98.5.

Au bas du tableau se trouvent 7 pays africains : Somalie, Niger, Soudan- Sud, Tchad, Mali, Burkina Faso, Guinée Conakry qui se situent entre 24 et 30. Au-dessus entre 40 et 53 : Sierra Leone, Sénégal, Togo, Bénin, Côte d'Ivoire.

Le haut du tableau est occupé par cinq pays : Guinée-Équatoriale : 95.3 ; Afrique du Sud : 94.3 ; Seychelles : 95.2 ; Maurice : 90.6 ; Libye : 91.

La santé aussi est un élément déterminant du capital humain, même si elle n'a pas été aussi explorée que l'éducation. N'oublions pas la réflexion du poète de la Rome du second siècle Juvénil : *Mens sana in corpore sano* (Un esprit sain dans un corps sain).

Le premier indicateur de santé utilisé est la densité médicale qui est le nombre de médecins pour un nombre donné d'habitants (1000 ou 10 000).

Selon l'Organisation Mondiale de la Santé, en moyenne dans le monde, on dispose de 13 médecins pour 10 000 habitants, avec d'importantes variations entre les pays et les régions. Pour 10 000 habitants, l'Afrique ne compte que 2 médecins, contre 32 en Europe.

Le nombre d'infirmiers, infirmières et sages-femmes pour 1000 personnes est de 3.8 dans le monde, de 2 en Afrique du Nord, de 1 en Afrique au sud du Sahara. Il est de 9.6 dans les pays de l'Ocde.

En avril 2001, en Sommet à Abuja, les chefs d'État des pays membres de l'Union africaine s'engagent à consacrer 15 pour cent de leur budget à la santé. Promesse tenue seulement par l'Éthiopie et le Ruanda. Les dépenses de santé par habitant se situent entre 8 et 129 dollars en Afrique, contre plus de 4000 dollars dans les pays industrialisés. L'augmentation des dépenses de santé doit s'accompagner de leur gestion optimale pour contribuer à la réduction de la pauvreté dans le court terme, car ce sont les populations plus pauvres qui sont les plus démunies en couverture de santé.

L'enseignement à tirer de tout cela est que les pays africains doivent impérativement par l'éducation et la santé investir dans le capital humain où l'Afrique est très déficitaire.

Les dirigeants africains égrènent comme une sorte de mode les discours sur la nécessité de développer le capital humain, de former des scientifiques. Mais ils ne font pas beaucoup pour y parvenir. Les bonnes salles de classe, les bonnes salles d'hôpital ne font pas partie des réalisations d'infrastructures dont ils se targuent. Ce n'est pas avec des hôpitaux mouroirs, des écoles primaires abris provisoires avec des classes à double flux qu'on peut former la jeunesse africaine à la science.

Les autorités africaines n'ont de considération que pour leurs jeunes qui remportent des succès dans les compétitions sportives internationales, leur "rendant les honneurs de la nation" avec des primes substantielles. La jeunesse africaine qui s'active dans l'intellect, dans la recherche sans moyens, ne reçoit que des félicitations.

Souvenons-nous ! Un argument avancé par les idéologues de la colonisation était que l'Afrique est le continent des ténèbres, du non-savoir, de l'ignorance. Les Africains doivent se rebiffer et s'engager résolument dans l'éducation. Comme Cheikh Anta Diop y exhortait la jeunesse africaine :

Armez-vous de science jusqu'aux dents.

La rapidité et la dextérité avec lesquelles les jeunes Africains maîtrisent les nouvelles technologies de communication montrent qu'ils ont une grande proximité avec la science et la technique. Il suffit d'un accompagnement adéquat de la part de leurs dirigeants pour que de consommateurs ils en deviennent des producteurs, des inventeurs.

6.

CULTURE. DIMENSION DU DÉVELOPPEMENT

Marx fait la distinction entre l'infrastructure constituée par les forces productives et la superstructure, la première déterminant la seconde. La culture ne pouvant alors être logée que dans la superstructure serait déterminée et insignifiante ? Son compatriote sociologue Max Weber estimant peut-être que Marx marchait sur la tête vise à le remettre sur ses pieds[100] en publiant *L'éthique protestante et l'esprit du capitalisme* qui met en exergue la superstructure. En se basant sur son approche, on peut estimer que la culture peut être déterminante dans le développement.

Il a été recensé plus de 150 définitions de la culture. La plupart d'entre elles sont réductrices, ne s'en tenant qu'à tels ou tels aspects de la culture. La culture est généralement considérée en opposition avec ce qui relève de la nature, pour désigner ce qui soude un groupe d'individus dans ce qu'ils ont en commun pour le distinguer d'autres groupes.

Pour l'Unesco, la culture est un réservoir commun qui englobe les arts et les lettres, les modes de vie, les droits fondamentaux de l'être humain, les traditions, les croyances, les systèmes de valeurs.

La langue est un élément fondamental de la culture, puisqu'elle en est le véhicule ; c'est par la langue, sur le mode écrit et (ou) oral que se transmet la culture, et c'est par la langue qu'on s'identifie souvent comme appartenant à une culture donnée, pour se différencier des autres.

Les techniques de production et les modes de consommation font aussi partie de la culture. Ainsi, on peut dire que la culture est la carte d'identité d'un peuple, avec ses empreintes digitales.

L'Europe et l'Amérique du Nord, par-delà quelques variétés structurelles, partagent un fonds culturel commun. Ce substrat culturel est resté intact, non altéré par une quelconque souillure extérieure. C'est l'Afrique colonisée qui est surtout interpellée par la dimension culturelle du développement, compte tenu des tentatives d'altération de sa culture.

Ethnocentrisme culturel et aliénation culturelle

Le terme "ethnocentrisme" provient de deux mots grecs : "ethnos" qui signifie "nation" et "kentron" qui signifie "centre". Il a été introduit dans les sciences sociales par le sociologue américain William Graham

[100] C'est Marx qui reprochait au philosophe Hegel de marcher sur la tête en traitant de la dialectique, et se proposait de le remettre sur ses pieds.

Summer qui le considère comme la racine de l'impérialisme qu'il a combattu.

On parle d'ethnocentrisme lorsqu'un groupe se considère comme le centre de tout, le groupe auquel les autres doivent se référer. L'École allemande de philosophie de Frankfort l'a résumé en cette formule : "différentiation inclusive – exclusive". Autrement dit : "Nous" et "Eux". Le titre du livre d'un de ses membres Théodore Adorno *La personnalité autoritaire* en donne une idée[101].

L'ethnocentrisme culturel est l'attitude consistant à valoriser sa propre culture sur celle des autres, pour lui conférer une valeur universelle, pour en faire le centre de référence. L'ethnocentrisme culturel est la négation du relativisme culturel qui reconnaît l'existence d'aires culturelles différentes sur un même pied d'égalité.

L'ethnocentrisme culturel est le terreau de l'aliénation culturelle. L'aliénation (du latin "aliénus" signifiant "autre", "étranger") est le processus par lequel un individu ou un groupe est dépossédé de sa personnalité, de ses valeurs, jusqu'à son esprit, au profit d'un autre individu ou d'un autre groupe. L'individu en perdition peut aussi accepter de s'aliéner lui-même.

Le thème d'absence de culture de civilisation chez les Africains a été utilisé pour justifier la traite négrière et l'oppression coloniale. La culture africaine est alors vue comme une culture bas de gamme réduite à des manifestations folkloriques (musique, danse) qui ne mènent pas au progrès.

La réaction d'affirmation du relativisme culturel a été portée par des Européens (Abbé Grégoire, Victor Schoelcher, Maurice Delafosse, Leo Frobenius, Claude Levi-Strauss ...), des Noirs de la diaspora (Burghart Dubois, Marcus Garvey...).

Des intellectuels africains comme Cheikh Anta Diop, Alioune Diop et certains des premiers dirigeants africains de l'ère postcoloniale (Kwame Nkrumah, Jomo Kenyata, Sékou Touré ...) ont aussi joué leur partition pour dénoncer l'ethnocentrisme culturel.

Cheikh Anta Diop en a fait son combat :

Le but est d'arriver, en se couvrant du manteau de la science, à faire croire au Nègre qu'il n'a jamais été responsable de quoi que ce soit de

[101] *Études sur la personnalité autoritaire* (avec Else Frenkel-Brunswik, Daniel J. Levinson, R. Nevitt-Sanfort), (1950), trad. Hélène Frappat, Allia, 2007.

valable, même pas de ce qui existe chez lui. ... L'usage de l'aliénation culturelle comme arme de domination est vieux comme le monde. Chaque fois qu'un peuple en a conquis un autre, il l'a utilisée. C'est pour les besoins de la colonisation de l'Afrique, « pour lui apporter la civilisation », que l'histoire a été falsifiée... La colonisation politique et économique est indissociable de l'entreprise de colonisation des esprits. Pour justifier la traite négrière et l'oppression coloniale, le thème de l'absence de culture (de l'esprit) chez les Noirs d'Afrique est invoqué[102].

C'est en réaction contre l'ethnocentrisme que le philosophe français Roger Garaudy dira :

L'Occident a confisqué l'universel. À partir de là il s'est cru autorisé à situer et à juger tous « les autres » en fonction de sa propre histoire, de ses fins et de ses valeurs[103].

Un grand nombre de manifestations ont eu lieu dans les années 1950 -60, depuis le mouvement de la Négritude, le lancement de la "Société Africaine de Culture", jusqu'à la Charte de l'Oua qui fixe comme priorités *le développement des langues nationales, la collecte, conservation et diffusion de la tradition orale, l'adaptation des programmes d'enseignement, la recherche scientifique sur la médecine et la pharmacopée africaine.*

La "Charte culturelle" de l'Oua (1976) se fixe comme objectifs :

Libérer les peuples africains des conditions socioculturelles qui entravent leur développement, réhabiliter, restaurer et sauvegarder le patrimoine culturel africain, favoriser la coopération culturelle dans la région, entre la région et le reste du monde.

Valeurs culturelles africaines et développement

La "Conférence intergouvernementale sur les Aspects institutionnels, administratifs et financiers des Politiques culturelles" de Venise (août-septembre 1970) met en exergue de façon claire l'importance de la culture dans le développement. Le ton est lancé. Un Colloque "Culture et Développement" est organisé à Dakar du 2 au 9 octobre 1976. Dans les années 1980, l'Unesco sous la direction de son premier directeur africain Amadou Makhtar Mbow lance le thème *La dimension culturelle du développement.*

---

[102] Cheikh Anta Diop, *Nations nègres er cultures*, 1954, 3° imp. 1979, p. 14.
[103] Roger Garaudy, *Promesses de l'Islam,* 1981, p. 157.

Quel peut être le rapport entre la culture et le développement ?

La culture n'étant ni facteur de production comme le capital et le travail, ni matière première, n'est pas un facteur direct de développement. Mais la culture est l'environnement dans lequel se déploient les facteurs qui président au développement. Elle peut être un catalyseur pour le développement ou un frein au développement. Le développement est ainsi une totalité qui englobe l'économique, le social et le culturel. C'est seulement lorsque le développement est confondu avec la croissance que tout est réduit à l'économie avec le critère du produit intérieur brut.

Au temps colonial, pour écarter les Africains des activités économiques d'une certaine envergure, il était brandi qu'ils n'avaient pas le sens des affaires. Cela découle de leur absence de civilisation, leur culture se réduisant à des manifestations folkloriques comme le chant et la danse. En face de leur point zéro d'absence de culture de civilisation se dressait alors le point de maximum de civilisation de l'Occident qui devait ainsi s'imposer.

Les valeurs culturelles africaines sont consignées dans la tradition orale avec les proverbes et maximes énoncés par de grands penseurs africains de l'ère précoloniale et coloniale. En voici quelques-unes qui militent en faveur du développement, tirées de la tradition wolof du Sénégal[104] et qui sont aussi présentés chez tous les peuples de l'Afrique.

Appel à l'ancrage dans les valeurs africaines :

o – *Quiconque abandonne son encensoir (c'est-à-dire ses valeurs) pour celui d'autrui y trouvera son propriétaire.*

Quête de savoir, de connaissance :

– *C'est en posant des questions (faire de la recherche) qu'on accède au savoir*

– *Le savoir repose sur quatre choses : l'écrire, l'enseigner, en parler, le mettre en application.*

Compétence :

– *Un mal-voyant ne peut pas être un guide de chemin.*

---

[104] Richard Shawyer, *Wisdom of the Wolof Sages. A Collection of Proverbs from Senegal*, 2009.
Assane Sylla (1994) *La philosophie morale des Wolof*, Ifan, Université Dakar.
Mamoussé Diagne (2014), *Le Preux et le Sage*, Paris : Orizons.

– Si une personne persiste dans un travail dont il n'a pas compétence, tout gâchis sera de sa faute.

– Confiez une fonction à la personne qui en a la compétence et non à celle qui est de votre bord.

Effort et travail :

– La personne qui passe la matinée dans son lit (dans sa jeunesse) passera l'après-midi (une fois adulte) à vadrouiller.

– On ne peut gagner que quand on a lutté.

– Invoque Dieu, mais cultive ton champ.

– Pour avoir quelque chose il faut d'abord avec ses doigts essuyer la sueur sur son front.

– C'est après avoir peiné qu'on en recueille les fruits.

– On ne peut manger rien de meilleur que le fruit de son travail.

Persévérance :

o *– Si nombreux que soient les oiseaux mange-mil (quelles que soient les difficultés), que cela ne t'empêche pas de continuer à cultiver.*

Responsabilité :

o *– Si la chèvre chasse le voleur de la maison, le chien doit avoir honte (il faut savoir prendre soi-même ses responsabilités).*

Compter sur soi :

– On peut te donner une épouse, l'amener chez toi, mais le reste n'incombe qu'à toi.

– Avant d'aller demander des braises, cherche d'abord dans le fond de ton fourneau.

L'intelligence existe dans tout individu :

o *– Si l'intelligence était une marchandise à vendre, elle ne trouverait pas d'acquérir.*

Endurance et patience :

o *– Que la soif ne te pousse pas à boire l'eau savonnée du linge.*

Frugalité (entre avarice et prodigalité) :

o *– Ce que l'avare thésaurise, le prodigue le gaspille.*

La culture joue un rôle déterminant dans le développement. L'ancrage dans les valeurs africaines, ce qui n'exclut pas les emprunts culturels positifs, s'exerce à un double niveau sur le développement économique et social : il permet de promouvoir la créativité, l'esprit inventif chez les Africains, tout en évitant le phénomène du mal développement (dont il sera question plus loin), effet secondaire indésirable qui affecte gravement les pays industrialisés. Cet ancrage culturel est l'imperméable qui met l'Africain à l'abri des influences extérieures néfastes qui en font un être étranger et nocif à son pays.

Mais il ne peut être question ici de laisser-faire, laisser–aller. Il faut une politique culturelle systématique qui ne peut être entreprise que par l'État. Le but visé est que l'Africain cesse d'être un consommateur passif de culture, pour s'imposer comme créateur, producteur de valeurs, interlocuteur respecté dans le dialogue des cultures. Il existe un particularisme culturel africain qui se manifeste dans tous les aspects de la vie sociale. Selon l'ethnologue belge Jacques Maquet, ce n'est pas le soleil ou la peau noire qui donne cette impression de communauté de l'Afrique, car dans les quartiers noirs d'Amérique comme Harlem, même dans les journées chaudes de l'été, on ne se sent pas en Afrique[105].

Mais l'unité culturelle de l'Afrique ne se manifeste que dans la diversité. Il existe des **aires culturelles** dans les différentes régions d'Afrique et même à l'intérieur des régions d'un même pays.

Le consommer local, élément de la culture

Les jeunes, qui sont les plus nombreux dans la population en Afrique, sont des cibles sensibles et vulnérables pour l'acculturation - dévalorisation, qui est aux antipodes du nationalisme économique. Pour eux, consommer local, pour l'alimentation comme pour l'habillement, « c'est féodal », c'est « faire vieux jeu », « ne pas être dans le vent », « c'est ringard ».

Le « consommer local » est souvent repoussé avec l'argument fondé ou imaginaire de qualité inférieure. L'Africain en tant que consommateur doit jouer la carte du patriotisme économique, dans son propre intérêt. Encore faut-il qu'il soit informé et conscientisé.

Le problème du "consommer local" se pose aussi en termes de santé et de bien-être. Celui qui est considéré comme le père de la médecine moderne, Hippocrate, faisait cette recommandation : *Que ta nourriture soit ton médicament, et que ton médicament soit ta nourriture* !

---

[105] Jacques Maquet, *Les civilisations noires*, Paris, 1962, primé au Festival des Arts nègres de Dakar en 1966).

Dans son livre *Guérison naturelle par la médecine du Prophète*, l'imam Ibn Qayyim Al Jawziyya relate que le Prophète de l'islam (psl) recommandait le "consommer local", et rapporte ce propos :

Les fruits frais portent l'humidité avec la chaleur du sol et la température de la saison (p. 179).

Sur ce plan, les pays africains bénéficient d'atouts insoupçonnés, comme le montrent les quelques exemples suivants.

Le mil est la céréale qui contient le plus de fer et vient en seconde position derrière le blé pour la teneur en protéines : pour 100 g, le mil contient 6. 8 mg de fer contre 3 mg pour le blé ; il contient 10 g de protéines contre 14 g pour le blé.

En prenant la gamme des fruits vendus dans les marchés africains, locaux et importés, leur classement en termes de teneur en vitamines, sels minéraux et oligo-éléments se présente ainsi : 1er banane ; 2e grenade ; 3e orange ; 4e goyave ; 5e melon ; 6e mangue ; 7e papaye. Le raisin et la pomme, fruits importés, ne viennent qu'en 8e et 10e position dans le classement. La goyave contient 4 fois plus de vitamine C que l'orange, sans compter que les feuilles de l'arbre sont un médicament efficace contre la diarrhée et la dysenterie. La papaye est le fruit qui renferme le plus de magnésium.

L'arachide, par sa richesse en vitamine E et autres éléments comme le zinc est un bon aliment pour le cœur et la prostate. L'huile d'arachide est, comme l'huile d'olive, une huile non saturée et est exempte de cholestérol (le mauvais cholestérol provient de graisses d'origine animale et non des graisses d'origine végétale). L'huile d'arachide est une huile sûre, ceci contrairement à une opinion répandue, partie uniquement de rumeurs sans fondement scientifique.

Le sucre extrait de la canne qui pousse à l'air libre sous les rayons solaires, est selon les spécialistes, très supérieur au sucre extrait de la betterave qui pousse sous le sol.

C'est dans l'oignon rouge, celui cultivé dans les pays africains, que se trouve la plus grande concentration de quercétine, substance reconnue pour son pouvoir anti-allergène et anti-oxydant. La quercétine vendue dans les pharmacies dans les pays du Nord est fabriquée avec la pelure d'oignon rouge.

Voici ce qu'une étude récente dit de la "pulpe de fruit de baobab" (le "pain de singe" selon l'appellation coloniale) : un taux particulièrement élevé de vitamine C, riche en anti-oxydants, en fibres, en calcium et en fer. Sa capacité anti- oxydante est dix fois supérieure à celle de la pulpe d'orange, grâce à l'abondance d'acide ascorbique, citrique et succinique (*Process alimentaire*, 30/11/2008). Ce produit africain est de plus en plus exporté dans les pays du Nord.

Il est scientifiquement établi que les poissons gras, par leur huile exempte de cholestérol ont une action efficace sur le système cardio-vasculaire. Cette huile extraite et mise en capsule est vendue dans les pharmacies aux États-Unis. Or, les côtes africaines abondent de poissons gras comme la sardinelle, le thon, qui de surcroît sont à la portée des petites bourses.

Des intellectuels africains ont été détournés de la consommation de l'huile de palme rouge, pour avoir lu quelque part qu'elle est remplie de graisses saturées causes de maladies cardiovasculaires. D'abord **l'huile de palme rouge alimentaire est à distinguer de l'huile palmiste de couleur beige ou blanche à usage industriel et cosmétique**. Ensuite des recherches ultérieures ont montré que sa teneur en graisses saturées était inférieure à celle de produits largement consommés comme le beurre et le fromage, pourtant non incriminés. Ce qui a amené à parler du "paradoxe français". Les Français grands consommateurs de graisses saturées avec le beurre, le fromage, la charcuterie sont beaucoup moins atteints de maladies cardiovasculaires que les autres Européens et les Américains.

En Afrique, l'huile de palme est utilisée dans la cuisine de certains mets. Elle est plus résistante aux températures élevées (entre 175 et 180 degrés Celsius) avec le plus faible taux d'oxydation, de polymérisation et d'hydrogénation, comparée aux autres huiles de friture. Cette information est de l'agronome français Jean-Charles Jacquemard présenté comme spécialiste du palmier à huile, ayant travaillé longtemps sur le terrain en Afrique et en Asie, auteur du livre *Le palmier à huile*. Il ajoute que l'huile de palme est tout à fait satisfaisante sur le plan nutritionnel. ... Le raffinage doux affecte peu ses qualités et l'huile de palme raffinée renferme des proportions satisfaisantes de tocophérols et de tocotriénols (p. 219). D'autres recherches sont venues confirmer que l'huile de palme rouge est très riche en antioxydants (contre le cancer) comme le bêta-carotène (vitamine **A**) et les tocophérols et tocotriénols qui sont des formes supérieures de vitamine **E.**

Les eaux minérales en bouteilles extraites dans les pays africains ont un dosage en sels minéraux (calcium, magnésium, sodium...) bien plus équilibré que les eaux importées, dont la plupart présentent soit un déficit soit un excèdent de tel ou tel élément.

Le riz local qui a une faible teneur en amidon (véhicule de sucre), est plus approprié contre le diabète. Cela tient à sa fraicheur, passant du producteur au consommateur dans un temps très court. À la différence du riz importé d'Asie qui reste immobilisé des mois dans les containeurs des ports en attente d'embarquement, se chargeant ainsi d'amidon du fait de processus physico-chimiques.

Ces propos ne procèdent d'aucun subjectivisme. Il s'agit d'informations objectives provenant de chercheurs américains et européens dont les travaux sont publiés sous forme de livres et de documents, dont certains disponibles sur Internet. Seulement en Afrique, la recherche sur la nutrition – santé n'est pas encore vraiment installée, et le sujet occupe une place plus que marginale dans les programmes de formation des étudiants en médecine.

Il est utile de préciser que la nutrition n'est pas une exclusivité du corps médical. Elle est une discipline carrefour englobant la médecine, la biochimie, l'agronomie, mais aussi des sciences sociales comme l'économie et l'anthropologie.

Il ne fait aucun doute que tous les pays africains bénéficient d'atouts naturels spécifiques à leur environnement écologique.

Quant à la pharmacopée africaine, elle a montré son efficacité. En l'absence de plantes africaines à vertu prophylactique et curative, un phénomène de l'histoire comme l'esclavage n'aurait pas pu avoir lieu, car les négriers n'auraient trouvé que des êtres faméliques sans intérêt, incapables d'embarquer dans des bateaux. Lorsque les colons sont venus en Afrique ils y ont trouvé des hommes et des femmes en bonne santé qui n'avaient jamais connu ni médicament chimique, ni hôpital. Ce sont des ouvriers africains bien portants, n'ayant connu que les plantes locales, qui ont construit les premiers hôpitaux en Afrique. Ce qui ne disqualifie pas du tout la médecine occidentale qui est très complémentaire avec la pharmacopée africaine.

Le patriotisme économique ne signifie pas autarcie, repli total sur soi, avec la volonté de tout faire. Mais l'emprunt culturel doit être distingué du mimétisme culturel.

7.

DIMENSION SPIRITUELLE DU DÉVELOPPEMENT

Max Weber a introduit la religion dans la réflexion sur le développement avec son classico *L'Ethique protestante et l'esprit du capitalisme*. Il est suivi en cela par son compatriote et collègue Werner Sombart avec ses publications *Les juifs et le capitalisme moderne* (1911), *Le bourgeois. Contribution à l'histoire morale et intellectuelle de l'homme économique moderne* (1913).

C'est ainsi que naît la **sociologie religieuse** qui va chercher à débusquer les motivations profondes du comportement des humains dans la société. Leur trouvaille est qu'il existe des religions qui ont une culture de développement, de progrès, parce que dotées d'un potentiel de transformation sur la société. Selon Max Weber c'est le cas du Protestantisme qui invite à l'effort, au travail et à l'épargne.

Pourtant Max Weber ne renvoie pas le lecteur à la Bible[106], pour y trouver des sources de l'éthique protestante à l'origine de comportements économiques favorables au développement.

C'est en s'appuyant sur Max Weber qu'un membre du patronat français, Octave Gélinier soutient dans son livre *Morale de l'entreprise et destin de la nation* (1966) que dans le monde développé, les moins développés sont les pays latins restés sous l'emprise du Catholicisme (France, Italie, Espagne, Portugal), et que les plus développés sont les pays où avait triomphé la Réforme protestante (Amérique du Nord, Europe du Nord).

Mais l'impact du Protestantisme (Weber, Gélinier) et du Judaïsme (Sombart) sur le développement n'a-t-il pas été exagéré ? Des pays de tradition catholique comme la France et l'Italie ne leur sont tout de même pas redevables de leur développement, même s'il s'avère qu'ils ont été un peu moins performants. Après la Réforme, le Protestantisme qui a triomphé en Écosse ne s'est pas accompagné aussitôt de développement du capitalisme. Alors que la Florence catholique était, comme l'écrit Max Weber lui-même, *le plus grand centre du capitalisme*.

---

[106] Max Weber ne fait qu'une seule référence à la Bible, ceci dans la seconde édition, et en note de bas de page, p. 50. Alors que le Protestantisme commande de ne se référer qu'à la Bible.

La thèse wébérienne a aussi été bousculée par les "miracles économiques" observés au vingtième siècle dans des pays d'Asie comme le Japon, Hong Kong, Singapour, Corée. Leur succès ne pouvant être mis au crédit du Protestantisme et du Judaïsme, il a fallu explorer d'autres pistes, ce qui a motivé l'intérêt pour les "valeurs asiatiques."

C'est encore Max Weber qui, dans une contribution ultérieure *Sociologie de la religion,* soutient que le potentiel de transformation qui conduit au développement fait défaut à l'islam qui est véhicule d'obscurantisme, de fermeture au progrès et à la science, qui fait la promotion de la magie en lieu et place du rationalisme, qui en plus freine le développement du capitalisme avec l'interdiction des jeux d'argent.

C'est dans cette brèche que s'engouffre un groupe d'économistes français [107]pour soutenir que l'islam est un frein au développement lors d'un Symposium international sur "Histoire de la Civilisation Musulmane" tenu à Bordeaux en juin 1956. Ils ciblent les commandements islamiques comme la prière et le jeûne qui absorbent l'énergie des musulmans, l'aumône légale (zakat) qui bloque l'épargne, les interdits islamiques comme le taux d'intérêt et les intoxicants incompatibles avec le progrès. Ils imputent à l'islam le fatalisme qui inhibe l'esprit d'initiative, la créativité.

La première insuffisance de ces économistes est qu'ils n'ont pas étudié l'islam. Cela est visible à la lecture de leurs textes. Un discours différent sur l'islam en rapport avec le développement sera tenu par d'autres universitaires français, eux des islamologues[108]. L'un d'eux, Maxime Rodinson ironise non sans raison, sur *le jeune économiste Jacques Austruy qui s'est aventuré avec témérité sur la terra incognita de l'islamologie et y a consacré des articles et des livres péremptoires.*

---

[107] G. Bousquet, "Classicisme et Déclin Culturel dans l'islam, *Symposium international d'Histoire de la Civilisation musulmane*", Bordeaux, 25-29 juin, 1956.
Gendarme René, (1959), 'La résistance des facteurs socio-culturels au développement économique : l'exemple de l'Algérie', *Revue économique*, 1959, Paris, mars, pp. 220-236.
Ritter H. (1956), '*L'Orthodoxie a-t-elle eu une part dans la décadence* ? 1956.
Jacques Austruy, 'Vocation économique de l'Islam', *Cahiers de l'Institut de Science économique Appliquée*, 1960, Paris, série V, 2 : 149-211.

[108] Rodinson Maxime (1966), *Islam et capitalisme*, Paris : Ed du Seuil.
– (1980), 'Islam, facteur de conservatisme ou de progrès' ? *Pouvoirs, Revue française d'études constitutionnelles et politiques*, Décembre pp. 27-32.
Monteil V. (1961), 'Islam et Développement au Sénégal,' *Cahiers Institut de Science Economique Appliquée*, suppl : n° 120, décembre, série V, n° 3 : 67-97.
Montet, Édouard (1911), *De l'état présent et de l'avenir de l'Islam. Six conférences faites au Collège de France en 1910*, Paris : Librairie Paul Geuthner.

J'ai publié en 2007 un ouvrage *Islam et développement. Économie politique de la Charia* qui bat en brèche tous les clichés que ces universitaires français avaient présentés à Bordeaux comme arguments pour soutenir que l'islam freine le développement. Les prières musulmanes ont lieu en dehors des heures de travail. Le jeûne qui ne dure qu'une douzaine d'heures durant un seul mois de l'année est présenté par des éminences du corps médical comme un moment de détoxification de l'organisme, le rendant plus alerte. La zakat, par-delà sa portée humaine et sociale est, comme dans une optique keynésienne, un instrument de redistribution des revenus qui stimule l'investissement par la consommation. Le taux d'intérêt a toujours été au cœur des crises financières, au point que les plus grandes banques pratiquent maintenant des taux d'intérêt zéro ou même négatifs. Les parieurs intempestifs des casinos, les intoxiqués par l'alcool et autres stupéfiants ne sont certainement pas les meilleurs agents du développement dans un pays. Ces économistes français savent-t-ils qu'à Monaco, les citoyens, les Monégasques, sont interdits de casinos par les autorités ? Pourtant ce ne sont pas les casinos qui manquent dans cette localité.

Si des pays de tradition musulmane sont dans la zone du non-développement, il faudrait en chercher les causes ailleurs que dans l'islam.

Le succès économique des pays asiatiques a suscité l'intérêt pour l'étude de la morale bouddhiste. On découvre qu'elle repose sur un certain nombre d'interdits : destruction de la vie (des autres et de soi-même) ; vol ; méconduite sexuelle ; mensonge ; désir excessif de richesse et de pouvoir ; colère et haine ; ignorance ; crainte et anxiété ; alcool et drogues ; perte de temps dans des occupations frivoles ; jeux d'argent ; mauvaise compagnie ; paresse. Elle enseigne aussi des qualités comme la générosité, la patience et la tolérance, la quête de connaissances.

Pour le Premier Ministre de Malaisie, **Mahathir bin Muhammad**, économiste de formation, la relation de cause à effet entre les *valeurs asiatiques* et le développement est incontestable.

Ces valeurs dites asiatiques se retrouvent toutes dans l'islam. Certaines sont aussi présentes dans le Christianisme et dans le Judaïsme. Aucune religion n'est un frein au développement. La prise en compte de la religion a le mérite de montrer que le développement doit aussi avoir une dimension spirituelle. Pour ne pas sombrer, comme nous le verrons, dans le mal-développement. Et lorsqu'on dit que la foi peut déplacer des montagnes, ce n'est pas un slogan.

8.

CONTRAINTES MAJEURES DE L'INDUSTRIALISATION EN AFRIQUE

L'industrialisation de l'Afrique n'est pas un chemin sans obstacles, mais qui ne sont pas insurmontables. Deux questions (Qui ? et Comment ?) se posent ici : les acteurs et les moyens.

8.1 En quête de capitaines d'industrie

Selon le magazine américain *Forbes* (du nom de son fondateur Bertie Charles Forbes en 1917), l'Afrique compte actuellement une vingtaine de milliardaires constitués pour l'essentiel par des Nigérians, des Sud-Africains, des Égyptiens.

Celui qui est considéré comme l'Africain le plus riche est le Nigérian Aliko Dangote (1957-) avec une fortune de plus de 25 milliards de dollars. Parti comme vendeur de ciment, il est devenu un grand producteur de ciment avec des usines dans beaucoup de pays. Ses activités sont variées : ciment, agroalimentaire (pâtes, sel, farine, semoule), énergie, mines, pétrochimie, engrais, transport, immobilier dans 14 pays africains, au Brésil et en Indonésie.

Dangote est présent depuis quelques années au Sénégal pour produire du ciment, mais ce pays abrite une cimenterie depuis l'époque coloniale. Par conséquent rien de nouveau, à part la création de quelques emplois, avec des revendications régulières et cris à l'injustice de la part de ses employés.

D'autres milliardaires africains s'activent dans ces secteurs : mines, immobilier, banque commerciale, pétrole, distribution exclusive de produits cosmétiques (L'Oréal), fabrication de médicaments génériques.

À défaut de pouvoir les recenser tous, on peut en citer quelques-uns.

Au Sénégal lorsqu'on parle de capitaine d'industrie, le premier à qui l'on pense est Ahmed Amar décédé en 2019 à l'âge de 65 ans. Parti vraiment de rien il se lance dans les affaires avec une fabrique d'aliments pour bétail. La prospérité de son entreprise l'amène à accomplir un exploit de taille : acquérir la minoterie "Moulins Sentenac" l'une des deux minoteries coloniales françaises, l'autre étant "Grands Moulins de Dakar" (filiale de "Grands Moulins de Paris"). Sa "Nouvelle Minoterie Africaine" fabrique de la farine panifiable et des pâtes alimentaires venant concurrencer sur les rayons des supermarchés les mêmes produits importés de France et d'Italie. Amar a été aussi initiateur et président du Syndicat des Professionnels de l'Industrie du Sénégal.

En Côte d'Ivoire, Axel-Emmanuel Gbaou à 34 ans s'investit dans la transformation du cacao pour fabriquer du chocolat de façon très artisanale. Les fèves de cacao sont triées et torréfiées par des femmes qu'il emploie pour fabriquer jusqu'à 1000 tablettes et 2000 pralinés par jour, avec des prix de vente inférieurs à ceux des mêmes produits importés. Il ne lui manque pour l'instant que les financements nécessaires pour se lancer dans la grande production mécanisée et se faire une place sur les marchés extérieurs.

En Tanzanie, Muhammad Dewji (né en 1975), présente un profil différent. Après des études de Gestion d'entreprise à Georgetown University aux États-Unis il reprend une activité commerciale de son père "MeTL Group" pour en faire un grand conglomérat. Il investit dans différents créneaux : manufacture avec fabrication du sisal (à partir de la plante) et minoterie, agriculture, boissons non alcoolisées,.. Présent dans une dizaine de pays, il emploie près de 30 000 personnes. Muhammad Dewji est cité par le magazine Forbes au 17e rang des personnes les plus riches en Afrique.

On voit ainsi qu'aucun de ces fortunés africains n'est présent dans des secteurs de révolution industrielle, porteurs de développement. Ce sont des milliardaires, mais pas encore de grands capitaines d'industrie. Ils ne s'impliquent même pas dans des industries relativement rudimentaires de production de biens adaptés au contexte africain : bicyclette, motocyclette, ventilateur, climatiseur, électroménager…

Il est ahurissant d'entendre un milliardaire africain déclarer imperturbablement investir en Europe, en Chine, en Corée… Et il ne doit peut-être pas être le seul.

En Afrique, c'est le secteur bancaire qui a commencé à attirer certains opérateurs économiques. Par la suite quelques téméraires n'ont pas hésité à pénétrer dans le secteur industriel avec de petites activités de transformation. En fait, c'est comme cela qu'ont débuté tous les grands capitaines d'industrie d'Amérique, d'Asie et d'Europe.

Il existe à n'en pas douter en Afrique d'autres "start up" capitaines d'industrie potentiels. Dans la situation actuelle de mondialisation toute différente de celle du 19e siècle en Amérique et en Europe, il leur faut un bon coup de pouce de la part de leurs États pour se hisser d'abord au niveau africain puis à l'extérieur. Que leurs gouvernements commencent par leur confier les commandes publiques ! Pour qu'ils grandissent et passent de la proto-industrie à la grande industrie dont le développement économique de l'Afrique a besoin.

8.2 Le lancinant problème du financement

En dehors de ces milliardaires non capitaines d'industrie, il existe en Afrique, comme partout, des personnes entreprenantes, ayant le sens des affaires, peut-être prêtes à s'investir dans l'industrie, mais qui manquent de moyens financiers. Pourtant ce ne sont pas les établissements financiers qui font défaut sur le continent.

L'Afrique compte des banques commerciales d'origine coloniale. Mais celles-ci, surtout celles de la zone franc, sous prétexte d'assurer la stabilité, de lutter contre l'inflation, octroient des crédits au compte-gouttes, répugnant à s'engager dans des projets industriels d'envergure. Un type de financement qui ne favorise pas l'éclosion de capitaines d'industrie.

Des établissements financiers de l'Union européenne sont présents en Afrique. Le continent compte aussi une banque régionale, la Banque africaine de Développement (**Baf-d**), des banques sous-régionales comme la “Banque Ouest-africaine de Développement”, la “Banque de Développement de l'Afrique Centrale”, des banques dites panafricaines comme “Bank of Africa” et “Ecobank”. Du côté des pays arabes, à la suite de la flambée des cours du pétrole en 1973, sont créés le “Fonds arabe spécial pour l'Afrique” et la ‘‘Banque arabe pour le développement en Afrique’’.

Mais beaucoup de ces structures bancaires ont les mêmes pratiques. Un rapport de la **Baf-d** a révélé que 22 pour cent seulement des entreprises africaines bénéficient de prêts bancaires, alors qu'au plan mondial, 48 pour cent des entreprises sont financées par des banques. Les banques qui en Afrique prétendent être au service du développement financent presque et toujours les mêmes projets : infrastructures (routes, trains de banlieue, aéroports…), énergie, eau, immobiliers, transport, agriculture, pêche, élevage, technologies d'information et de communication… Une proportion de 70 pour cent des interventions de la **Baf-d** est consacrée aux infrastructures. Des projets dont personne ne peut contester la pertinence, l'utilité.

Mais le secteur industriel manufacturier est terriblement négligé. La Baf-d par exemple qui travaille principalement avec les États, a un volet de financement d'entreprises privées, sans précision du secteur d'activité. Les conditions requises, une trentaine, sont trop contraignantes à l'adresse d'opérateurs économiques africains dont beaucoup ne sont pas familiarisés avec les langues indo-européennes. À la **Baf-d** il existe un département “Secteur privé, Infrastructures et Industrialisation”. Comme si l’industrialisation en Afrique devrait être du ressort exclusif d’un secteur privé peu consistant, les États n’y ayant rien à faire. Il est vrai que la **Baf-d** depuis sa pénétration par les grandes puissances économiques n’est plus tout à fait la banque africaine de ses débuts. Mondialisation oblige !

Les États africains devraient s’engager davantage dans les banques régionales comme Bank of Africa, Ecobank.

Bank of Africa est créée en 1982 au Mali avec des capitaux privés africains, pour s’étendre au Bénin et à un grand nombre de pays d’Afrique. La Banque marocaine du Commerce extérieur détient 35 pour cent du capital. Le groupe finance des projets privés et des projets publics, tout en restant indépendant des grands groupes financiers occidentaux.

Ecobank est fondée en 1985 au Togo par deux Africains (Gervais Koffi Djondo du Togo et Adeyemi Lawson du Nigeria). Depuis 2014 Qatar National Bank est actionnaire principal du groupe présent dans plus de 30 pays d’Afrique. “Public Investment Corporation” d’Afrique du Sud figure aussi parmi les gros actionnaires. Ecobank est actuellement la deuxième plus grande banque d’Afrique, derrière la banque sud-africaine Standard Bank.

Quid de la finance islamique ?

Les banques islamiques ont commencé à se développer dans les années 1960 avec un essor remarquable depuis 1990, et particulièrement à la suite de la crise financière de 2008 due à une spéculation effrénée. Ce que les garde-fous imposés par la Charia à la finance islamique ont permis d’éviter : l’interdiction du taux d’intérêt, ce à quoi s’ajoute l’interdiction de financer des activités illicites comme les stupéfiants et les jeux d’argent (casinos). La finance islamique est actuellement en cours dans les pays à prédominance de population musulmane, mais aussi de plus en plus dans des pays occidentaux comme le Royaume-Uni.

Les autorités du financement islamique ont au cours de ces dernières années lancé la formule du *sukuk*, un peu à l’image de l’obligation valeur mobilière du financement occidental classique. Le *sukuk* est un certificat d’investissement destiné à financer un projet. Le souscripteur (personne physique ou morale, musulmane ou non) perçoit un bénéfice si le projet est rentable et encourt une perte dans le cas contraire. Ici le bénéfice va avec le risque.

Les produits financiers du *sukuk* sont perçus comme pouvant être une manne de financement pour des projets de développement sans avoir recours aux fonds des banques. Selon le président de la Banque islamique de développement (Arabie Saoudite), les produits financiers islamiques interviennent dans l'agriculture, les infrastructures (ports, aéroports...), l'énergie, la santé et les science-technologie-innovation. Ils peuvent être aussi des *sukuk verts* dans les objectifs de développement durable : projets d'énergies renouvelables, de transport respectueux de l'environnement, d'efficience énergétique, de lutte contre la pollution, de la gestion durable des ressources naturelles, d'aménagement des sols, de la gestion durable des eaux et de l'assainissement.

Le secteur manquant dans cette énumération de projets visés par les *sukuk* est l'industrie manufacturière. Ce qui fait froid dans le dos, c'est de voir les Agences de notation financière qui ne sont vraiment pas des promoteurs du développement s'en mêler pour octroyer aux *sukuk verts* la note maximum AAA. Le financement islamique fonctionne à bien des égards comme les banques régionales de développement dont la **Baf-d** où la participation non-africaine est de plus en plus importante.

Les produits financiers islamiques sont encore à l'état de projet pour le développement de l'Afrique. Autrement dit, de quelque côté qu'on se tourne, ce sont toujours les pays occidentaux qui dictent leur loi, en ignorance totale de l'industrie manufacturière qui a fait leur développement et qu'ils refusent à l'Afrique réduite à n'être qu'un marché et un pourvoyeur de matières premières.

Et la microfinance ?

Tout débute en 1976 au Bengladesh où l'économiste Muhammad Yunus crée l'institution financière "Grameen Bank" pour octroyer de petites sommes (10 dollars en moyenne) à des femmes pauvres qui n'ont pas accès aux banques classiques, pour financer de petites activités commerciales.

L'opération est tout de suite perçue comme l'arme idéale pour lutter contre la pauvreté, voire promouvoir le développement. Yunus est alors gratifié du Prix Nobel de la Paix *pour son action dans le développement durable*. Il ne pouvait recevoir meilleure publicité. C'est alors l'euphorie chez les "experts du développement" : il faut créer dans les pays du tiers monde des institutions de microfinance. Ce qui se fait dans beaucoup de pays d'Asie, avant de s'étendre à quelques pays africains.

Après une quarantaine d'années d'existence force est de reconnaître que la microfinance n'a eu aucun impact dans ces pays, en termes de réduction de la pauvreté, de création d'emplois, et encore moins dans la promotion du développement. Surtout que les bénéficiaires de ces crédits ont eu à faire face à des taux d'intérêt élevés, alors qu'au départ l'intention était de pratiquer des taux d'intérêt zéro, comme recommandé par l'islam. La montagne n'a accouché que d'un moustique.

Le développement passe par la transformation des structures, ce que ne peuvent faire de petites opérations du secteur informel. Les sommes qui y ont été investies pour créer des banques de microcrédit auraient pu être employées dans des secteurs productifs en mesure de transformer les économies.

Ce sont les États qui, dans un premier temps devraient donner le ton avec les budgets nationaux débarrassés de leurs postes inutiles, pour démarrer des projets industriels et agricoles de développement, quitte à ce que des opérateurs économiques privés prennent le relais par la suite.

8.3 Le casse-tête de l'intégration des économies africaines

Un des méfaits de la colonisation en Afrique a été la balkanisation[109], c'est-à-dire le dépeçage du continent dans sa partie au sud du Sahara en de petites entités territoriales que se partagent les puissances européennes à la Conférence de Berlin en 1885. C'est sur cette base qu'ont été constitués les États après 1960. La balkanisation a été poursuivie avec les sécessions de l'Érythrée et du Soudan du Sud encouragées par les pays occidentaux.

Si bien que l'Afrique au sud du Sahara est la région du monde qui compte le plus grand nombre d'États par rapport à la population : 49 États pour une population de 1 163 484 000 habitants (chiffres de 2020). L'Asie par exemple compte le même nombre d'États pour une population 4 fois plus importante. Seuls deux États, le Nigeria et l'Éthiopie ont une population de plus de 100 millions d'habitants et une vingtaine d'États africains comptent une population de moins de 5 millions d'habitants. Ce qui pose le problème de l'intégration des économies africaines.

[109] Le terme balkanisation est utilisé pour faire référence à la situation survenue dans la région des Balkans en Europe où l'ancien et immense empire ottoman a été démantelé après la Seconde Guerre mondiale en de petits États : Yougoslavie, Bulgarie, Romanie, Grèce, Albanie…

Dans toute bonne étude de prospective sur le développement en Afrique, l'intégration économique figure en bonne place dans le scénario optimiste. C'est parce que les investissements d'envergure nécessaires ne peuvent être entrepris dans le cadre d'un seul pays, car les marchés nationaux trop exigus ne permettent pas d'être des débouchés appropriés.

Les pays africains sont engagés depuis plus d'un demi-siècle dans des expériences d'intégration économique sous-régionale. Mais les communautés économiques mises en place n'ont pas jusqu'ici répondu aux attentes. Elles ont englouti des financements énormes, sans résultats appréciables, parce que conçues sur le modèle européen d'intégration des marchés (Communauté économique européenne puis Union européenne).

L'alternative est une intégration de la production réduite, c'est-à-dire une intégration par projets selon trois filières :

– spécialisations par produits et pays selon une répartition équitable des industries, avec comme débouché le marché communautaire ;
– coproduction entre un groupe de pays sur certains produits, avec comme débouché le marché communautaire ;

– industries à vocation nationale pour le marché local.

Dans chacun de ces cas, les opérateurs devront être le secteur privé et les États en concertation. L'industrialisation de développement de l'Afrique ne peut être menée en dehors de cette perspective.

Dans la seconde moitié du 19e siècle, des pays comme l'Allemagne et l'Italie ont commencé par réaliser leur union nationale à partir de zones régionales auparavant autonomes pour promouvoir leur révolution industrielle.

C'est au tout début de l'ère postcoloniale que Cheikh Anta Diop propose une esquisse de Plan de développement industriel pour l'Afrique dans son ouvrage *Les fondements économiques et culturels d'un État fédéral d'Afrique noire*. Il trace des politiques sectorielles de développement devant avoir pour cadre des régions naturelles au nombre de huit, spécialisées chacune dans des activités particulières et complémentaires, selon leurs dotations naturelles en ressources[110].

Le schéma ainsi proposé par Cheikh Anta Diop se révèle comme un véritable programme d'intégration de la production par voie de

---

[110] Voir Makhtar Diouf, *Économie politique de l'intégration économique. Espace Afrique*, Harmattan, 2021.

spécialisations sous-régionales. Mais il a été royalement ignoré par les dirigeants africains qui n'ont d'écoute que pour l'extérieur.

Le projet “Zone de libre-échange continentale africaine” (Zleca) proposé depuis quelque temps n'est pas une initiative africaine. Il ne fait que reconduire le modèle d'intégration des marchés qui depuis plus d'un demi-siècle bloque l'intégration des économies africaines. S'il se réalisait, ce qui est peu probable, il ne bénéficierait qu'aux firmes transnationales qui n'auraient à négocier qu'avec une seule entité pour disposer de l'ensemble du marché africain.

Les communautés économiques africaines chargées de promouvoir l'intégration économique n'ont été jusqu'à présent que des gouffres financiers sans résultat. Elles sont maintenant financées non par des cotisations qui tardaient à venir, mais par des prélèvements automatiques sur les recettes d'exportation des États. Ce qui les rend sur-liquides et disposées aux gaspillages de toutes sortes (gros salaires, voyages, mise en place de structures inutiles…). À l'image des États membres.

Le poste de Secrétaire général ou exécutif de l'organisation est occupé par rotation entre les Etas membres. Il échoit le plus souvent à un ancien Premier ministre qui non familiarisé avec les problèmes de l'intégration économique le conçoit simplement comme un poste administratif bien rémunéré.

Au lieu d'être des vecteurs de développement, ces communautés économiques sont des freins au développement.

9.

QUID DES SECTEURS ÉCONOMIQUES NON-INDUSTRIELS ?

Les secteurs économiques non-industriels sont, à la suite de la nomenclature proposée par Colin Clark, le secteur primaire et le secteur tertiaire. L'industrie manufacturière englobe le secteur secondaire.

Dans le secteur primaire se trouvent l'agriculture, l'élevage, et la pêche constituant les zones rurales, mais aussi les mines dont il n'est pas question ici. Le secteur tertiaire sera réduit dans ce texte au tourisme.

Le terme "zone rurale" proposé par l'Organisation Internationale du Travail me paraît plus convenable que le terme "Économie rurale" sujet à controverses dans sa définition comme dans sa délimitation. La zone rurale est caractérisée par un degré plus avancé de dénuement (pauvreté, absence de couverture sociale). Elle concerne surtout la partie de la population qui s'active dans l'agriculture, l'élevage et la pêche.

9.1 Agriculture

Oser aller au-delà des idées reçues pour une véritable révolution agricole

Révolution agricole

Le terme *révolution agricole* est utilisé par les économistes et les historiens. Bien avant la révolution industrielle, les pratiques agricoles ont connu des mutations comme la rotation des cultures, la jachère pour reposer les sols et les rendre plus fertiles, l'utilisation de charrues en fer fabriquées par des forgerons pour défricher les terres…

La véritable révolution agricole est intervenue avec le recours à l'industrie en amont sur une grande échelle : utilisation de charrues motorisées, de semoirs mécaniques, de machines à décortiquer, de machines batteuses, d'engrais chimiques et pesticides fabriqués en usines. Ces pratiques de substitution de la machine au travail à la main ont permis d'accroître la production agricole pour nourrir les populations. L'augmentation de la productivité agricole a ainsi libéré une main-d'œuvre devenue excédentaire des campagnes qui a migré vers les villes pour être employée dans les entreprises industrielles. Ce qui a fait dire à certains que c'est plutôt l'agriculture qui a été au service de l'industrie, que **c'est la révolution agricole qui a permis la révolution industrielle**.

Certains historiens soutiennent que ces pratiques de révolution agricole sont nées en Angleterre entre le 17e et le 19e siècle. D'autres en trouvent l'origine en Chine il y a plus de 12 000 ans. Toujours est-il que ces pratiques agricoles font maintenant partie du patrimoine de l'humanité.

Révolution verte

L'agriculture subit de profondes mutations dans certains pays du tiers monde dans les années 1960 et 1970 avec ce qui a été appelé **révolution verte**. Au départ, c'est un agronome américain Norman E. Borlaug (1914-2009) qui met au point une variété de semence de blé à haut rendement, ce qui lui valut le Prix Nobel de la Paix en 1970, comme *l'homme qui a sauvé le plus de vies de l'histoire de l'humanité*. La révolution verte consiste en trois points : introduire des semences à haut rendement ; utilisation à grande échelle d'engrais et de pesticides ; recours à l'irrigation.

La fondation Rockefeller et la Fondation Ford se mettent ensemble pour financer la mise en œuvre de la révolution verte. Des centres de recherche agricole sont alors créés autour de "produits phares" : blé, maïs, et riz. La première expérience a lieu au Mexique avec des résultats notoires faisant passer le pays d'importateur de blé à exportateur de blé.

En 1971, la Banque mondiale crée le "Groupe Consultatif pour la Recherche Agricole Internationale" (siège Montpellier en France) en collaboration avec la Fao ("Organisation des Nations Unies pour l'Alimentation et l'Agriculture"), le Pnud et le "Fonds International de Développement Agricole" qui sera créé en 1977 à Rome.

Le Groupe va coordonner une quinzaine de centres de recherche, le premier étant Icrisat ("Institut international de recherche sur les cultures des zones tropicales semi-arides") créé en 1971. Le siège est à Hydarabad en Inde, avec des bureaux régionaux dans des pays africains.

Les actions sont menées au niveau de l'agriculture familiale pour combattre la pauvreté, promouvoir la sécurité alimentaire. Icrisat oriente ses recherches surtout sur l'arachide, le mil, le sorgho, le pois chiche. Certains des autres centres de recherche sont aussi focalisés sur un domaine précis : le riz au Centre Africain du Riz à Cotonou au Bénin[111] ; le bétail à l'Institut de Recherche en Éthiopie ; l'agro-

[111] En 1971 est créée Adrao (Association pour le Développement de la Riziculture en Afrique de l'Ouest avec 11 pays membres. Le siège logé à Monrovia (Liberia) est transféré par la suite pour des raisons de sécurité à Bouaké (Côte d'Ivoire). À la suite des troubles survenus dans ce pays en 2011, le siège est transféré à Cotonou et

foresterie au Kenya ; le poisson au Centre mondial de Malaisie ; la pomme de terre au Centre de Lima au Pérou.

On est en droit de s'interroger sur les raisons qui ont poussé les États-Unis à s'impliquer dans ces projets. En pleine guerre froide, les États-Unis ne tiennent pas à ce que ces pays du tiers monde sombrent dans des difficultés d'ordre alimentaire qui pourraient les pousser dans le giron du bloc communiste. Une variante de Plan Marshall en quelque sorte. C'est peut-être pour cela que la révolution verte a très peu concerné l'Afrique qui à cet égard n'était pas dans une position stratégique. Les États-Unis sont aussi soucieux de freiner l'émigration latino-américaine, surtout mexicaine, de populations affamées. Les motivations économiques ne sont pas absentes car les semences, engrais et produits phytosanitaires de la révolution verte sont une aubaine pour les industries agro-pharmaceutiques américaines.

Cela dit, ces organisations peuvent être vues comme des structures d'assistance humanitaire dont personne ne peut mettre en cause l'utilité. Mais elles opèrent avec une démarche ponctuelle, dans le statu quo. Elles n'innovent pas. Elles ne font qu'améliorer la routine. Elles intensifient les cultures mais ne cherchent pas à les diversifier. Elles ne cherchent pas à bouleverser les structures. Ce sont les cultures existantes (arachide, mil, sorgho…) qu'il faut assister. Comme si les pays africains étaient condamnés à ne cultiver que les mêmes espèces introduites par la colonisation.

Il a été établi en Afrique une distinction nette entre pays du Sahel à climat sec et pays à climat humide. Aux premiers, comme le Sénégal, le Mali, le Niger, le Tchad, des cultures comme l'arachide, le coton. Aux seconds, le cacao, le café. Or, des pays comme le Ghana, la Côte d'Ivoire, le Congo, la R-d Congo qui ne sont pas du Sahel cultivent le café et le cacao, mais aussi l'arachide. Il arrive même que la production d'arachide du Ghana soit supérieure à celle du Sénégal.

Ce sont là des schémas arbitrairement préétablis qui sont de plus en plus bouleversés.

Cultures "africaines" en Europe

Combien d'Africains savent que l'arachide a été et est encore cultivée en Europe ? Des semences venues d'Amérique du Sud sont expérimentées dès le 17e siècle avec succès au Portugal autour de Lisbonne et en

---

l'organisation devenue Centre Africain du Riz est élargie aux autres régions de l'Afrique, pour compter actuellement 24 membres.

Espagne autour de Valence sous le nom de *cacahuète.* En France en 1712, la culture de l'arachide commence dans des jardins botaniques à Montpellier, et dans les Landes à Mont-de-Marsan. Le ministre Chaptal recommande sa culture. Ces informations proviennent de la *Revue de Botanique et d'Agriculture Tropicale*, octobre 1934, n° 158, pp. 833-864. On y apprend que l'arachide existe dans tous les continents et que c'est la qualité des sols qui prime sur le climat pour sa culture.

Une culture considérée très africaine comme le sorgho est actuellement en vogue dans un grand nombre de pays d'Europe. Le sorgho y est cultivé sous deux espèces : sorgho-grain pour l'alimentation des humains, sorgho-fourrager pour l'alimentation du bétail. Les plus gros producteurs européens de sorgho sont la Russie et la France. Afin de se passer de l'arachide du Sénégal, la France a repris depuis quelque temps la culture du colza et du tournesol pour fabriquer ses huiles, maintenant exportées en Afrique. C'est en 1970 seulement que la France a commencé l'arboriculture du fruit kiwi (une mine de vitamines et de minéraux) pour en devenir un des plus gros producteurs et exportateurs derrière l'Italie et la Nouvelle-Zélande, alors que le produit est originaire de Chine.

Des cultures comme le café, le cacao que l'Afrique partageait avec l'Amérique latine et l'Asie sont en train de se développer dans certains pays d'Europe, particulièrement en France et en Italie.

Depuis une dizaine d'années, la tendance est de cultiver en Europe des fruits dits tropicaux : ananas, avocat, banane, grenade, goyave, mangue, papaye, pomme cannelle, canne à sucre. C'est le cas en France dans les Pyrénées-Orientales, comme en Bretagne et dans les autres pays de l'Europe du Sud : Espagne, Grèce, Portugal, Chypre, Malte.

Est-ce le résultat du réchauffement de la planète ? Pourtant l'hiver est toujours présent dans ces pays aux mêmes périodes de l'année, et ces plantes venant des tropiques arrivent à résister au froid. L'explication scientifique qui en est donnée est que ces plantes créent de l'antigel dans leur sève, et arrivent ainsi à s'autoprotéger de la période hivernale.

Pourquoi alors ne pas envisager que des plantes traditionnellement cultivées en Europe puissent être transposées en Afrique, leur sève créant un gel leur permettant de supporter la chaleur ?

Cultures "européennes" en Afrique

Deux grandes cultures d'Europe, le blé et le vignoble sont en train de s'africaniser.

Blé en zone tropicale

La culture du **blé** a été installée en Afrique. D'abord dans les pays d'Afrique du Nord, surtout au Maroc. Au sud du Sahara les plus gros producteurs sont dans l'ordre décroissant : Éthiopie, Afrique du Sud, Soudan, Kenya, Tanzanie, Nigeria, Zimbabwe, Zambie. Les autres pays qui font un peu de blé sont : Burundi, Ruanda, Madagascar, Mozambique Malawi, Somalie, Tanzanie.

Selon la Fao, l'Afrique au sud du Sahara ne produit que 30 pour cent du blé produit en Afrique, le reste provenant de l'Afrique du Nord. C'est que la culture du blé n'est pas encore bien entrée dans les mœurs. Au Sénégal, c'est dans l'indifférence de l'État que des techniciens en recherche agricole s'évertuent depuis des années à faire des essais de culture de blé[112].

La superficie de terres consacrées au blé n'a augmenté que de 15 pour cent au cours des dernières années pour une augmentation de 50 pour cent de la production. Ce qui témoigne de gain net de rendement. Mais il reste que la production de blé en Afrique au sud du Sahara ne se situe qu'entre 10 à 25 pour cent de son potentiel. Ce qui montre que l'autosuffisance en blé est bien possible dans les pays producteurs pour mettre fin aux importations qui pèsent lourdement sur les balances commerciales. Qu'est-ce qui empêche les autres pays africains, situés dans la même zone écologique, de tenter l'expérience du blé ?

Il est vrai qu'il existe des obstacles dont le premier se situe au niveau de l'eau. Mais les obstacles existent pour être surmontés. La solution se trouve dans l'intervention de l'État pour l'installation de réseaux d'irrigation venant suppléer la pluviométrie, l'acquisition et la production de variétés performantes dans le cadre de collaboration entre les centres de recherche nationaux et les centres de recherche internationaux.

Ce sont des scientifiques[113] travaillant sur les origines de l'agriculture à la suite du Russe N. I. Vavilov qui soutiennent que l'adaptabilité du blé lui permet d'être cultivé dans n'importe quelle région de la planète. Selon eux, 69.3 pour cent des cultures pratiquées dans les différents

[112] Voir quotidien *Bèsbi, Le Jour*, numéro du 15 décembre 2021.

[113] Il s'agit d'une équipe ainsi constituée : Colin K. Khoury, Harold A. Achicanoy, Anne D. Bjorkman, Carlos Navarro-Racines, Luigi Guarino, Ximena Flores-Palacios, Johannes M. M. Engels, John H. Wiersema, Hannes Dempewolf, Steven Sotelo, Julian Ramírez-Villegas. Ils ont consigné leurs travaux dans un document intitulé *Origins of Food Crops Connect Countries Worldwide.*

pays sont d'origine étrangère. Au point qu'ils disent préférer parler de ''centres de diversité'' au lieu de ''centres d'origine''.

Vignoble en zone tropicale

En Polynésie "française", dans la localité de Rangiroa proche de Tahiti, en plein climat tropical sont traditionnellement cultivées des produits "tropicaux" : banane, papaye, ananas, agrumes, pastèques, manioc, canne à sucre, noix de coco…

Et puis un jour de l'année 1992, le Français Dominique Auroy, "dans son accès de folie", décide d'y planter à côté des cocotiers, des boutures de vigne importées de France et d'Italie. Il entreprend une centaine de tests d'acclimatation. Après des années, il réussit son pari pour installer ses premiers plants en 1997 sur plus de 8 hectares de sol corallien calcaire. Le raisin est récolté en deux vendanges chaque année depuis 1999. Une partie est transformée en vin. Il ne s'agit que de vin blanc et de vin rosé, mais pas de vin rouge que ne peut donner ce type de vignoble dont le rendement est deux à trois fois inférieur à ce qui est produit en France. Mais ce vin a un goût particulier conféré par l'air marin (la mer se situant à 1 mètre en dessous des vignobles), ce qui fait son succès, avec une commercialisation internationale en Europe, aux États-Unis, au Japon, en Chine…

Le Français Dominique Auroy a fait des émules au Sénégal auprès de deux de ses compatriotes, François Normant (informaticien) et Philippe Franchois (retraité des assurances né au Sénégal). Au début des années 2010 ils tentent l'expérience de vignoble dans une localité (Nguékokh) à une soixantaine de kilomètres au sud-est de Dakar. Ils commencent sur une superficie de 1 hectare avec des cépages (variétés importées de France). Après plusieurs essais, une seule de ces variétés, originaire du sud de la France réussit à produire du raisin avec une première vendange en 2014, pour faire du vin au goût boisé très apprécié par les connaisseurs et destiné surtout à l'exportation.

Ils reconnaissent que ce vignoble est confronté au manque d'eau et à des fléaux comme les termites et les singes. Mais le vignoble européen aussi fait face au mildiou (champignon parasite) et au phylloxéra (insecte) qui détruisent les plantes, de même qu'aux chevreuils qui mangent les raisins. Ce qui n'existe pas en Afrique. Les vibrateurs ultrasons et les clôtures électriques utilisés en Europe peuvent l'être en Afrique pour éloigner les singes. Ils ont résolu en partie le problème de l'eau avec un forage et l'arrosage goutte à goutte (au niveau des racines). Par contre, ce vignoble présente l'avantage de permettre deux vendanges l'année, contre une seule en Europe.

Ces deux Français ont administré deux leçons. La première est d'avoir osé avec persévérance pour dire que *Le Sénégal est une terre fertile pour les expériences et les innovations.* Ce qu'on peut dire de toute l'Afrique. La seconde est de n'avoir cultivé que du "raisin de cuve" et non du "raisin de table". Le "raisin de table" est le fruit vendu et consommé tel quel, alors que le "raisin de cuve" est transformé en vin. Et Ils s'en expliquent :

Créer une véritable valeur ajoutée en transformant le raisin en vin et non en commercialisant simplement la matière première.

Pendant que l'Afrique continue à exporter à l'état brut ses ressources naturelles.

Repenser l'agriculture en Afrique

Les cultures pratiquées en Afrique et aussi en Europe ont toutes comme origine l'Asie et l'Amérique latine au niveau de leurs différentes sous-régions. Pourquoi ne pas essayer dans des pays africains d'autres espèces comme les fruits (pomme, poire, cerise…) cultivés dans les pays de climat tempérés ? La fraise s'adapte aussi bien en Afrique qu'en Europe. Pourquoi pas l'olivier qui pousse en Europe, aux États-Unis dans des zones de climat chaud ?

Dans l'histoire de l'humanité, beaucoup d'inventions ont été le fait de "fous" qui allaient à l'encontre d'idées reçues, de convictions établies en pensée unique comme des certitudes. L'histoire a tranché. L'Afrique doit aussi avoir ses "fous" de l'innovation pour se développer.

La réalité est que les cultures agricoles sont universelles. Qu'il s'agisse de céréales ou de fruits, la seule différence entre pays se situe au niveau des rendements qui sont tributaires de la nature des sols et des climats. Ce qui se réduit à un problème d'avantages comparatifs, mais pas d'avantages absolus. Ce n'est pas parce que le rendement de la culture du blé est actuellement supérieur en Europe ou aux États-Unis que la culture du blé ne doit pas être entreprise en Afrique. Le haricot vert est cultivé par exemple en France et au Sénégal avec les mêmes rendements. Chacun de ces deux pays en est exportateur tout en satisfaisant sa consommation intérieure. C'est dans la diversification des cultures que doit se faire la révolution agricole en Afrique.

Pourquoi continuer à accepter que le chocolat et le café en coffret soient un des plus gros postes d'exportation de l'Italie pendant que le cacao brut et le café brut restent les plus gros postes d'exportation de la Côte d'Ivoire et du Ghana ?

L'agroforesterie qui associe les arbres et l'agriculture devrait aussi avoir plus d'intérêt en Afrique, ne serait-ce que pour la préservation des sols.

Agro-industrie

L'industrie intervient aussi en aval par la transformation des produits agricoles pour donner lieu à l'agro-industrie. Le département "Agriculture et agro-industrie" est un des plus importants de la Banque africaine de développement. L'agro-industrie est généralement considérée comme palliatif aux pertes de récoltes (fruits, légumes, céréales), source de revenus pour le monde rural, et créatrice d'emplois.

L'agro-industrie doit s'activer à une transformation plus poussée des fruits locaux pour la fabrication en série de confitures et compotes venant concurrencer les mêmes produits importés. En dehors de l'arachide, les pays africains renferment des produits oléagineux comme la noix de coco, la noix d'anacarde qui ne demandent qu'à être transformées en huiles de cuisson.

Ceci étant, les usines agro-industrielles en Afrique ne fonctionnent qu'avec des machines-outils importées. Il est grand temps de fabriquer sur place ces machines-outils, quitte à s'associer avec des firmes extérieures et à importer ces technologies.

9.2 Élevage

Des potentialités à exploiter

L'élevage dont il s'agit ici est l'élevage le plus pratiqué en Afrique, celui des ruminants (bovins, ovins et caprins). L'élevage doit être un secteur important de l'économie des pays africains. La viande et le lait interviennent dans l'alimentation des populations et contribuent à leur fournir les nutriments comme les protéines, le fer et autres minéraux indispensables à l'organisme.

L'élevage a aussi un rapport étroit avec l'industrie. En amont, l'élevage actionne l'industrie par la fabrication d'aliments de bétail à partir du maïs cultivé sur place, des résidus de graines après raffinage comme les tourteaux d'arachide.

Il est grand temps de promouvoir en Afrique dans les zones d'élevage la culture de plantes fourragères pendant les saisons de pluie, les conserver pour alimenter le bétail en saison sèche. Ce qui viendrait en complément de l'alimentation de bétail, pour opérer l'intégration nécessaire entre l'agriculture et l'élevage, promouvoir ainsi un partenariat heureux entre cultivateurs et éleveurs, les excréments (bouse) du bétail pouvant servir de fumier pour les cultures. Ce qui ne devrait pas exclure, là où cela s'impose, l'utilisation d'engrais chimiques à base de phosphates dont des pays comme le Maroc et le Sénégal sont gros producteurs.

En aval, les peaux qui proviennent des bovins, ovins et caprins immolés quotidiennement dans les abattoirs sont de la matière première prête à être transformée en cuir par l'industrie et l'artisanat pour la fabrication de chaussures, sacs et revêtements de meubles. Dans les pays africains de forte population musulmane, chaque année après la fête du sacrifice (*îd al kabir*), des milliers, voire des millions de peaux de moutons sont disponibles pour la transformation. Malheureusement dans bon nombre de pays cette matière première est exportée à l'état brut, pour revenir en importations comme produits en cuir.

Un grave problème qui se pose dans l'élevage en Afrique et en perturbe le développement se situe au niveau de la concurrence portée au lait local par le lait en poudre importé des anciennes puissances coloniales. Le lait en poudre importé porte un lourd préjudice aux éleveurs africains producteurs du lait local. Se conservant mieux, il est moins cher pour deux raisons. Selon le Centre de Coopération Internationale en Recherche Agronomique pour le Développement, le lait en poudre est subventionné par l'Union européenne et le tiers de son poids est constitué de matières grasses végétales bon marché comme l'huile de palme en provenance du Sud-Est asiatique.

Le lait en poudre présente en outre un autre inconvénient au plan nutritionnel. Il provient du lait liquide pasteurisé, c'est-à-dire chauffé à haute température. La pasteurisation a été inventée en 1865 par le savant microbiologiste français Louis Pasteur pour détruire dans les aliments des micro-organismes susceptibles de causer diverses maladies (tuberculose, diphtérie, fièvre typhoïde, troubles gastriques). Mais la pasteurisation détruit en même temps les vitamines A, D, C et B12, les minéraux (calcium, magnésium, phosphore...) et les enzymes qui facilitent la digestion. Les laiteries d'origine coloniale toujours en place fabriquent leur yaourt avec le lait en poudre importé. Des Ong opérant dans la filière du lait local ont réagi à tout cela par la mise en place de l'organisation "Mon lait est local".

En lieu et place de la poudre de lait, ce que des pays africains peuvent importer avec bonheur ce sont certaines espèces de vaches étrangères à croiser avec des espèces locales, de façon à obtenir du lait cru plus enrichi et se lancer dans la fabrication de produits laitiers comme le fromage, le beurre, la crème fraîche, au lieu de continuer à les importer.

En France, le lait cru, c'est-à-dire non pasteurisé est utilisé pour fabriquer des fromages de renom[114]. Des milliers de variétés de fromages sont fabriquées dans les pays occidentaux. Plus de 4 000 aux États-Unis, plus de 1 000 en Allemagne et en France, des centaines dans d'autres pays d'Europe et aussi en Égypte. Pourquoi pas dans des pays africains ?

L'Afrique qui veut se développer doit, au-delà de l'industrie, dynamiser son agriculture et son élevage. Ceci étant, il faut en finir avec le discours selon lequel l'Afrique a une vocation exclusivement agricole et pastorale pour ne pas se lancer dans l'industrialisation.

9.3 Pêche

Sauvegarder le patrimoine

Pêche maritime et pillage

Le secteur de la pêche comprend la pêche maritime, la pêche continentale (en eau douce) et l'aquaculture (élevage de poissons). L'Afrique a une longue tradition de civilisation de pêche artisanale avec un savoir-faire remarquable fournissant une grande part de protéines animales aux populations. La pêche est aussi en rapports étroits avec l'industrie qui lui fournit en amont ses instruments (filets, hameçons,...) et transforme en aval ses produits.

Le secteur de la pêche en Afrique ne peut pas se développer sans l'intervention de l'État par la construction de quais de pêche, d'aires de transformation et de chambres froides de conservation. La fabrication traditionnelle de pirogues en bois peut coexister avec la fabrication industrielle de pirogues en polyester plus sécurisantes pour la pêche en haute mer. Les nouvelles découvertes de pétrole en Afrique peuvent ouvrir la voie à la fabrication du polyester qui est une fibre synthétique à base de pétrole. Une sécurité renforcée par la possibilité de

---

[114] Comme : Reblochon, Roquefort, Salers, Brie, Picodon, Pélardon, le Morbier, Mont d'Or, certains camemberts.

géolocalisation des pêcheurs. Dans les pays développés des bateaux de longueur de près de 15 m sur 6 m sont construits en polyester.

Un problème majeur qui se pose dans certains pays africains est le pillage de leurs ressources maritimes par la pêche industrielle des navires étrangers.

La pêche industrielle en eaux profondes est très différente de la pêche artisanale en surface. Elle utilise les chaluts de fond, les filets maillants dérivants et la senne danoise. Avec la senne, les poissons sont rabattus par des vibrateurs dans un piège en forme d'entonnoir de 2 km carrés qui râcle le fond des océans jusqu'à 2 000 mètres de profondeur et ne laissent rien sur son sillage. Là où la pêche artisanale prend 300 kilos de poissons au maximum, ce sont des tonnes de poissons qui remplissent les navires industriels. S'y ajoute qu'elle porte atteinte à la reproduction des espèces qui a lieu dans le fond des mers. L'autre avantage qu'en tirent les navires de surpêche industrielle est l'économie de carburant.

Bloom est une Ong créée en 2005 en France pour lutter contre les méthodes de surpêche industrielle. Bloom se fixe comme mission de défendre la pêche artisanale, de préserver ses emplois, de sauvegarder la mer et les espèces marines, contre cette pêche industrielle considérée destructrice, océanocide, assimilée à un drame écologique *Là où passe une senne, plus rien ne frétille pendant une semaine* écrit "Le Canard Enchaîné" du 28 septembre 2021. Bloom intente des actions, sensibilise les acteurs politiques, les assemblées nationales, le Parlement européen contre la pêche en eaux profondes.

Il existe même une organisation multinationale de défense des intérêts de pêche de ses membres qui, en 2021 sont : Canada, Corée du Sud, Cuba, Danemark, États-Unis, France, Islande, Japon, Norvège, Royaume-Uni, Russie, Union européenne, Ukraine. Ici, les intérêts de pêche transcendent les clivages politiques.

Depuis sa sortie de l'Union européenne (Brexit), le gouvernement du Royaume-Uni est accusé par le gouvernement français de n'accorder des licences aux pêcheurs français qu'au compte-gouttes. Le gouvernement britannique ne fait que préserver ses riches zones de pêche et protéger ses propres pêcheurs. Les gouvernements africains devraient s'en inspirer.

La pêche industrielle est de plus en plus pratiquée en Afrique par les bateaux européens suite aux accords de pêche noués avec l'Union européenne, et aussi par des navires chinois. Les mêmes pays africains sont victimes de la pêche illégale de la part de pays avec lesquels il n'existe aucun accord.

Les Africains ne disposent pas des moyens de surveillance de ces déprédateurs. Ils ont créé des organismes comme la Commission Sous-Régionale des Pêches, le Comité des Pêches pour l'Atlantique Centre-Est qui ne brillent pas par leur efficacité. En Europe, Bloom arrive à des résultats (comme l'interdiction de la pêche industrielle en Bretagne). Les Africains en sont réduits à ne pouvoir compter que sur l'Ong Greenpeace pour défendre leurs intérêts de pêche. Mais en Afrique même, les Parlements, les politiciens, la société civile, les organisations de défense des droits humains brillent par leur absence d'intervention sur ce problème de la pêche industrielle préjudiciable à la pêche artisanale, à l'environnement et au développement.

Aquaculture

L'élevage de poissons dite aquaculture a de tout temps été pratiqué par des Africains dans des localités enclavées sans possibilité de pêche continentale. Les pays industrialisés eux, ont recours à l'aquaculture pour des produits de luxe comme le saumon et les huîtres.

Mais depuis quelques années, des pays africains à littoral maritime imposant sont encouragés dans la pratique de l'aquaculture par les "experts en développement". Dans le même temps l'Union européenne signe avec ces pays africains des accords permettant à ses membres la surpêche industrielle par de gros navires lourdement équipés qui ne laissent plus que des miettes aux pêcheurs locaux.

Or, l'aquaculture n'a pas les vertus qu'on lui prête. Elle comporte de nombreux inconvénients. Les poissons d'élevage sont de qualité nutritionnelle inférieure à celle des poissons de pêche. L'aquaculture donne lieu à la détérioration de l'environnement (les mangroves surtout) avec la déjection de déchets organiques, d'eaux usées toxiques. Les étangs d'élevage sont remplis avec de l'eau douce dont les populations ont grandement besoin. La forte concentration des espèces dans des espaces réduits ne peut qu'engendrer des maladies, des parasites, avec le recours inévitable aux vaccins et antibiotiques qui peuvent se retrouver dans la chair des produits consommés. Les espèces sont nourries avec de la farine de poissons, ce qui revient, à défaut de disposer de poissons pourris, à détruire de grandes quantités de poissons frais (5 tonnes de poisson frais permettent de fabriquer 1 tonne de farine de poisson). Une seule espèce de poisson le "tilapia" y est cultivée, ce qui ne facilite pas les variétés culinaires.

Un pays comme le Sénégal qui compte plus de 700 km de côtes, avec un réseau hydraulique dense est maintenant très engagé dans l'aquaculture. Le Chargé des Programmes de la Fao y déplore le coût exorbitant du poisson d'élevage avec des révélations qui laissent perplexe : dans la période 2006-2014, pour un objectif de 100 000 tonnes, seules 1 000 tonnes ont été récoltées, et pour un investissement de 7 milliards de francs Cfa. Soit un taux de réalisation de 1 pour cent. Quel est le bon gestionnaire qui accepterait de poursuivre un projet avec un tel manque à gagner ?

Pourtant la pêche maritime n'a jamais fait l'objet d'autant d'attention. Le tiers de la pêche maritime qui est exporté pour obtenir des devises peut contribuer largement à la satisfaction des besoins des populations. En plus, l'argent dépensé dans l'aquaculture gagnerait à être orienté vers la pêche maritime. C'est une simple logique de calcul économique. Les localités africaines éloignées des centres de pêche peuvent être approvisionnées convenablement, pour peu que le problème du transport réfrigéré soit réglé.

En France, la région parisienne qui ne dispose d'aucun espace maritime pour la pêche abrite à Rungis un des plus grands marchés du monde où près de 145 000 tonnes de poissons et fruits de mer sont commercialisées chaque année. Ces poissons y arrivent par des moyens de transport et de réfrigération adéquats : le temps de débarquement des produits depuis les quais de pêche jusqu'à leur arrivée sur le marché ne dépasse pas 24 heures.

Il en est de même à Londres distante de 80 km de la mer, avec son marché de poisson à Billinsgate couvrant 50 000 mètres carrés pour desservir toute la ville et ses environs.

Ce n'est pas parce que des zones africaines sont éloignées de la mer qu'elles ont vocation naturelle à être des centres d'aquaculture. Elles peuvent être approvisionnées en poisson de mer frais tous les jours par des camions frigorifiques.

Pourquoi diantre, les pays de l'Union européenne viennent-t-ils pêcher sur les côtes africaines au lieu de combler leurs déficits en poissons par l'aquaculture ? Tout en conseillant aux Africains de s'adonner à l'aquaculture.

La pêche ne se pose pas uniquement en termes consommation et d'apport de protéines. L'industrie est ouverte aux produits de la pêche pour leur transformation. Les usines de conserves de thon, de sardines… ne demandent qu'à se développer dans les pays côtiers, pour la consommation intérieure comme pour les exportations jusqu'en dehors du continent.

9.4 Tourisme

Des atouts et des limites

Le tourisme est un type de relations économiques internationales sans barrières commerciales. Dans le tourisme les pays africains sont importateurs nets, recevant plus de touristes qu'ils en envoient à l'extérieur. À la différence d'une balance commerciale chroniquement déficitaire, la balance touristique leur est ainsi favorable en termes financiers. Ce qui peut sembler être un avantage.

Le tourisme est depuis quelques années recommandé aux pays africains pour promouvoir leur développement. Au point que chaque pays s'est doté d'un ministère du Tourisme. Il a été créé une Organisation Mondiale du Tourisme (Omt) au sein de l'Onu en 1975 avec siège à Madrid. Sans doute parce que l'Espagne est considérée comme modèle de promotion du tourisme. Mais le développement de l'Espagne ne doit rien au tourisme. États-Unis, Royaume-Uni, Canada, Belgique, Suède ne sont pas membres de cette organisation.

Le tourisme est certes à promouvoir pour des avantages incontestables : création d'emplois dans l'hôtellerie et dans la restauration ; clientélisme non négligeable pour les artisans d'art africains… Le tourisme prend le contrepied de la guerre en contribuant à rapprocher les peuples. Les projets touristiques peuvent aussi amener les gouvernements africains à mieux mettre en valeur leurs sites culturels. Mais il peut arriver aussi que pour les besoins de construction d'hôtels des patrimoines culturels naturels de valeur soient détruits.

Il est à craindre qu'une attention démesurée portée sur le tourisme par les gouvernements africains les détourne des domaines dans lesquels se fait le développement par la transformation des structures de l'économie. Et l'Omt œuvre dans ce sens.

Pour l'Omt, la raison d'être du tourisme est le développement, et le tourisme mondial contribue à l'établissement d'un nouvel ordre économique mondial qui pourra contribuer à diminuer l'écart entre pays développés et pays en développement.

Pourtant l'histoire économique ne nous désigne aucun pays qui s'est développé par le tourisme. Cette position procède d'une vision néo-mercantiliste : faire rentrer des devises dans l'économie. Alors qu'une bonne proportion de ces devises tombe dans l'escarcelle des tours opérateurs européens présents sur toute la chaîne (voyage, hébergement, restauration, guide) avec leurs relais dans les pays africains.

Même l'impact du tourisme sur la croissance économique laisse à désirer. La France, avant la pandémie du coronavirus était présentée comme la première destination touristique au monde avec pas loin de 100 millions de visiteurs par an. Dans le même temps, le pays n'arrivait pas à réaliser un taux de croissance de 0,5 pour cent.

Cependant, il n'est pas question d'enterrer le tourisme en Afrique. Ce secteur remplit une fonction économique et sociale par la création d'emplois, et aussi une fonction culturelle. Il ne fait aucun doute qu'un tourisme médical avec la construction d'hôpitaux de haut niveau comme à Cuba, comme en Tunisie, est sûrement plus bénéfique à tout point de vue que le tourisme des 3 S (soleil, sable, sexe).

10.

RÉVOLUTION NUMÉRIQUE ET NON RÉVOLUTION INDUSTRIELLE ?

Il est beaucoup question actuellement de “révolution numérique”. Le numérique (“digital” en anglais) est l’utilisation des technologies en ligne pour améliorer la communication entre les différents agents économiques. Il est dit que nous sommes entrés dans une société de l’information et de la communication depuis la fin des années 1970, avec la diffusion de l’informatique, de la téléphonie mobile et d’Internet. C’est l’ère des technologies de l’information et de la communication (Tic).

Les maîtres d’œuvre de cette révolution sont Google (moteur de recherche, publicité), Apple (ordinateur, smartphone), Facebook (réseaux sociaux, publicité), Amazone (commerce électronique en ligne), Microsoft (ordinateurs, logiciels). Toutes des entreprises américaines, désignées par leurs initiales, les Gafam. Sont aussi présents comme concurrents le Coréen Samsung (ordinateur, smartphone) et le Chinois Huawei (smartphone). L’Europe est absente ou marginalisée, comme c’est le cas actuellement avec la firme finlandaise Nokia pourtant pionnière dans la téléphonie mobile.

Ce n’est pas la promotion du numérique qui fait défaut depuis quelque temps dans les déclarations politiques.

Dans une loi française du 8 octobre 2016 “Construire une République numérique” il est dit que *le numérique est une opportunité de croissance que certains évaluent à 100 milliards d’euros d’ici à 2020.*

Lors du salon “Viva technology” de Paris en mai 2019, le vedettariat est occupé par le Rwanda considéré comme leader du digital en Afrique après Maurice. Le Président sénégalais Macky Sall présent déclare :

L’Afrique a raté la révolution industrielle, elle ne doit pas rater la révolution numérique.

Ce qui sonne comme une capitulation. L’Afrique serait donc logée dans une période post-industrielle ? Plus d’industries ? Rien que du digital ? Des financements importants sont prévus pour les “startups”, c’est-à-dire les jeunes entrepreneurs qui se lancent dans le numéraire.

En 2020, le Sénégalais Ousmane Thiongane lance son ouvrage *les promesses du numérique*. Il voit dans le numérique le moyen d'accélérer le développement. Pour lui, *on ne peut pas atteindre le développement sans passer par la transition numérique*.

De plus en plus d'Africains y croient. Pourtant l'Afrique pour l'instant en est réduite à la seule fonction d'importation et de consommation, ne fabriquant ni hardware (appareils), ni software (logiciels).

Le numéraire est du domaine de la technique qui a occupé les réflexions de spécialistes des sciences sociales durant des années. Le pionnier de la réflexion sur la technique est certainement l'historien américain Lewis Mumford avec ses ouvrages *Technique et civilisation* (1934), en deux volumes ("Technique et développement humain" 1967, et "Le Pentagone du pouvoir", 1970). Il utilise le terme "technics" qui inclut la technologie. Pour lui, c'est la technique qui est en train de façonner l'humanité. Il parle même de "prison technocratique".

Mumford a eu de nombreux disciples dont en France l'historien du Droit professeur à l'université de Bordeaux Jacques Ellul auteur de *Le Bluff technologique* (1988) et *Le Système technicien* (1977).

Pourtant certains économistes traitant des problèmes de croissance et de développement ne sont pas tombés dans cet engouement pour le numéraire.

Je vois des ordinateurs partout sauf dans les statistiques de productivité.

Ce propos lancé par Robert Solow a suffi pour déclencher une remise en cause de l'impact des Tic sur le progrès économique. Lorsque Solow introduit le progrès technique dans son modèle de croissance[115] il s'agit pour lui du progrès technique incorporé dans les machines avec l'investissement qui augmente la productivité par l'augmentation de l'intensité capitalistique. Il s'agit selon lui, de *transfert de technologie du laboratoire à l'usine*.

La première remise en question du numéraire vient de l'universitaire américain Robert Gordon économiste et historien de l'économie, avec son ouvrage *Montée et chute de la croissance américaine*, 2016[116]. Pour cela il se réfère à l'histoire économique des États-Unis depuis 1870. Il soutient que la période 1870-1970 constitue un *siècle spécial* de *révolution économique*, grâce à la seconde révolution industrielle qui a

---

[115] Robert Solow, "Technical Change and the Aggregate Production Function", *Review of Economics and Statistics*, August 1957.

[116] Robert J. Gordon, *The Rise and Fall of American Growth. The U.S. Standard of Living since the Civil War*, Princeton University Press, 2016.

fait passer les États-Unis d'un pays agricole et rural à un pays industriel et urbain. Le *grand bond en avant* de la productivité qui a fait la prospérité du pays a eu lieu entre 1920 et 1950.

Gordon passe en revue toutes les grandes inventions qui au cours de cette période ont nettement amélioré le niveau de vie des Américains : dans les transports avec les voitures et les trains électriques en remplacement des chevaux ; dans les logements : électricité, eau courante, assainissement, gaz, eau chaude, salle de bains, machine à laver ; dans les communications et loisirs : téléphone, phonographe, radio, télévision, cinéma ; dans la santé avec l'industrie pharmaceutique.

Pour lui, depuis 1970, il n'y a pas eu et il ne peut plus y avoir de progrès économique plus important que ce qui a été réalisé au cours de cette période. Ce progrès économique a été permis par la seconde révolution industrielle sans les Tic qui n'existaient pas. Le grand âge du progrès est derrière nous. La révolution digitale ne peut avoir qu'un impact mineur sur l'économie, avec un taux de croissance de 0.3 pour cent qui sera celui de l'avenir. La croissance, dit-il, est maintenant sur un plateau, pour montrer que le taux de croissance après s'être relevé pendant des années est maintenant stabilisé.

Une trentaine d'années après, en France, Jobic de Calan et Jérôme Cauchard prennent le relais avec leur ouvrage *Remède contre l'hystérie numérique : Pourquoi la "révolution digitale" n'est pas une révolution.*

L'objectif de ces deux auteurs est *de remettre la prétendue révolution numérique à sa place*. Ladite révolution numérique ou digitale n'est pas pour eux une révolution. Ce n'est rien d'autre qu'un *slogan de communication*, une innovation, mais pas un progrès économique. Depuis une décennie le taux de croissance de la productivité est faible : *Le géant médiatique est un Petit Poucet économique*. Entre les discours sur le numéraire et la réalité économique se dresse un abîme.

Les cadres africains séduits par le numérique doivent savoir que le développement économique d'un pays se fait dans les usines et ateliers, dans les champs de culture, dans les zones d'élevage et dans les zones de pêche. Ce n'est pas en clapotant sur un clavier d'ordinateur, fût-il un "Apple" avec un logiciel dernier cri, dans un bureau climatisé qu'on développe un pays. Le numéraire n'est pas le "sésame ouvre-toi" du développement économique. Il ne peut pas être générateur de richesse. Les pays développés sont passés d'abord par l'étape de la révolution agricole et de la révolution industrielle avant la révolution numérique. L'Afrique ne peut pas sauter l'étape de la révolution industrielle qui n'est pas du tout une antiquité révolue. La loi économique Colin Clark d'évolution du secteur primaire au secteur secondaire puis au secteur tertiaire reste toujours valable, confirmée par l'histoire économique.

Les *startups* (jeunes pousses) du numéraire qu'on cherche à encourager en sont réduits à n'utiliser que des logiciels et des ordinateurs importés. On s'engoue pour le "software" et on passe sous silence le "hardware", c'est-à-dire toute perspective de fabriquer des ordinateurs et des téléphones portables en Afrique.

Cela dit, il n'est pas question pour l'Afrique de se passer des Tic. Cela n'est même plus possible. La révolution numérique doit y aller de pair avec la révolution industrielle (et agricole) pour même contribuer à l'accélérer, jusqu'à la fabrication sur place de tout cet outillage informatique, à commencer par les ordinateurs. La matière première pour les fabriquer, l'aluminium, est sur place.

11.

CES INCONTOURNABLES DU DÉVELOPPEMENT CONTOURNÉS PAR LA MAL-GOUVERNANCE

Axelle Kabou, dans son livre *Et si l'Afrique refusait le développement* (1992), reproche aux Africains de vouloir mettre tous les malheurs de l'Afrique sur le dos de l'extérieur, sans chercher à remettre en cause leurs mentalités et leurs comportements, voulant tout attendre de l'extérieur.

Une trentaine d'années auparavant, l'agronome français René Dumont avait secoué l'intelligentsia africaine, particulièrement les étudiants africains de France, avec son livre *L'Afrique noire est mal partie,* 1963.

Il faut admettre qu'une étude qui se veut scientifique doit éviter les explications monistes (à partir d'un seul facteur). Au désordre économique provenant de l'extérieur depuis la colonisation est venu s'ajouter un désordre économique interne, perpétré cette fois par des Africains. Le développement africain est passé des pesanteurs extérieures à des pesanteurs internes. En les cumulant.

Les gouvernements africains ont foulé aux pieds des valeurs cardinales du développement : rationalité économique d'évitement des gaspillages et des dépenses improductives, sens des priorités, persévérance, patience, endurance, confiance en soi, respect de la compétence, patriotisme économique, promotion de la justice et de l'équité contre l'impunité… toutes pourtant ancrées dans les valeurs culturelles africaines.

Gaspillage

En règle de gouvernement

C'est en 1960 que le sociologue américain Vance Packard publie son ouvrage "best seller" *The Waste Makers* (littéralement "les faiseurs de gaspillage", ou bien "les gaspilleurs", édité en français sous le titre *L'art du gaspillage*. Il y dénonce les excès de la société de consommation américaine de l'après-guerre avec son lot de gaspillages de la part des populations.

C'est la même année que les pays africains dans leur grande majorité accèdent à l'indépendance. Leurs dirigeants et leur entourage semblent prendre comme modèles les rois et seigneurs féodaux du Moyen Âge européen qui, avec leur frénésie du luxe et du gaspillage avaient maintenu leurs pays dans l'arriération économique durant une dizaine de siècles.

W. Rostow en a donné un aperçu lorsqu'il déclare que *le développement économique apparaît quand le revenu passe de ceux qui dépensent de façon moins productive à ceux qui dépensent de façon plus productive.*

Ce qui est arrivé en Europe, lorsque l'aristocratie foncière a laissé la place à la bourgeoisie industrielle.

Celui que dans l'Afrique contemporaine on appelle chef d'État ou président de la République est en fait un chef de pouvoir, un roi entouré de courtisans féodaux qui ont rang de ministres, conseillers, directeurs... Les actes qu'ils posent sont aux antipodes de la rationalité économique qui conduit au développement, n'ayant aucun sens des priorités.

Pléthore de ministres et de conseillers (pour conseiller quoi ?) .... Comme on gagnerait à s'inspirer du modèle du Japon où le nombre de ministres entre 15 et 17 est fixé par la Constitution pour une population de plus de 130 millions d'habitants ! Des pays africains dix fois moins peuplés que le Japon comptent deux fois plus de ministres que le Japon. Tous les oisifs de sa cour ne pouvant être ministres ou députés, le roi crée une foultitude d'institutions sans objet et d'ambassades pour en caser certains. Son industrie qui selon lui doit faire avancer le pays, ce sont les institutions, comme le faisait remarquer Walter Rodney. Il ne crée que des emplois institutionnels pour ses laudateurs, à l'occasion des conseils hebdomadaires de ministres.

L'ingénieur et chef d'entreprise français Henri Fayol avait présenté l'organigramme type d'une entreprise industrielle dans son livre *L'administration industrielle et générale* (1916) en six fonctions : Technique (production), Commerciale (achat et vente), Financière (quête et utilisation optimale des capitaux), Sécurité des personnes et des biens, Comptabilité, Administrative (prévision, organisation, commandement, coordination, contrôle, gestion du personnel). Dans la mesure où un pays est plus grand qu'une entreprise, ces fonctions sont dilatées dans les pays développés de façon rationnelle en ministères entre 15 et 20. Elles sont dilatées de façon exponentielle irrationnelle dans les pays africains en ministères au nombre toujours au-dessus de 30.

Avion présidentiel, un gros jet qui pourrait de façon intermittente être mis en location à une compagnie aérienne, mais avec lequel le roi fait son tour du monde touristique à longueur d'années, avec sa suite de courtisans qui profitent de ces occasions pour faire son plein de costumes, cravates, chaussures et robes avec de substantiels per diem.

C'est la raison d'État qui est invoquée et qui prime. Pourtant, le confinement et la fermeture des frontières imposés par la pandémie du coronavirus en 2020 ont montré l'efficacité à bien moindre coût de la vidéoconférence.

Kyrielle de voitures, et de luxe, commandées bien entendu, car le pays ne produit pas la plus petite pièce détachée de voiture. Ce parc automobile très coûteux contribue en plus au déficit permanent de la balance commerciale. Mais qui en a cure ?

Une anecdote qui a sa place ici. Lors du décès du général de Gaulle en 1971, les rois africains viennent pour les condoléances. Comme Madame de Gaulle ne peut pas les recevoir tous individuellement, ils se constituent en délégation conduite par Jacques Foccart, le Monsieur africain de l'Elysée et des intrigues, pour se rendre à Colombey-les deux-Églises. Une fois les condoléances présentées, ils regagnent leurs voitures. Foccart raconte qu'il marche derrière deux d'entre eux, François Tombalbaye du Tchad et Ahmadou Ahidjo du Cameroun, et il entend leur conversation : *C'est ça la demeure du général de Gaulle ! depuis le temps qu'on entend parler de Colombey, on croyait que c'était comme le château de Versailles. C'est à peine la maison d'un cadre moyen en Afrique* ! Le propos est raconté par le journaliste Philippe Gaillard dans son livre *Foccart parle*, 1995. Mais ces rois africains n'en ont tiré aucune leçon.

Éléphants blancs,

En veux-tu en voilà

Les projets réalisés par le roi (stades, centres de conférences, théâtres, édifices…) ne sont que des éléphants blancs, comme les châteaux des rois de France de la féodalité. Ils font de grosses ponctions sur le budget sans rien en retour, et aggravent l'endettement alors que les priorités sont ailleurs.

Le pachyderme éléphant blanc est un cadeau que se font entre eux les dignitaires en Inde ; mais un cadeau encombrant, car l'éléphant blanc est une espèce rare sacralisée qu'on entretient sans le faire travailler. Comme tout éléphant, en moyenne sa ration alimentaire quotidienne est de 200 à 400 kg de végétaux, 100 à 200 litres d'eau, sans rien à l'arrivée.

Il existe beaucoup d'éléphants blancs dans la plupart des pays africains, mais ce n'est pas dans des jardins zoologiques qu'on aura des chances de les trouver.

Priorités

C'est quoi ça ?

Le roi, comme le conseillait Machiavel dans son livre *Le prince*, s'emploie à détourner l'attention de ses sujets par des distractions. Actuellement, c'est le football qui est à l'honneur en Afrique comme partout. Le roi africain essaie de créer l'union sacrée autour de l'équipe nationale qui engloutit des sommes énormes, pendant que l'éducation et la santé sont en désespérance. Pourtant le pays n'abrite pas une usine de fabrique de ballons de football, ni aucun des équipements de pratique de cette discipline.

L'homme le plus célèbre du royaume, le plus médiatisé, adulé est un footballeur. C'est lui, et non un Cheikh Anta Diop qui est proposé comme modèle à la jeunesse africaine. La presse (écrite, parlée, en ligne publique ou privée) porte une lourde responsabilité dans cette inversion des valeurs avec cette opération de crétinisation du public.

Le football n'a jamais développé un pays. Le Brésil a gagné cinq fois la coupe du monde, mais les "favelas" (bidonvilles juchés sur les collines) font toujours partie du décor de Rio de Janeiro la capitale économique. Les pays occidentaux ne s'occupaient pas de football lorsqu'ils lançaient leur développement. La Corée n'a fait son apparition sur la scène du football qu'une fois installées ses usines de fabrication d'équipements sportifs, dont une partie exportée en Afrique. Le football est devenu en Afrique un handicap pour le développement, compte tenu des énergies qu'il cristallise et des dépenses qu'il occasionne.

Beaucoup de jeunes Africains ne rêvent maintenant que de devenir footballeurs professionnels en Europe. Et le capital humain dont l'Afrique a besoin pour son développement ?

Le dirigeant africain a tellement l'art de contourner les priorités qui mènent au développement économique et social qu'il fait penser à un élève ou à un étudiant à qui est soumis un sujet de dissertation et qui traite un autre sujet pour se voir attribuer la note zéro avec cette observation de l'enseignant : "Complètement hors sujet". Ce souverain peut aussi être comparé à un responsable de famille qui en période de pénurie d'eau (comme cela arrive souvent dans ces contrées) ne disposant que d'une seule bassine d'eau d'une trentaine de litres l'utilise pour d'abord arroser les plantes du jardin ; les membres de la famille attendront pour leurs besoins de désaltération et de cuisine.

Évidemment les populations manquent du strictement nécessaire. Des écoles primaires dites "abris provisoires", des hangars, sont en fait des abris permanents ; les hôpitaux ne sont que des mouroirs ; la malnutrition est le lot quotidien de la majorité de la population. Le roi en est bien conscient car lui et sa suite envoient leurs enfants faire leurs études en Europe ou aux États-Unis. Lorsqu'ils ressentent le moindre inconfort physique, ils vont dans les hôpitaux de ces pays, même pour une cataracte, même pour une voix enrouée à la suite d'un discours kilométrique et ennuyeux. Son royaume ne satisfait à aucune des normes de santé établies par l'Oms pour un millier d'habitants : nombre de médecins, infirmiers, sages-femmes, lits d'hôpital.

Entendons-nous bien ! Personne ne peut dire d'un gouvernement, dans quelque pays que ce soit, qu'il n'a rien fait de bon. Le problème en Afrique est que le gouvernement ne fait pas tout ce qu'il doit faire et peut faire. Là où il pourrait faire 100, il ne fait que 10, ce que ses partisans clament sur tous les toits comme bilan mémorable. Les populations étant en droit d'attendre un mouton bélier, on ne leur sert qu'un oiseau mange-mil. Leurs priorités ne sont pas celles du gouvernement.

En 1972, dans son Rapport présenté à l'Ocde pour expliquer la réussite économique de son pays, le ministre japonais de l'Industrie et du Commerce international cite comme exemple Napoléon et Clausewitz, pour qui le secret de réussite d'une stratégie est la concentration de la force d'attaque sur les champs de bataille les plus importants : les priorités.

Comme les pays africains gagneraient à étudier et à s'inspirer de ces exemples !

Patriotisme économique

Aux abonnés absents

Le roi et sa cour raffolent de biens importés. Il est aussi tenu en laisse par les institutions internationales (Fmi, Banque mondiale, Agences de notation financière) qui lui ont inculqué l'idéologie du "moins d'État mieux d'État" qui n'a jamais existé dans les pays d'Amérique et d'Europe. Il est établi une division du travail : à ces institutions la politique économique qui se réduit à une politique macroéconomique d'ajustement et de soi-disant émergence qui maintient le pays dans la dépendance et la stagnation, pour ne laisser au roi que le territoire du folklore et de la mal gestion des ressources publiques.

Un volet important du patriotisme économique est la valorisation interne des matières premières locales. Les commandes publiques pour l'ameublement des bureaux administratifs, l'habillement des fonctionnaires de tenue (militaires, gendarmes, policiers, douaniers…) sont au poste "Importations". Ce qui se traduit par des sorties importantes de devises et ne permet pas de créer des emplois alors que l'expertise locale est là. La science économique qu'on inculque à ces dirigeants africains est qu'il est plus rationnel d'importer un produit à moindre coût que de le fabriquer sur place à des coûts plus élevés.

Le roi, s'il est francophone, est tenu en laisse par l'ancien colonisateur dont il a le complexe. Les ressortissants de celui-ci, même lorsqu'ils sont moins disants sur un projet se les voient attribuer. Ce qui ne pousse pas à l'émergence de capitaines d'industrie africains, d'autant plus que côté financement il n'y a pas lieu de compter sur les banques d'origine coloniale encore en place et une monnaie créée par le colonisateur.

Le roi du pays africain zone franc, farouche résistant au changement, croit naïvement ou bien est convaincu que la monnaie que lui a léguée le colonisateur assure la stabilité de son économie. Une stabilité qui se réduit en fait à l'octroi de crédits au compte-gouttes, pour soi-disant éviter l'inflation. Un type de financement qui ne favorise pas l'émergence de capitaines d'industrie. La monnaie n'est pas en soi un facteur de développement, mais elle y participe, constituant l'huile qui favorise le bon fonctionnement de la machine. Ce que la monnaie satellite coloniale ne permet pas.

Les derniers Rapports 2018 et 2019 de classement des pays selon l'Indice de développement humain du Programme des Nations unies pour le développement sont édifiants. Les 8 pays utilisant cette monnaie en Afrique de l'Ouest figurent tous dans le peloton de queue, derrière le Cap-Vert et la Mauritanie, pays qui ont chacun sa propre monnaie.

Le premier président du Gabon Léon Mba disait un jour de 1964 devant le général de Gaulle : *Tout Gabonais a deux patries : le Gabon et la France*. Il n'était pas le seul à penser ainsi. Beaucoup de pays africains ont été dirigés depuis 1960 par des Léon Mba.

Compétences ?

Le parti (au pouvoir) avant la patrie

Le roi assume la fonction de président et de chef de parti. Mais dans tous ses actes c'est le parti qui a priorité sur la patrie. À des postes techniques de responsabilité il nomme des militants incompétents, des tocards qui à leur tour ne recrutent que leurs sous-militants tout aussi dépourvus d'épaisseur. Les sociétés nationales sont alors mal gérées.

Une aubaine pour le Fmi et la Banque mondiale pour exiger leur privatisation. C'est là un aspect de la mal-gouvernance qui est un des freins au développement des pays africains.

Dans les pays industrialisés les sociétés nationales sont dirigées par des compétences issues des grandes écoles, et qui n'ont rien à voir avec la politique. Ici encore on peut tirer une leçon de l'industriel américain Henri Ford :

La démocratie dont je suis partisan, c'est celle qui donne à tous les mêmes chances de réussite, et ensuite à chacun selon sa capacité.

Néo-mercantilisme et facilité en stratégie

L'argent tout de suite

Le Mercantilisme est la première doctrine économique, apparue au 17e siècle en Europe. Il ne lui est pas conféré le statut de théorie économique parce que ne relevant que du pragmatisme. Les auteurs mercantilistes, le plus connu étant l'Anglais Thomas Mun, ne voient dans l'activité économique et particulièrement le commerce extérieur qu'un moyen de faire rentrer de l'argent dans le pays pour le souverain. Pour eux, la richesse d'un pays s'identifie à l'accumulation de métaux précieux.

Les dirigeants africains ont un comportement néo-mercantiliste avec une vue qui ne dépasse pas l'immédiat. Ils n'hésitent pas à brader les ressources naturelles du pays pour peu que le budget national, dont ils ont l'entière disposition, soit renfloué par des rémunérations que versent les pilleurs extérieurs de ces ressources. La pêche en est un exemple, sans être le seul, par les accords noués avec l'Union européenne au détriment des pêcheurs locaux et des perspectives de développement du pays. Si encore cet argent était investi dans des projets productifs générateurs de développement ! Le drame est que les jeunes pêcheurs africains ne trouvant plus de poissons dans leurs mers embarquent avec d'autres désespérés dans des pirogues qui chavirent au large des rives européennes, leur destination qu'ils n'atteindront pas.

Le pays africain est un pays abusivement importateur. La Banque mondiale adossée à l'économie politique néoclassique inculque au dirigeant africain qu'il est plus rationnel d'importer que de fabriquer. La réalité est qu'il est plus facile d'acheter, plus facile d'importer, que de fabriquer. C'est malheureusement la mentalité de ceux qui dirigent les pays africains. Des forcenés des importations.

Pour ne prendre qu'un exemple. Au cours des années 1960, le textile était le fleuron des industries en Afrique. Depuis des années le secteur bat de l'aile, étouffé par la friperie (vêtements d'occasion) importée d'Europe et des États-Unis. Les autorités l'encouragent sous prétexte que la friperie permet d'habiller les populations à des prix défiant toute concurrence.

Le textile n'est pas le seul secteur ainsi sacrifié. L'industrialisation attendra.

Justice, Équité, Corruption, Impunité sélective

On ne peut pas s'occuper de tout. Et puis, passez, il n'y a rien à voir

Les pays occidentaux ont construit parallèlement développement et bonne gouvernance. La démocratie au sens de séparation des pouvoirs (exécutif, législatif, judiciaire) et d'organisation d'élections libres transparentes est un bon véhicule de la bonne gouvernance. Cependant, la Corée du Sud (dont il est question plus loin) a impulsé son développement, d'abord sous contrainte coloniale, puis sous des régimes nationaux autoritaires de militaires, mais dans la bonne gouvernance.

L'Afrique, après la violence économique coloniale a surtout par la suite connu des régimes autoritaires civils ou militaires dans la mal-gouvernance. Sur pressions extérieures, des concessions ont parfois été faites avec des élections, mais rarement régulières. L'appareil judiciaire et l'appareil parlementaire restent au service du pouvoir exécutif. C'est l'Exécutif qui nomme les juges aux plus hautes fonctions, et nomme ses députés sur une liste nationale. Les électeurs votent pour des listes de partis politiques et non pour des personnes identifiées. Des députés qui ne sont pas des députés du peuple, mais des députés du roi qui lui restent redevables. C'est quoi alors la démocratie ?

La bonne gouvernance entendue comme primauté du droit, avec transparence, efficience, efficacité et équité, liberté d'expression et de manifestation permet le fonctionnement optimal d'une organisation comme l'État. La bonne gouvernance des ressources matérielles et humaines du pays est une clé pour le développement. Un régime démocratique permet d'éviter les dérives du pouvoir, et d'assurer la paix sociale sans laquelle le développement est difficile à réaliser.

Un repère pertinent d'estimation du niveau de démocratie et de bonne gouvernance en Afrique est le Prix Mo Ibrahim (du riche entrepreneur des télécommunications d'origine soudanaise), décerné depuis 2007 pour récompenser une *gouvernance exceptionnelle sur le continent*. Sur les 15 dernières années depuis sa création, seuls 6 présidents africains l'ont obtenu[117].

Dès les premières pluies les riverains des quartiers populaires sont confrontés à de terribles inondations. Des sommes énormes sont annoncées pour les travaux d'assainissement, mais où passe cet argent ? De toute façon le roi n'en a cure. L'assainissement, c'est du souterrain, de l'invisible à vue d'œil qui a l'ingratitude de ne pas afficher l'effigie du roi qui préfère le tonitruant inauguré à grand renfort de tambours et trompettes.

Le royaume est miné par un niveau de corruption inimaginable. Les auteurs sont des proches du roi, dans l'impunité totale. Les voleurs de moutons encombrent les prisons pendant que ces délinquants en cravate et en robe Chanel, en toute liberté, s'octroient le titre de *Vip* (personne très importante). Les lois du royaume *sont comme des toiles d'araignée ; elles n'arrêtent que les petites mouches, les grosses mouches les transpercent allègrement*. Comme le faisait dire Balzac à un personnage de son roman *La maison Nucigen* (1838).

Il existe un "Indice de Perception de la Corruption" établi depuis 1995 par l'organisation non gouvernementale "Transparency International" pour le secteur public dans les pays du monde entier. Les résultats obtenus à partir d'enquêtes auprès d'organisations internationales et régionales et de certaines personnalités n'ont pas la fiabilité optimale, mais donnent une idée de l'ampleur de la corruption dans les pays, surtout en Afrique. La note va de 0 à 100 : les pays les plus corrompus ont les notes les plus basses.

Dans l'Indice de 2014 la note se situe entre 80 et 95 pour les pays les moins corrompus : Nouvelle-Zélande, Danemark, Finlande, Norvège, Suède, Suisse, Australie, Canada.

Les notes les plus basses entre 8 et 24 concernent des pays africains comme Somalie, Soudan-Sud, Érythrée, Guinée-Bissau, Tchad, République Centrafricaine, Libye post-Khadafi, Rd Congo, République du Congo, Zimbabwe, Burundi, Angola, Guinée-Conakry…

---

[117] Joaquim Chissano (Mozambique, 2007), Festus Gontebanye Mogae (Botswana, 2008), Pedro De Verona Rodrigues Pires (Cap-Vert, 2011), Hifikepunye Pohamba (Namibie, 2014), Ellen Johnson Sirleaf (Liberia, 2017), Mahamadou Issoufou (Niger, 2020). Le prix est de 5 millions de dollars (2 785 000 000 francs Cfa) versés sur 10 ans, en plus une allocation à vie de 200 000 dollars (111 400 000 F Cfa) chaque année.

Les pays africains les moins corrompus ont une note entre 44 et 63. Ce sont dans l'ordre décroissant : Botswana, Cap-Vert, Seychelles, Maurice, Ruanda, Lesotho, Namibie, Ghana, Afrique du Sud.

Ces résultats correspondent approximativement pour certains pays à leur Indice de développement humain.

Croissance-mania persistante

Comment le développement peut-il être possible dans un tel contexte de désordre externe et interne ? De toute façon le roi africain ne s'occupe pas de développement et ne sait pas ce que c'est. Il ne lui a été inculqué que le terme croissance. Avec un taux de croissance du Pib de 6 pour cent il estime que tout va bien dans le royaume. Or, que le taux de croissance soit de 1 pour cent ou de 7 pour cent, cela n'a aucun impact sur le ressenti des populations.

Cela est tellement vrai que lorsque, ce qui est rare, les élections sont régulières, les populations le déboutent de son trône. Lorsqu'il est destitué par un coup d'État, les populations en liesse sortent pour acclamer ceux qu'elles considèrent comme leurs libérateurs. Une étude menée par deux chercheurs américains, Jonathan Powell et Clayton Thyne, identifie plus de 200 tentatives de ce type en Afrique depuis la fin des années 1950.

Il est temps qu'en Afrique les dirigeants et les élites revoient leur méthode de penser l'économie, de faire table rase du raisonnement en termes de simple croissance du pib, qui ne fait que perdre du temps et conforter le continent dans le non-développement.

Gaston Bachelard peut contribuer à mieux faire comprendre cette persistance du terme “croissance” chez bon nombre d'Africains. Le terme “croissance” fait partie de ce que Bachelard appelle des *obstacles épistémologiques* constitués par d'anciennes habitudes de pensée et d'expression, des aprioris notionnels à forte dose de consistance psychologique. Parce que, comme il le dit, *l'esprit aime mieux ce qui confirme son savoir que ce qui le contredit*. Raison pour laquelle Bachelard utilise des armes intellectuelles de bombardement de ces obstacles à la connaissance scientifique : *rupture*, *brisure, césure*, *coupure, fracture*. Pour Bachelard, l'histoire des sciences ne se fait pas dans la continuité mais dans la discontinuité. C'est par questionnement, en rectifiant des erreurs qu'on arrive à la connaissance scientifique[118].

[118] Gaston Bachelard, *La Formation de l'esprit scientifique,* p. 14-15.

C'est la *coupure épistémologique* qui permet de passer du raisonnement en termes de croissance au raisonnement en termes de développement dans la situation présente de l'Afrique.

L'Afrique refuse-t-elle le développement ?

Ce sont les dirigeants africains qui ne font pas du développement leur préoccupation, n'ayant qu'un seul objectif : se maintenir le plus longtemps possible au pouvoir, jouir du pouvoir avec leurs subordonnés. À quelques exceptions près, les pays africains n'ont pas fait leur révolution politique. À ne pas confondre avec les coups d'État de changement de dirigeants. Côté mentalité, les dirigeants africains en sont encore à l'étape du Moyen-Âge européen. S'y ajoute qu'ils n'ont toujours pas rompu le joug colonial.

Le continent a besoin d'opération de détoxification, de purification, pour l'extirper de ces fléaux qui le gangrènent depuis que des Africains ont commencé à accéder au pouvoir avec les séquelles de l'époque coloniale.

Ce ne sont que des dirigeants exempts de ces tares aux antipodes de toute espèce de progrès que pourront être menées à bien des stratégies efficaces de développement. Des dirigeants de forte personnalité refusant toute allégeance à l'égard de l'ancienne métropole, pour mener avec elle la coopération dans une stratégie gagnant-gagnant en jeu à somme positive, et non en jeu à somme nulle où le gain de l'un est la perte de l'autre. Le gagnant étant toujours le même, et le perdant toujours le même. Comme ce qu'on constate aujourd'hui. Tout dirigeant africain qui tente de faire autrement est détrôné par coup d'État savamment orchestré ou bien est liquidé physiquement.

Un pas important est de commencer par fixer le mandat présidentiel à 8 années (2 fois 4 années) non renouvelable, et que le président démocratiquement élu démissionne de son parti politique. Il doit aussi être mis en place un dispositif de destitution du président au cours de son mandat en cas de faute grave. L'avantage est qu'il a ainsi les mains libres, à l'abri de toute pression, n'étant plus dans la perspective d'une réélection. Ce qui lui permettra de ne s'entourer que de compétences, de ne plus s'encombrer de tocards, de protéger des copains coquins délinquants qui se gavent des deniers publics dans l'impunité. Il faudrait aussi que sur ce chapitre il soit lui-même exemplaire. Tout cela repose sur une magistrature indépendante. Quant aux députés, pour être indépendants, il faudrait autant que possible qu'ils soient élus *intuitu personae* (à titre personnel), et non nommés par le président sur sa liste nationale. Il se trouve que souvent dans beaucoup de pays africains le scrutin de liste a été adopté pour éviter les votes à caractère ethnique. Parce que l'éducation politique et civique n'a pas été menée.

L'impératif de rationalité économique par lequel sont passés les pays aujourd'hui industrialisés doit s'imposer en Afrique. Les instances qui ont en charge le développement dans les pays africains doivent se pénétrer des techniques de gestion d'entreprise comme *l'Analyse de Valeur*, la *Chaîne de Valeurs* qui sont la mise en application de propos d'auteurs intervenus sur le problème de rationalité économique. Une entreprise gérée de la façon dont sont gérées les économies africaines par les dirigeants africains serait tombée en faillite en quelques mois.

Des qualités qui doivent prévaloir chez les jeunes Africains et leurs gouvernements sont la rationalité, l'ingéniosité, la créativité, la probité. La routine, la passivité, l'indolence, la roublardise doivent être bannies. Il faut oser. Pour cela il faut s'armer de courage et de confiance en soi.

Le développement ne s'introduit pas par intrusion. Il peut frapper à toutes les portes et vient seulement là où il est invité à entrer. Il ne s'encombre pas des traînards qu'il laisse loin derrière. Une entreprise gérée comme sont gérées les économies africaines tomberait en faillite au bout de quelques mois. Ce qu'il faut pour le développement de l'Afrique c'est un Nouvel ordre économique international, mais aussi un Nouvel ordre économique interne.

TITRE VIII

CAS D'ÉTUDE : L'ÉTHIOPIE

Éthiopie : début de décollage économique ?

L'Éthiopie, le second pays africain le plus peuplé (plus de 100 millions d'habitants) a entrepris depuis 2000 une véritable politique de développement. Pourtant après le régime militaire en 1987, le pays a eu à faire face à de grandes difficultés : périodes de sécheresse, conflits armés avec l'Érythrée, conflits intérieurs ethniques. Sans compter la perte de ses ports Assab et Massawa, avec l'indépendance de l'Érythrée, pour devenir un pays enclavé.

Mais l'Éthiopie présente l'atout de n'avoir jamais été colonisée en dépit des tentatives de l'Italie. Ce qui a contribué à l'essor de cette fierté nationale qui porte la politique de patriotisme économique de ses dirigeants actuels. Cette politique est présentée comme un *développement d'État*. Les deux régimes en place depuis 2000 se sont inspirés des exemples du Japon et de la Corée. C'est ainsi que l'État est au centre de la politique de développement lancée dans des Plans de développement d'une durée de cinq ans. L'État éthiopien consent des faveurs aux investisseurs extérieurs, mais leur interdit des secteurs comme la banque, les télécommunications, la distribution de grande surface. Ce n'est pas là-bas que "Carrefour" et "Auchan" ont des chances de prospérer.

L'État a encouragé les cultures de subsistance, mais aussi la culture du coton, non pour être exporté, mais pour approvisionner les industries textiles locales qui fabriquent des vêtements pour de grandes marques occidentales comme H&M, Calvin Klein... Le développement de l'élevage a permis de disposer de peaux pour la fabrication de chaussures de qualité exportées.

Ces industries et d'autres sont abritées par des parcs industriels installés sur l'ensemble du territoire. Les exportations portent de plus en plus sur le *made in Ethiopia*. L'Éthiopie collabore beaucoup avec la Chine qui y délocalise des industries pour profiter du faible coût de la main-d'œuvre, dix fois moins chère. L'incursion dans l'aciérie et l'automobile a commencé.

L'Éthiopie dispose aussi maintenant d'un atout remarquable qui est une énergie à bon marché (400 dollars au kilowatt heure) avec la construction du barrage "Renaissance" d'une capacité de production de 6 000 Mw d'électricité. C'est ce qui a permis l'installation du tramway "Addis Ababa Light Railway" inauguré en 2014. Mais un barrage qui porte aussi préjudice aux autres riverains du fleuve Nil comme l'Égypte.

La paix avec l'Érythrée lui permet l'accès à ses anciens ports et la réhabilitation du chenin de fer Addis Abeba – Djibouti renforce son accès à la mer.

Un diplomate étranger en poste à Addis-Abeba a déclaré que *la transformation entreprise en Éthiopie se voit à l'œil nu*. C'est ce début de décollage économique qui est à l'origine de taux de croissance de 10 pour cent ou plus enregistrés au cours de la dernière décennie. Ce qui se traduit par un progrès social sensible : réduction de moitié du taux de pauvreté, de la mortalité infantile, multiplication par 4 du nombre d'enfants scolarisés. C'est le développement qui porte la croissance, et non la croissance qui porte le développement.

Selon Emilie Levêque, journaliste du magazine français "L'Usine Nouvelle", *la valeur ajoutée manufacturière de l'Éthiopie a progressé de plus de 14 pour cent entre 2010 et 2017*.

Beaucoup d'observateurs présentent l'Éthiopie actuelle comme *le tigre africain*. Mais il y persiste un obstacle de taille pour la poursuite du développement : le problème ethnique.

TITRE IX

CAS D'ÉTUDE : LA CORÉE DU SUD

Corée du Sud : une référence

Comme les pays africains (à l'exception du Libéria et de l'Éthiopie), la péninsule coréenne en Asie du Sud-Est a été colonisée de 1910 à 1945, non par des pays européens, mais par son voisin le Japon. Sa décolonisation fait suite à la défaite du Japon dans la Seconde Guerre mondiale. Mais en 1948, avec l'intervention de l'Union soviétique et des États-Unis, elle est aussitôt partitionnée entre le Nord devenu Corée du Nord communiste et le Sud devenu Corée du Sud capitaliste. Les deux parties se livrent une guerre qui dure de 1950 à 1953.

Il ne sera question ici que de la seule Corée du Sud que par raccourci nous appellerons Corée.

Handicaps et atouts

Comme les pays africains, la Corée a été victime de terribles handicaps : une colonisation dure de la part des Japonais ; une guerre dévastatrice avec le voisin du Nord ; une très faible dotation en ressources naturelles réduites au molybdène et au plomb ; une terrible sécheresse en 1966-67.

La Corée a eu aussi ses atouts

Comme bon nombre de pays africains, elle a connu des régimes militaires, mais celui du général Park Chung Hee de 1961 à 1979 a été bénéfique car c'est sous son règne qu'a été lancé le développement économique du pays. Son successeur militaire a poursuivi la même politique, l'expérience de démocratie à l'occidentale ne commençant qu'en 1987.

La Corée s'est construite dans ses propres valeurs culturelles. Cette culture basée sur le confucianisme encense des valeurs comme le travail, la discipline, le respect de l'éducation et du savoir, la frugalité, l'importance de la famille. Une culture commune à toute cette zone asiatique, mais avec des variétés structurelles selon les pays.

À la différence des pays africains, la Corée a une population entièrement homogène sans différentiation ethnique, mais aussi sans conflit religieux. Les Coréens se partagent entre le bouddhisme, le christianisme (surtout protestant) et marginalement l'islam. Ce qui conduit à une paix sociale qui favorise le développement.

L'économiste français Thomas Piketty, dans son ouvrage *Le capital au 21e siècle* (2013), écrit :

Aucun des pays asiatiques qui ont connu une trajectoire de rattrapage par rapport aux pays les plus développés, qu'il s'agisse hier du Japon, de la Corée ou de Taïwan, ou aujourd'hui de la Chine, n'a bénéficié d'investissements étrangers massifs. Pour l'essentiel, tous ces pays ont financé par eux-mêmes les investissements en capital physique dont ils avaient besoin, et surtout les investissements en capital humain. (p. 121)... Le Japon comme la Corée ou Taïwan ont financé leur investissement avec leur propre épargne (p. 122). Thomas Piketty, *Le capital au 21e siècle,* Paris ; Seuil, 2013).

Bien au contraire. Selon un des meilleurs spécialistes de l'économie coréenne, le professeur américain Paul Kuznets de Indiana University, ce pays, a comme Israël, bénéficié d'un important financement américain dans les années 1950 comme dans les années 1960 pour amorcer son développement dans la période d'intense guerre froide. Les États-Unis font tout pour prouver que le capitalisme en vigueur dans ce pays est de loin supérieur au modèle communiste de sa voisine et rivale du Nord.

Il se trouve simplement qu'à un moment donné, le très nationaliste dirigeant coréen Park Chung Hee a tenu à ce que le pays compte sur ses propres forces pour ne pas rester dans une situation éternelle de dépendance.

À la différence des pays africains, les Coréens n'ont pas fait de la langue du colonisateur japonais leur langue nationale. Ils ont conservé leur propre langue nationale avec son alphabet qui date du 15e siècle. En plus, à la différence des pays africains de la zone franc, ils ont créé leur propre monnaie, le *won.*

Une autre différence avec l'Afrique est que durant leur présence en Corée, les Japonais n'ont rien fait pour empêcher le développement du pays. La Corée a subi une colonisation féroce, inhumaine (travail forcé, enrôlement de force dans l'armée japonaise, esclavage sexuel des Coréennes…) de la part du Japon entre 1910 et 1945. Les Japonais ont cherché à détruire toute identité culturelle aux Coréens pour les transformer en Japonais, jusque dans les prénoms imposés.

Mais en même temps, le Japon a lancé le développement économique du pays dans tous les secteurs : l'agriculture par l'irrigation, l'industrie manufacturière, les infrastructures ferroviaires et routières, l'éducation, la santé. Les autorités japonaises pensaient certainement que la Corée dans son ensemble (non partitionnée entre Nord et Sud) n'était qu'un prolongement du Japon.

Stratégie d'industrialisation

Après l'indépendance, la proximité géographique avec le Japon a été un atout appréciable pour la Corée. Ses entreprises ont pu très rapidement bénéficier de la technologie japonaise entre 1962 et 1979. De même, le voisin japonais développé leur a servi de modèle. La devise à l'époque dans le pays est :

Faites ce que les Japonais ont fait, mais faites-le plus rapidement et à moindre coût.

Malgré la pénurie de ressources minières, la Corée a fait de l'industrialisation la clé de voûte de son système économique et de sa réussite, avec une stratégie de substitution d'importation.

La substitution d'importation est opérée dans un premier temps avec des industries légères comme le textile, les chaussures, des objets courants de la vie quotidienne comme les brosses à dents et les pâtes dentifrices…

Cette politique est amorcée vers la fin des années 1950. Un premier Plan de développement est lancé en 1962. Toutefois, à la différence de ce qu'on a observé en Afrique, ce plan n'est pas un catalogue de projets qui n'aboutissent pas. C'est un plan d'industrialisation et aussi d'autosuffisance alimentaire par la modernisation de l'agriculture. Les investissements passent de 10 pour cent à 30 pour cent du produit intérieur brut à la fin des années 1960.

Ce premier plan de développement est considéré comme la période de décollage (take-off) de l'économie coréenne. Il est suivi d'un second plan (1967-71).

Dans un second temps dans les années 1970, l'accent est mis sur l'industrie lourde d'équipement à partir de l'acier pour la fabrication de bateaux, et aussi de la pétrochimie.

Dans les années 1980 la Corée s'engage dans les secteurs de l'électronique, de l'électroménager, et de l'automobile avec des entreprises comme Samsung, LG, Hunday, Kia qui sont devenues des multinationales.

Une autre et grande différence avec les pays africains est que la politique économique menée en Corée en toute indépendance et autonomie n'est pas une politique de stabilisation de grandeurs macroéconomiques comme les plans d'ajustement. Il s'agit ici de politique de développement qui se traduit par une restructuration, une transformation totale du paysage économique. La plupart de ceux qui travaillaient dans l'agriculture devenue mécanisée sont maintenant employés dans les usines.

Cette transformation économique est à la base d'un accroissement fulgurant du produit intérieur brut et du revenu par tête d'habitant. Si bien qu'en 1996 la Corée est admise à l'Ocde (Organisation de coopération et de développement économique), le club des pays les plus industrialisés.

Capitaines d'industrie

En Corée comme au Japon, ce sont des dynasties de capitaines d'industrie qui ont mis en place ces grandes sociétés réputées partout dans le monde. Les pères fondateurs proviennent de milieux familiaux différents. Le décollage économique est intimement lié à ces conglomérats familiaux appelés *chaebol*. Le conglomérat s'active dans plusieurs branches ou secteurs à la fois. Le pays compte plusieurs *chaebol* mais les plus grands et connus sont Samsung, LG et Hundai. Ces chaebol ont été conçus sur le modèle des *zaibatsu* japonais.

Lee byung-chul (1910-1987) crée la firme Samsung (qui signifie “trois étoiles”) en 1938, avec comme activités les industries du sucre (raffinerie) et textiles. Vers la fin des années 1960, il s'investit dans l'électronique pour devenir dans les années 1980 un des plus grands fabricants mondiaux de téléviseurs. Samsung est aussi présent dans l'électroménager et dans l'informatique.

Le plus grand concurrent coréen de Samsung est la firme LG créée en 1947 par Koo in – Hwoi (1906 – 1969). Celui-ci est parti de la production de pâte dentifrice pour se lancer dans l'électronique dans les années 1960. Le nom initial Lucky Goldstar devient LG.

Chung Ju-Yung (1915-2001) commence après 1945 comme entrepreneur de travaux de construction comme les ponts. En 1967, il se lance dans l'industrie automobile en créant Hundai Motors. La compagnie est aussi présente dans la fabrication de bateaux. L'autre firme automobile KIA, créée en 1962 est absorbée en 1998 par Hundai. L'industrie automobile en Corée a démarré avec des unités de montage de pièces détachées importées.

Un État très présent

La Corée a fait son développement sans interventions de la Banque mondiale et du Fonds monétaire international dans sa vie économique. Une grande différence avec les pays africains où ces institutions ont conseillé, et même imposé leur slogan *Moins d'État, Mieux d'État*. En Corée, tout comme d'ailleurs à Hong Kong, Taïwan, Singapour, l'État a été au cœur de l'activité économique.

En Corée du Sud, l'État est d'abord entrepreneur. Il crée et opère la firme *Pohang Iron and Steel Company* (Posco) devenue le plus grand complexe d'acier au monde. L'acier a été "le fer de lance" des industries coréennes.

Tous les gouvernements qui se sont succédé ont mis en avant le patriotisme économique. Des incitations fiscales sont consenties aux sociétés étrangères car le pays a besoin d'investisseurs extérieurs, mais pas au détriment des nationaux. C'est ainsi que le gouvernement collabore étroitement avec les *chaebols* pour leur mettre en place un environnement favorable de travail.

En 1962, dans le cadre du Premier Plan, le gouvernement de Park engage une politique de promotion de l'industrie automobile en mettant en place *l'Acte de Protection de l'Industrie Automobile* en faveur de son industrie naissante. Parmi les mesures figure l'interdiction aux firmes étrangères de s'implanter en Corée, sauf à entrer en partenariat avec les industries locales.

En 1958, l'État crée le *Conseil de développement économique* constitué par des économistes et des technocrates pour concevoir le Premier Plan de développement qui démarre en 1962. L'accent est mis sur l'éducation : en 1961, 96 pour cent des enfants en âge de scolarisation sont dans les écoles.

En 1966, l'État crée *l'Institut Coréen de Science et de Technologie*. Les disciplines scientifiques et techniques sont enseignées dans des écoles secondaires dites vocationnelles et dans des collèges techniques où la durée des études est de 2 ans. D'une population analphabète en 1948, la Corée a acquis en 2017 la réputation mondiale d'innovation technologique surtout dans les domaines de l'électroménager et de l'électronique.

C'est l'État qui, avec le *Comité Promotionnel pour la Reconstruction économique*, prend l'initiative, avec les *chaebols*, de réorienter l'industrie de la stratégie d'industrialisation de substitution à la stratégie d'exportation de produits manufacturés. À cette fin, l'État coréen nationalise les banques commerciales et entreprend une politique de crédit à bas taux d'intérêt.

"Les entreprises publiques en Corée, avec une référence spéciale sur leur rôle dans le développement économique" est le titre d'une thèse de l'économiste sud-coréen Oon-Suck Han à la London School of Economics en 1991[119]. L'auteur soutient que le développement économique de la Corée dans les années 1960 et 1970 ne peut pas être expliqué sans reconnaître la forte initiative du gouvernement dans l'économie.

Le secteur manufacturier privé a bénéficié des infrastructures et des produits de recherche technologiques des entreprises publiques et a été l'objet d'un contrôle permanent de la part des institutions financières publiques.

Contrairement à l'image qui en est perçue à l'extérieur, la Corée n'a pas fait son développement avec un libéralisme sauvage. L'État y a été un agent déterminant.

Le Japon comme modèle

Le Japon, en 1945 se lance dans la stratégie d'industrialisation de substitution d'importation. Comme en a fait état un Rapport du "Ministère de l'Industrie et du Commerce international" présenté à l'Ocde en 1972. Ce rapport qui est un résumé de la stratégie de développement économique du Japon mérite d'être présenté ici dans ses grandes lignes :

Le ministère décida d'établir au Japon des industries qui exigent un emploi intensif de capital et de technologie, des industries qui en termes de coût comparatif, devraient être les plus appropriées pour le Japon, des industries telles que acier, raffinage de pétrole, pétrochimie,

[119] *Public Enterprises in Korea: with special reference to their roles in economic development* by Oon-Suck Han april 1991London School of Economics and Political Science.

automobiles, aéronautique, industries mécaniques de toutes sortes, électronique incluant les ordinateurs. À court terme et d'un point de vue statique, l'encouragement de telles industries pourrait sembler en conflit avec la rationalité économique. Mais dans le long terme, ce sont les industries dans lesquelles l'élasticité – revenu de la demande est élevée, le progrès technique plus rapide, de même que l'augmentation de la productivité du travail. Il était clair que sans ces industries, il aurait été impossible d'employer une population de 100 millions d'habitants et d'élever leur standard de vie au niveau de l'Europe et de l'Amérique avec les seules industries légères. À tort ou à raison, le Japon se devait d'avoir ces industries lourdes et chimiques. Selon Napoléon et Clausewitz, le secret de réussite d'une stratégie est la concentration de la force d'attaque sur les champs de bataille les plus importants ; heureusement, par la chance et la sagesse poussées par la nécessité, le Japon a pu concentrer son maigre capital dans les industries stratégiques.

Comme les pays africains gagneraient à étudier ces exemples pour en tirer quelque chose !

ÉPILOGUE

Développement, et non mal-développement

Cette étude a visé à rejeter le concept de croissance pour les pays africains, à ne pas se polariser sur le concept d'émergence à la mode qui n'est qu'un moment du développement. Les indicateurs les plus appropriés du développement sont avec la valeur ajoutée manufacturée, l'indice de développement humain. L'étude a visité l'expérience de développement des pays occidentaux et de pays asiatiques, non pour les imiter, ce qui est d'ailleurs impossible, mais pour s'en inspirer.

La réflexion a beaucoup insisté sur l'industrialisation. Aucun pays ne peut se développer sans une industrialisation poussée. Les pays dits développés ont une autre appellation : pays industrialisés. C'est l'industrialisation qui est à la base des modifications structurelles qui font qu'on puisse parler de développement.

Cela dit, la quête de développement pour l'Afrique requiert de poser aussi le problème de la finalité du développement. L'Afrique gagnera à s'inspirer des expériences de développement des pays aujourd'hui industrialisés, dans ses aspects positifs, les *goods* (les bons). Mais l'Afrique gagnera aussi à s'éviter les effets indésirables négatifs de ce type de développement, les *bads* (les mauvais). Ce que le Polonais Ignacy Sachs, qui se présente non pas comme économiste mais comme éco-socio-économiste, a appelé *mal-développement* en 1979[120].

Mal-développement. Le terme a été forgé pour rendre compte des inconvénients générés par le développement conçu sur une base exclusivement matérielle. C'est-à-dire lorsque le développement se réduit au seul développement économique. Un développement économique qui, au lieu de ne générer que le bonheur pour les populations dans leur grande majorité, s'accompagne plutôt de phénomènes

---

[120] Ignacy Sachs, 'Development, Maldevelopment and Industrialization of Third World Countries' In *Development and Change*, The Hague, vol. 10, 636-646, 1979. Samir Amin a publié en 1990 un ouvrage intitulé *Maldéveloppement*.

inquiétants tels que stress, angoisse, mal-vivre, taux élevés de suicide dans des sociétés d'abondance matérielle, dégradation de l'environnement physique posant problème tant pour les générations présentes et que pour celles à venir.

Lorsqu'il n'est question que de développement économique, le revenu des ménages restant pour l'essentiel affecté à la consommation, c'est la consommation qui est en dernière instance ciblée comme repère du progrès économique et social. L'être humain se trouve ainsi réduit à un *homo economicus*, dont la source principale de bonheur et de bien-être reste la consommation, qui devient ainsi une fin en soi. Ce qui fait de l'individu, qui en a les moyens, un forcené de la consommation, c'est le matraquage publicitaire dont il est l'objet. Le fétichisme du revenu national et de la consommation a fini par créer un profond sentiment de malaise.

Est-ce que le développement ainsi conçu assure le bonheur ? C'est la question qui a été posée aux États-Unis dans une enquête menée en 1990 par le Centre national de sondage d'opinion de l'Université de Chicago. La richesse moyenne par habitant a plus que triplé entre 1960 et 1990, alors que la proportion des "très heureux" diminuait. Ces constats alarmants ont amené Daniel Kahneman, prix Nobel d'Économie 2002, à monter un Centre de recherche pour essayer de comprendre "cet échec croissant de la civilisation."

Ce constat ne concerne pas que les seuls Américains. Les produits des nouvelles technologies comme entre autres, l'ordinateur personnel, le magnétoscope, le téléphone portable, rendent la vie certes plus confortable dans sa dimension matérielle, mais ne peuvent en aucun cas constituer la clé du bonheur.

L'excès d'aisance matérielle n'est donc pas synonyme d'accroissement de bonheur. Le mal-développement se manifeste par un cumul d'insatisfactions dans les pays les plus développés. Certains en arrivent à penser que la vie moderne n'est pas ce pour quoi les humains ont été créés.

Aux États-Unis, l'évangéliste Norman Peale évoque les nombreux travaux effectués dans le pays par d'éminents psychologues et psychiatres sur les effets dévastateurs de ces états psychologiques d'insatisfaction qui se résument dans le terme "stress". Un phénomène aux appellations multiples dans la langue française : *apathie, tristesse, cafard, spleen, abattement, mélancolie, langueur, anxiété, angoisse, dépression, sinistrose, neurasthénie, mal du siècle, mal-vivre…*

Quel que soit le nom qu'on lui donne, le phénomène est générateur de beaucoup d'indisponibilités physiques et mentales. Aux États-Unis, il est estimé que le désordre mental affecte 28 pour cent de la population adulte. Selon le médecin américain Smiley Blanton, *l'anxiété est le grand fléau moderne* (cité par Peale, p. 155)[121].

Il apparaît clairement aujourd'hui que le suicide à une certaine ampleur, accompagne un certain type de développement. Selon l'Organisation mondiale de la santé, les taux de suicide dans le monde ont augmenté de 60 pour cent au cours de la période de la plus grande prospérité économique dans l'histoire de l'humanité[122].

La combinaison du développement économique avec justice sociale, et de la préservation de l'environnement constitue ce qu'on appelle actuellement "développement durable" (*sustainable development* en anglais). Le terme est apparu en 1987 dans le Rapport *Notre Avenir à Tous*, publié par la "Commission mondiale sur l'environnement" présidée par la ministre norvégienne de l'Environnement, Bro Harlem Bruntland. Le développement durable est défini comme *un développement qui répond aux besoins du présent sans compromettre la capacité des générations futures de répondre aux leurs*. Ce que Ignacy Sachs rend par le terme *écodéveloppement*.

Le revers de la médaille de l'industrialisation qui est un impératif pour l'Afrique est la pollution de l'atmosphère. Mais l'adoption de certaines technologies dites propres peut y pallier. Ce sont là des problèmes auxquels tout projet de développement dans un pays africain doit tenir compte. La grande absente du développement sur le mode occidental a été la dimension spirituelle chez les populations dans leur majorité. Les pays africains doivent y veiller.

En fin de compte, tous les éléments qui ont été recensés pour promouvoir le développement ne sont que des moyens. Et à l'arrivée ? Pour apprécier le développement en termes de ressenti des populations, sous réserve que la minorité restante n'en soit pas exclue, on peut s'en remettre à cette vieille idée des penseurs de l'Utilitarisme au 18e siècle :

Le maximum de bonheur pour le plus grand nombre

Encore qu'il se posera aussi le problème de s'entendre sur le sens du bonheur. Le plus simple est de considérer le bonheur comme un ressenti au niveau individuel. Bouthan, petit pays de 800 000 habitants, situé

---

121 Norman Peale, *Le pouvoir de la pensée positive*, traduit de l'anglais en 1996.
122 OMS/WHO 2002.

dans l'Himalaya entre l'Inde et la Chine, jamais colonisé, s'est acquis une notoriété en 2008 par la promulgation d'une Constitution qui présente comme objectif à atteindre le **Bonheur national brut**. Le Bnb s'articule autour de 9 critères : bien-être psychologique, utilisation et équilibre du temps, vitalité communautaire, diversité culturelle, résilience écologique, niveau de vie, santé, éducation, bonne gouvernance. Le Bnb est présenté comme alternative au Pib. Mais il pose un problème de mesure tout en suscitant beaucoup d'intérêt avec la tenue de Conférences internationales.

RÉFÉRENCES

En langue française

Gaston Bachelard (1938), *La formation de l'esprit scientifique, Contribution à une psychanalyse de la connaissance objective*, version électronique

Jérôme-Adolphe Blanqui (1860), *Histoire de l'économie politique en Europe depuis les anciens jusqu'à nos jours*, Paris : Guillaumin.

Aimé Césaire (1955), *Discours sur le colonialisme*, Paris : Présence africaine.

Fredéric Clairmonte (1958), *Le Libéralisme et les pays sous-développés. Études sur l'évolution d'une idée*, Genève, Paris : Librairie Droz.

Jobic de Calan et Jérôme Cauchard (2019), *Remède contre l'hystérie numérique : pourquoi la "révolution digitale" n'est pas une révolution,* Paris : Robert Laffont.

Fodé Siré Diaby (2014), *Les stratégies des entreprises chinoises en Afrique*, Thèse de Doctorat ès Sciences économiques, Nouvelle – Paris III.

Cheikh Anta Diop (1960), *Les fondements économiques et culturels d'un État fédéral d'Afrique noire*, Paris : Présence africaine.

– *Nations nègres et cultures*, Paris : Présence africaine, ed. 1973.

– *L'unité culturelle de l'Afrique noire, Domaines du patriarcat et du matriarcat dans l'Antiquité classique*, 2e édition Paris : Présence africaine-1982.

Makhtar Diouf (1969), *Fiscalité et Croissance. Le sens et la portée des thèses de l'Économie politique classique*. Thèse de Doctorat de Sciences économiques, Université Paris I.

– (2002), *L'Afrique dans la mondialisation*, Paris-Dakar: Harmattan

– (2009), *Islam frein au développement ? Économie politique de la Charia*, Harmattan.

– (2021), *Économie politique de l'intégration économique. Espace Afrique*, Paris -Dakar : Harmattan.

Pierre-Yves Dubois (2013), "Le pavé, moteur de développement urbain. La haute intensité de main-d'œuvre : valorisation locale des ressources humaines", Juillet 2013 / n° 001 *Points-clés.*

Frantz Fanon (1961), *Les damnés de la terre,* Paris : Maspéro.

Friedrich Engels (1844), *La situation de la classe ouvrière en Angleterre*, Paris : Éditions sociales.

Adama Gaye (2006), *Chine-Afrique : le dragon et l'autruche*, Paris: L'Harmattan.

Octave Gélinier (1965), *Morale de l'entreprise et destin de la nation,* Paris : Plon.

Maurice Godelier (1966), *Rationalité et irrationalité en économie*. Paris : Maspero.

Axelle Kabou (1992), *Et si l'Afrique refusaait le développement* ? Paris : L'harmattan.

Moustapha Kassé (2013), *L'Industrialisation de l'Afrique est possible Quel modèle pour le Sénégal ?* Paris : L'Harmattan.

– (2021), *Mondialisation, croissance, développement et émergence,* L'Harmattan.

Friedrich List (1998), *Système national d'Économie politique*, traduction française, Paris : Gallimard.

Paul Mantoux, (1905), *La Révolution Industrielle en Angleterre,* Thèse Doctorat Lettres, Paris.

André Marchal (1955), *Méthode scientifique et science économique*, Paris : Génin.

Karl Marx (1967), *Le Capital. Critique de l'économie politique*, livre 1, Paris : Éditions sociales.

Vance Packard (1960), *L'art du gaspillage*, Paris : Calman Lévy.

François Perroux (1969), *L'Économie du XXe siècle*, Paris : Puf.

Thomas Piketty (2013), *Le capital au 21e siècle*, Paris : Seuil.

Louis Sangaré (2015), *Industrialisation et développement économique accéléré en Afrique : création de bases industrielles régionales,* Paris : L'harmattan.

Abdel Kader Sid-Ahmed (1983), *Développement sans croissance*, Paris : Publi Sud.

Henri de Saint-Simon (1819-20), "La Parabole" In *L'organisateur.*

Babacar Sine (1976) *Impérialisme et théories sociologiques du développement*, Paris : Anthropos.

John Stuart Mill (1948), *Principes d'Économie politique*, Paris : Guillaumin.

F. W. Taylor (1967), *La direction scientifique des entreprises*, Paris : Dunod.

Unesco (2002), *Aux origines de la métallurgie du fer en Afrique, Une ancienneté méconnue : Afrique de l'Ouest et Afrique centrale.* Éditions Unesco.

En langue anglaise

Stanislav Andreski (1984), *Max Weber's Insights and Errors*, London: Routledge, Kegan.

Ralph Austen (1987), *Africa in Economic History : Internal Development and External Dependency*, London : James Currey.

R. Baldwin, G. Meir (1957), *Economic Development, Theory, History, Policy*, John Wiley ed.

Gary Becker (1964), *Human Capital: A Theoretical and Empirical Analysis with Special Reference to Education,* The University of Chicago Press.

Mauro Boianovsky And Kevin D. Hoover (2013), "In the Kingdom of Solovia : The Rise of Growth Economics at MIT, 1956-1970", *Working Paper* No. 2013-04 June 2013.

Diane Coyle (2014), *GDP. A Brief and Affectionate History,* Princeton University Press.

Edward Denison (1962), *The Residual Factor and Economic Growth,* Paris: OECD.

– (1962) *The Sources of Economic Growth in the United States and the Alternatives before us*, New York City.

– (1967) *Why Growth Rates differ; Postwar Experience in nine Western Countries*, Washington D. C.

Robert Gordon (2016), *The Rise and Fall of American Growth: The U.S. Standard of Living Since the Civil War,* Princeton University Press.

John Atkinson Hobson (1902), Imperialism. A Study, The Online Library Of Liberty.

A.G. Hopkins (1973), *An Economic History of West Africa*, Routledge.

Morten Jerven (2013), *Poor Numbers How We Have Been Mislead by African Development Statistics*, Cornell University Press.

Nicholas Kaldor (1967), Strategic Factors in Economic Development, New York : Ithaka.

John M. Keynes (1936), *The General Theory of Employment, Interest and Money*, London : Mc Millan.

C. P. Kindleberger, (1956), *The Terms of Trade. A European Case Study*, New York and Cambridge (Mass.).

– (1968), *International Economics,* Irwin.

Simon Kuznets (1960), *Modern Economic Growth: Rate, Structure, and Spread*, Yale University Press, New Haven, Connecticut).

Paul Kuznets (1971), "The Korean Take Off", *Center Discussion Paper*, Yale University.

Arthur Lewis (1961), "Economic Development with Unlimited Supply of Labour", *Manchester School of Economic and Social Studies*, vol. 22 : 139-91.

Erskine McKinley (1955), "The Problem of "Underdevelopment" in the English Classical School,"*The Quarterly Journal of Economics*, Oxford University Press, vol. 69(2), pages 235-252.

Kwame Nkrumah (1965), *Neocolonialism, The Last Stage of Imperialism*, London : Thomas Nelson &sons Ltd.

Thomas S. Kuhn (1962, 1970), *The Structure of Scientific Revolutions*, The University of Chicago Press.

Ragnar Nurkse (1952), "Some International Aspects of Economic Development", *The American Economic Review*, May.

Cyril Norcote Parkinson (1957), *The Pursuit of Progress. Parkinson's Law*, John Murray.

Walter Rodney (1972), *How Europe Underdeveloped Africa,* Bogle-L'ouverture Publications.

Paul Rosenstein-Rodan (1943), "Problems of Industrialization of Eastern and South Eastern Europe", *Economic Journal*, 53: 202-214.

– (1944), "The International Development of Economically Backward Areas", *International Affairs*, vol 20, April: 157-65.

Walter Rostow (1956), "The Take Off into Self-Sustained Growth", *The Economic Journal*, vol 66, N° 261, March, pp. 25-48.

– (1960), *The Stages of Economic Growth. A Non Communist Manifesto*, Cambridge Mass.

Dudley Seers, 1969), "The Meaning of Development", *International Development Review.*

Amartya Sen (1973), *On Economic Inequality*, Oxford : Clarendon Press.

– (1999), *Development as Freedom*, Ny : Alfred Knopf.

Joseph Schumpeter (1912), *The Theory of Economic Development. An Inquiry into Profits, Credit, Interest and the Business Cycle*, Cambridge, Mass. Harvard University Press, 1936.

– (1954), *History of Economic Analysis*, London : Allen Unwin.

Adam Smith (1776), *The Wealth of Nations*, Pelican Classics, 1970.

Piero Sraffa (1963), *Production of Commodities by means of Commodities. Prelude to a Critique of Economic Theory,* Cambridge University Press.

Studenski, L. Kroos, H. (1952), *Financial History of U. S. A.*, New York-Toronto.

Arnold Toynbee (1887), *Lectures on the Industrial Revolution of the 18th Century in England*, 2nd ed., London.

Jacob Viner (1953), *International Trade and Economic Development*, Oxford.

Max Weber, (1904/1930), *The Ethic of Protestantism and the Spirit of Capitalism*, English translation, New York: Charles Scribner's Sons.

TABLE DES MATIÈRES

Structures éditoriales du groupe L'Harmattan

L'Harmattan Italie
Via degli Artisti, 15
10124 Torino
harmattan.italia@gmail.com

L'Harmattan Hongrie
Kossuth l. u. 14-16.
1053 Budapest
harmattan@harmattan.hu

L'Harmattan Sénégal
10 VDN en face Mermoz
BP 45034 Dakar-Fann
senharmattan@gmail.com

L'Harmattan Cameroun
TSINGA/FECAFOOT
BP 11486 Yaoundé
inkoukam@gmail.com

L'Harmattan Burkina Faso
Achille Somé – tengnule@hotmail.fr

L'Harmattan Guinée
Almamya, rue KA 028 OKB Agency
BP 3470 Conakry
harmattanguinee@yahoo.fr

L'Harmattan RDC
185, avenue Nyangwe
Commune de Lingwala – Kinshasa
matangilamusadila@yahoo.fr

L'Harmattan Congo
219, avenue Nelson Mandela
BP 2874 Brazzaville
harmattan.congo@yahoo.fr

L'Harmattan Mali
ACI 2000 - Immeuble Mgr Jean Marie Cisse
Bureau 10
BP 145 Bamako-Mali
mali@harmattan.fr

L'Harmattan Togo
Djidjole – Lomé
Maison Amela
face EPP BATOME
ddamela@aol.com

L'Harmattan Côte d'Ivoire
Résidence Karl – Cité des Arts
Abidjan-Cocody
03 BP 1588 Abidjan
espace_harmattan.ci@hotmail.fr

Nos librairies en France

Librairie internationale
16, rue des Écoles
75005 Paris
librairie.internationale@harmattan.fr
01 40 46 79 11
www.librairieharmattan.com

Librairie des savoirs
21, rue des Écoles
75005 Paris
librairie.sh@harmattan.fr
01 46 34 13 71
www.librairieharmattansh.com

Librairie Le Lucernaire
53, rue Notre-Dame-des-Champs
75006 Paris
librairie@lucernaire.fr
01 42 22 67 13

www.ingramcontent.com/pod-product-compliance
Lightning Source LLC
LaVergne TN
LVHW011020061026
849535LV00006B/1979